汽车使用与维护

主　编　张连莹
副主编　田　龙　李　波　袁　凤
参　编　郭文艳　王春燕　于艳迪

北京理工大学出版社
BEIJING INSTITUTE OF TECHNOLOGY PRESS

图书在版编目（CIP）数据

汽车使用与维护/张连莹主编. —北京：北京理工大学出版社，2017.1
ISBN 978－7－5682－3622－5

Ⅰ.①汽… Ⅱ.①张… Ⅲ.①汽车－使用方法②汽车－车辆修理 Ⅳ.①U472

中国版本图书馆 CIP 数据核字（2017）第 018239 号

出版发行／北京理工大学出版社有限责任公司
社　　址／北京市海淀区中关村南大街 5 号
邮　　编／100081
电　　话／（010）68914775（总编室）
（010）82562903（教材售后服务热线）
（010）68948351（其他图书服务热线）
网　　址／http：//www.bitpress.com.cn
经　　销／全国各地新华书店
印　　刷／三河市天利华印刷装订有限公司
开　　本／787 毫米×1092 毫米　1/16
印　　张／16
字　　数／376 千字
版　　次／2017 年 1 月第 1 版　2017 年 1 月第 1 次印刷
定　　价／49.00 元

责任编辑／封　雪
文案编辑／封　雪
责任校对／王素新
责任印制／马振武

前 言

PREFACE

根据调查，当前汽车维修和汽车 4S 店作业中有 70% ~80% 的工作属于常规的维护保养作业，我国现行的汽车维修原则也是“定期检测、强制维护、视情处理、预防为主”，因此掌握车辆的维护、保养技术显得尤为重要，也是汽车专业学生成功就业、融入企业的必备知识。

本书内容循序渐进，针对高等院校学生的特点，以工作过程为导向，注重理论与实践教学的有机结合，以任务驱动引导知识点的学习，强化学生对知识和技能的理解和掌握。

本书共分为 6 个学习项目，即新车交付检验与维护、汽车维护常用工量具设备的使用、汽车发动机的使用与维护、汽车底盘的使用与维护、汽车电器的使用与维护、汽车车身的维护。项目一和项目二是学习其他项目的基础，项目三、四、五、六是并列关系。采取项目和任务驱动形式的教学方法，让学生在自主地、逐步地解决实际问题的过程中享受成功的喜悦，增强自信心。在项目和任务的设计上充分考虑实用性，符合市场技术潮流，以“工作过程”理念架构结构，精心设计了若干个典型的任务。学生在教师指导下，通过完成这些典型任务来学习有关知识和技能。

本书由张连莹担任主编，田龙、李波、袁凤任副主编，参加编写的还有郭文艳、王春燕、于艳迪。

在编写本书过程中，得到了许多相关兄弟院校及领导的大力支持，同时借鉴和参考了大量国内外汽车厂家的技术资料和相关出版物，在此致以诚挚谢意。

由于编者水平有限，书中存在的不足之处，恳请读者批评指正。

编　者

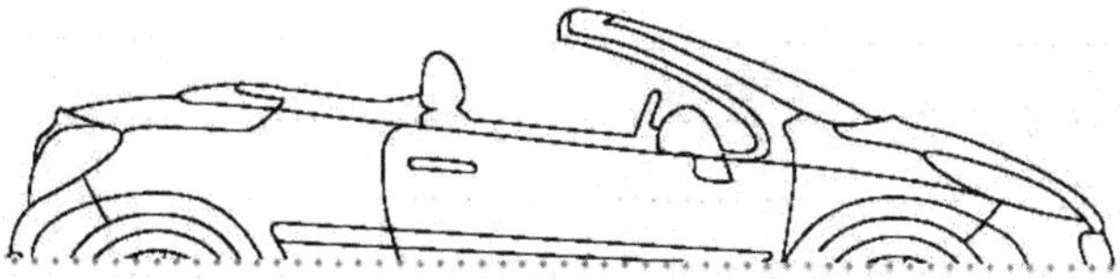

目录

CONTENTS

项目一

新车交付检验与维护

1.1 验证与恢复新车的工作状态

知识目标

1. 通过《维修手册》《驾驶员手册》《新车说明书》等有关资料获取车辆的主要基本信息。

2. 掌握车辆铭牌、车辆识别代号，帮助客户了解车辆主要尺寸参数和性能参数。

3. 掌握新车的验证方法。

能力目标

1. 能识别车辆铭牌。

2. 能对即将交付客户的新车正确验证其状态、恢复车辆的正常状态，确保车辆处于最佳状态。

3. 能正确填写交车检验单。

相关知识

新车交车检验（problem definite statement）的意义是在新车交付客户之前实施交车前的检验，以保证车辆处于最佳状态，用户在提车后即可使用。

一、车辆铭牌的识别

车辆铭牌是标明车辆基本特征的标牌。其主要内容包括车辆型号、发动机排量、发动机功率、车辆识别代号、总质量、载重量或载客人数、出厂编号、制造年月、制造国及厂名等。车辆必须装置产品铭牌，其位置一般置于车辆前部易于观察的地方，如图 1-1 所示。客车铭牌置于车内前乘客门的上方。

车辆识别代号（vehicle identification number，VIN）是为识别车辆而指定的一组由字码组成的代号，这个代号是由制造厂按照一定的规则，依据本厂的实际情况而指定的。

车辆识别代号的基本目的是识别每一辆车，并将它的这个特性，应用于各个方面的统计和计算机检索，因而它与汽车产品型号有着不同的基本目的和用途。它具有对车辆的唯一识别性，因此又有人将其称为“汽车身份证”。车辆识别代号中含有车辆的制造家、生产年代、车型、车身形式、发动机及其他装备的信息。车辆识别代号不会取代车型号，也不能取代车型号。

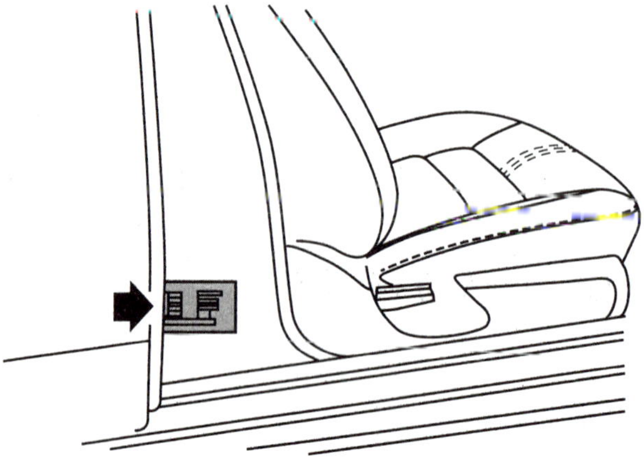

图 1－1　车辆铭牌的位置

1. 车辆识别代号的组成

VIN 是正确识别汽车必不可少的信息参数，它由 17 位数字和字母组合而成，故又被称为“汽车 17 位编码”。通过 VIN，人们可以识别汽车的产地、制造商、种类形式、品牌、系列、装载质量、轴距、驱动方式、生产日期、出厂日期，车身及驾驶室的种类、结构、形式，发动机种类、型号及排量，变速器种类、型号，以及汽车生产出厂顺序号码，等等。VIN 一般由四部分组成，如图 1－2 所示。

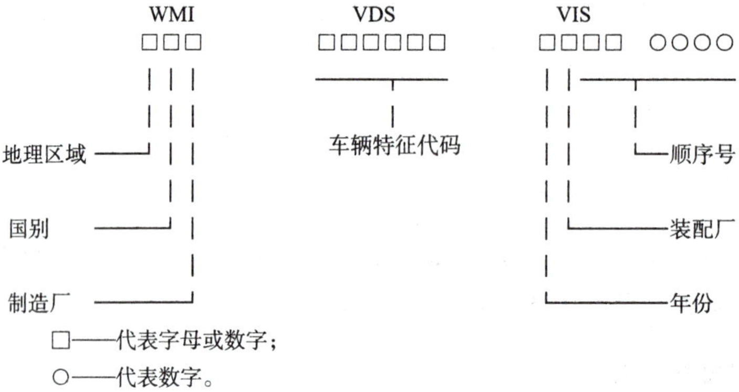

图 1－2　车辆识别代号组成

（1）世界制造厂识别代号（WMI）。它由第 1～3 位 3 个字码组成，是为识别世界上每一个制造厂而指定给该制造厂的一个代号。其中第 1 位和第 2 位字码组成的双字码块，由国际标准化组织（ISO）的国际代理机构——美国汽车工程学会（SAE）预先分配给世界各个地区和国家，如日本为 JA～JZ 及 J0～J9；美国为 1A～1z 及 10～19，4A～4Z 及 40～49，5A～5Z及 50～59；中国为 LA～LZ 及 L0～L9。而第 2 位、第 3 位组成的双字码块，则由 SAE 授权的国家机构指定给制造厂家。

第 1 位字码是标明一个地理区域的字母或数字；第 2 位字码是标明一个特定地区内的一

个国家的字母或数字；第 3 位字码是标明某个特定的制造厂的字母或数字。第 1、2、3 位字码的组合能保证制造厂识别标志的唯一性。对于年产量大于 500 辆的制造厂，世界制造厂识别代号由 3 位字码组成；对于年产量小于 500 辆的制造厂，世界制造厂识别代号的第 3 位字码为数字 9。

（2）车辆说明部分（VDS）。它由第 4 ~ 8 位 5 个字码组成，用以说明和反映车辆的一般特征，如品牌、种类、系列、车身类型、底盘类型、发动机类型、约束系统、制动系统和额定总质量等。这 5 个字码是由各企业自行规定的，但是不允许空位或缺位，如果制造厂不用其中的一位或几位字码位置，则应在该位置填入制造厂选定的字母或数字占位。

（3）检验位。VIN 的第 9 位，在该位置应填入一个用来表示 VIN 书写准确性的“检验数字”（一个数字或一个字母 X），美国车辆制造厂的 VIN 在第 9 位都有检验位，这是美国联邦法规规定的。与身份证号码中的校验位一样，校验位的目的是校验 VIN 编码的正确性，通过它就可以核定整个 VIN 正确与否。它是其他 16 位字码对应数值乘以其所占位置权数的和除以 11 所得的余数，当余数为 0 ~ 9 时，余数就是检验数字；当余数是 10 时，使用字母“X”作为检验数字。

（4）车辆指示部分（VIS）。它由第 10 ~ 17 位 8 个字码组成，表示车辆个性特征，是制造厂商为了区别每一辆车而制定的一组字码。其中第 10 位表示车型年份，用字母或数字表示，但不能为数字 0 及字母 Q、U、O、I 和 Z，年代编码为 30 个，所以 30 年循环一次。每辆车都必须具有车辆识别代号，并标记在车辆上。此外，车辆在销售时，随车文件中要对标注位置和方式加以说明（非完整车辆还应对车辆识别代号内容进行解释），以便使用者发现、了解和利用它。

对于车辆识别代号的标记方式等要求，《车辆识别代号（VIN）管理规则》和（GB 7258—2004/XG3—2008）《机动车运行安全技术条件》都有规定，但又不尽相同，故应综合考虑使满足二者的要求。

2. 车辆识别代号标记方式

车辆识别代号有两种标记方式：一种是标记在车辆主要部件上；另一种是将标记永久性地固定在车辆主要部件的一块标牌上。两者择其一或均采用亦可。通常，将其打印在车架上，不仅能满足上述要求，还能满足《机动车运行安全技术条件》的要求，也可省略打印整车型号和出厂编号。

车辆识别代号的标记位置应尽量位于车辆的前半部分，这样，易于看到且能防止磨损。《车辆识别代号（VIN）管理规则》对其车辆识别代号的位置规定得更为具体，即 9 人座或 9 人座以下的车辆和最大总质量不大于 3.5 t 的载货汽车的车辆识别代号，应位于仪表板上，在白天日光照射下，观察者不需移动任意部件，即可从车外分辨出车辆识别代号。一般情况如下：

（1）除挂车和摩托车外，标牌应固定在门铰链柱、门锁柱或与门锁柱接合的门边之一的柱子上，接近于驾驶员座位的地方。如果没有这样的地方可利用，则应固定在仪表板的左侧。如果那里也不能利用，则应固定在车门内侧靠近驾驶员座位的地方。

（2）标牌的位置应当是除了外面的车门外，不移动车辆的任何零件就可以容易读出的地方。

（3）我国轿车的 VIN 大多可以在仪表板左侧、风窗玻璃下面找到，如图 1－3 所示。

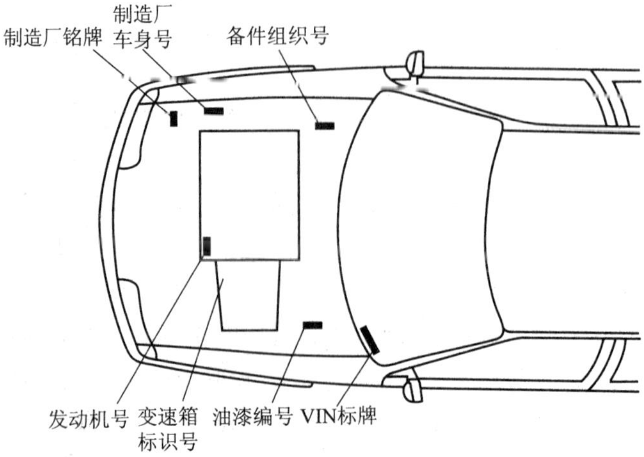

图 1－3　汽车 VIN、发动机号等在车上的标注位置

3. VIN 的应用

VIN 的具体应用如下：

（1）车辆管理：登记注册、信息化管理。

（2）车辆检测：年检和排放检测。

（3）车辆防盗：识别车辆和零部件、盗抢数据库。

（4）车辆维修：诊断、计算机匹配、配件订购、客户关系管理。

（5）二手车交易：查询车辆历史信息。

（6）汽车召回：年代、车型、批次和数量。

（7）车辆保险：保险登记、理赔，浮动费率的信息查询。

4. 应用举例

以上海大众桑塔纳 2000 型轿车为例，VIN 为 LSVHJ133022221761，下面了解一下 VIN 的编码规则，如图 1－4 所示。

WMI					VDS				VIS							
L	S	V	H	J	1	3	3	0	2	2	2	2	1	7	6	1
1	2	3	4	5	6	7	8	9	1	1	1	1	1	1	1	1
									0	1	2	3	4	5	6	7

图 1－4　上海大众桑塔纳 2000 型轿车的 VIN 及其位置

该 VIN 的含义是在 2002 年，上海大众汽车有限公司生产的桑塔纳 2000 型轿车，该车配备 AYJ 发动机、FNV（01N. A）自动变速器，出厂编号为 221761。

二、新车车辆状态的验证

1. 验证新车车辆状态的意义

车辆由制造厂发往经销商的运输过程中可能出现损伤，因此，车辆在到达经销商处时应对车辆的状态进行验证，并检点随车资料及物品，以保证车辆状态正常、资料物品齐全。

2. 新车车辆状态验证的项目与要求

（1）运输状况的验证。

厂家将新车运至经销商后，首先由销售助理验证车辆运输状况，经验收人员验收后，再编写入库编码，将车辆运输状况及入库编码记录在车辆入库检验单上。车辆运输状况主要包括发车地点、运输车号、司机姓名、司机联系电话、装运车辆数量、运输公司等。

（2）车辆明细资料的查对及随车物品的检点。

车辆明细资料的查对及随车物品的检点由验收人员负责完成。车辆明细资料主要包括车辆品牌、车型、规格、颜色、发动机号码、车架号等信息。随车物品包括车辆手续资料和随车工具。车辆手续资料包括货物进口证明书（进口车）、进口车辆随车检验单（进口车）、车辆安全性能检验证书、拓印（车辆铭牌、发动机号、车架号等的拓印）、运单、新车点检单等。随车工具一般包括车主手册、保修手册、备胎、钥匙、工具包、点烟器等。

验收人员对以上项目进行仔细查对与检点，确定有无、是否正确，并在新车入库检验单中标记，对发现的问题进行记录，并提出处理意见。

三、恢复新车正常的工作状态

1. 恢复新车正常工作状态的意义

为了防止车辆在运输中发生问题，汽车在离开厂家前，一些容易损坏的零部件没有安装，而另行包装：对一些需要保护的部位加装了保护装置等。因此，在进行 PDS（交车检验）时，车辆必须恢复正常的工作状态，发挥汽车的正常功能，避免用户在使用中出现意外事故。

2. 恢复新车正常工作状态的主要工作内容

恢复新车正常工作状态的主要工作内容如下。

（1）安装熔丝及短路销，如图 1－5 所示。

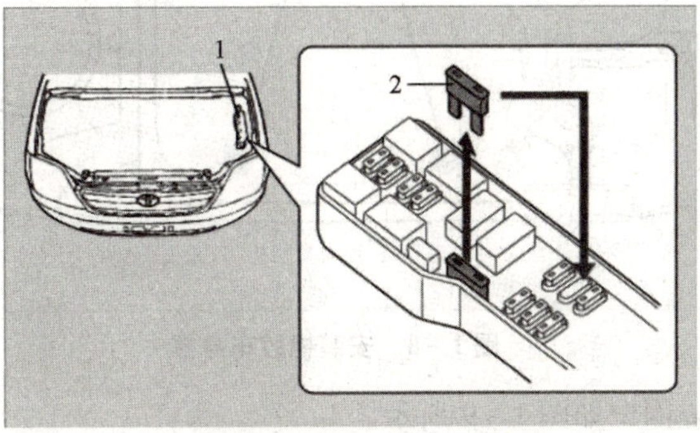

图 1－5　安装熔丝及短路销

（2）安装汽车厂提供的零部件，如图 1－6 所示。

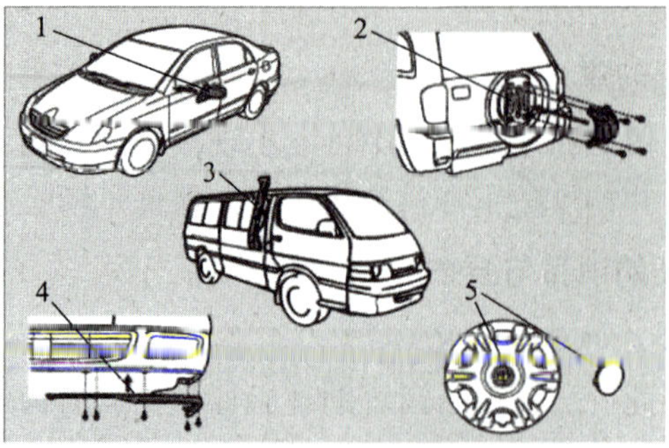

图 1－6　安装汽车厂提供的零部件

1—外后视镜；2—备用轮固定架托座；3—气管；4—前阻扰流板盖；5—轮帽和盖

（3）从盘式制动器上拆下防锈罩，如图 1－7 所示。

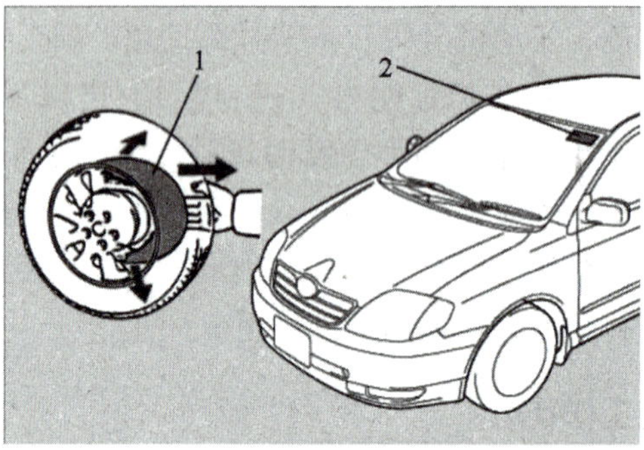

图 1－7　从盘式制动器上拆下防锈罩

1—防锈罩；2—警告标

（4）安装橡胶车身塞，如图 1－8 所示。

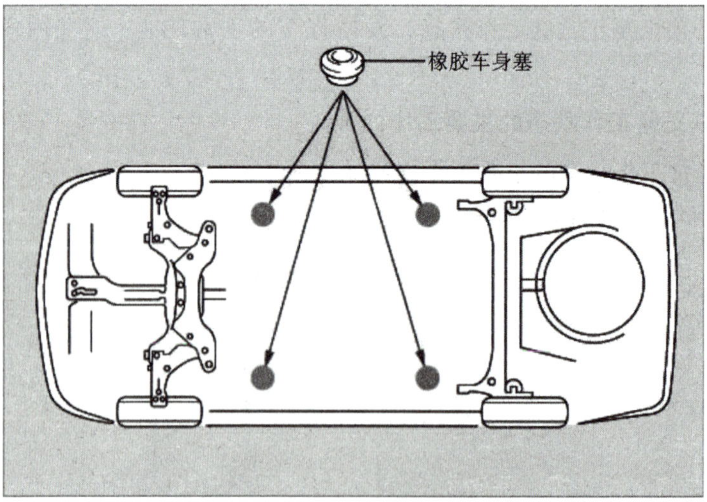

图 1－8　安装橡胶车身塞

（5）取下前弹簧隔圈，如图 1－9 所示。

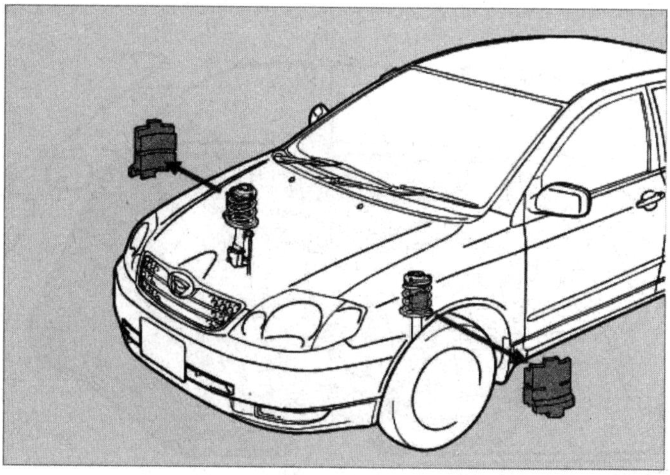

图 1－9　取下前弹簧隔圈

（6）取下紧急拖车环，如图 1－10 所示。

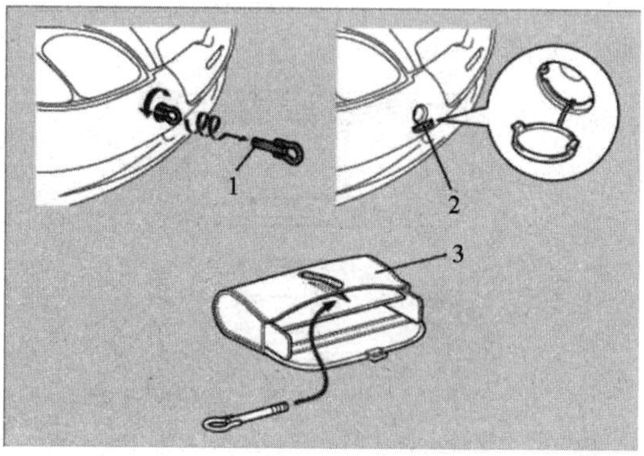

图 1－10　取下紧急拖车环

1—紧急拖车环；2—紧急拖车环孔盖；3—工具袋

（7）调整轮胎空气压力，如图 1－11 所示。

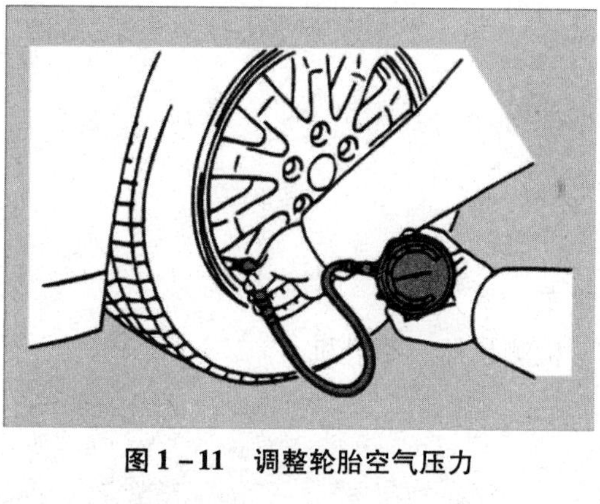

图 1－11　调整轮胎空气压力

（8）除去不必要的标志、标签、贴纸及保护盖等，如图 1－12 所示。

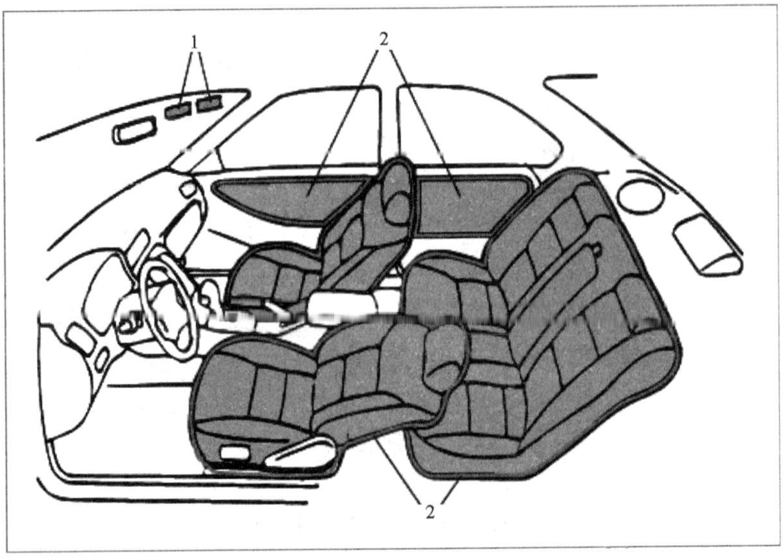

图 1－12　除去不必要的标志、标签、贴纸及保护盖

1—标签；2—保护盖

（9）取掉车身防护膜，如图 1－13 所示。

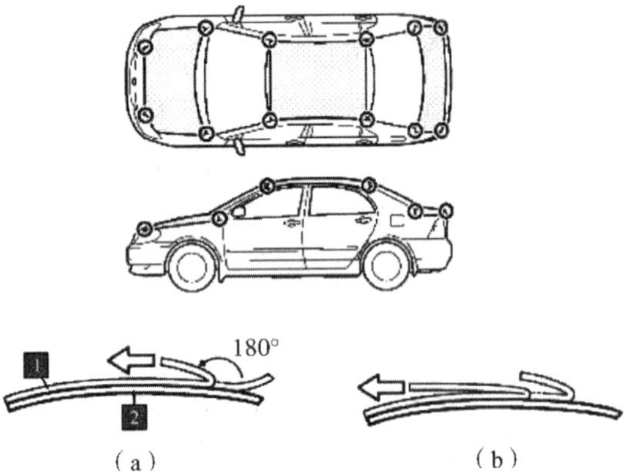

图 1－13　取掉车身防护膜

（a）弯回和拖出；（b）拖出

1—车身防护膜；2—车身

项目实施

一、项目实施环境

（1）各种车型的新汽车。

（2）常用手动工具、检测仪器、举升机。

二、项目实施步骤

1. 车辆铭牌的核对

在车辆上找到其车辆铭牌并进行核对，内容包括核对铭牌上的排气量、出厂年月、车架号、发动机号等。合格证上的号码必须与车上的发动机号、车架号一致。

2. 车辆状态的验证

（1）运输状况的验证。

（2）车辆明细资料的查对及随车物品的检点。

3. 恢复新车正常工作状态的操作步骤及要求

第一步：安装熔丝及短路销。

为了防止在运输中有电流通过，厂家已将顶灯熔丝、收音机熔丝或短路销拆下放在继电器盒内，因此，应首先将顶灯熔丝、收音机熔丝或短路销安装到相应位置。

（1）安装继电器盒。

（2）安装熔丝或短路销。

第二步：安装汽车厂提供的零部件。

厂家对外后视镜等汽车外部凸出部分零部件单独包装，以防运输途中损坏。一般有以下内容：

（1）安装外后视镜。

（2）安装备用轮的固定架托座。

（3）安装气管。

（4）安装前阻扰流板盖。

（5）安装轮帽和盖。

第三步：从盘式制动器上拆下防锈罩。

取下装在盘式制动器上的防锈罩。注意取下时一定要用手进行，切忌使用螺钉旋具或其他工具，以防损坏车轮或制动盘。

如果制动器上装有防尘罩，一般在前窗上贴有警告标志。

（1）拆卸防锈罩。

（2）取下警告标志。

第四步：安装橡胶车身塞。

将橡胶车身塞装在车身上相应部件的孔上。注意：橡胶车身塞一般放在杂物箱中。

第五步：取下前弹簧隔圈。

用千斤顶或举升机将车辆吊起，从前悬架上取下前弹簧隔圈。注意没有装前弹簧隔圈的车辆不进行此项工作。

第六步：取下紧急拖车环。

从保险杠上取下紧急拖车环，然后在紧急拖车环的孔上加盖。注意：紧急拖车环孔盖在杂物箱中，取下的紧急拖车环放在工具袋中。没有装紧急拖车环的车辆不进行此项工作。

（1）取下紧急拖车环。

（2）安装紧急拖车环孔盖。

（3）将取下的紧急拖车环放入工具袋。

第七步：调整轮胎空气压力。

调整轮胎（包括备胎）的空气压力至正常值。注意：出厂时轮胎气压值通常高一些，以防运输中轮胎变形，因此交客户前一般要调低至正常值。

第八步：除去不必要的标志、标签、贴纸及保护盖等。

交用户前取下相应保护盖，除去标签、标志、贴纸等。注意：勿用如刀等尖锐物体拆除保护盖，以免损坏装饰条及座椅。

（1）除去标签。

（2）取下保护盖。

第九步：取掉车身防护膜。

先冲洗汽车，除去运输过程中积下的砂石、尘土；再剥离车身上的保护膜；最后检查车身油漆表面上是否有黏性残留物或凸出物。

注意：只能用手剥离保护膜，但为了防止刮坏油漆或压凹车身，勿将肘部或手放在车上。

（1）剥离保护膜。

（2）检查车身面板。

1.2 新车交付的功能检验

知识目标

1. 掌握随车资料的检查与内容。
2. 掌握交付客户前的车辆功能检验。
3. 通过查阅相关维修技术资料等方式获取车辆安全配置信息。

能力目标

1. 能通过与客户交流、查阅相关维修技术资料等方式获取车辆信息。
2. 能对即将交付客户的新车进行车辆功能检验，确保车辆处于最佳状态。
3. 能与客户主动交流沟通，具有较强的语言交流与沟通能力。

相关知识

为了使即将交付给客户的新车状况及性能良好，保证各部件和机械运转正常并使客户满意，应认真、细致地验收将要交付的新车，及早发现隐藏的质量缺陷，避免日后返修带来的麻烦。

1. 随车资料的检查

（1）购车发票。购车发票是购车时最重要的证明，同时也是汽车上户时的凭证之一，所以在购车时务必向经销商索要购车发票，并要确认其有效性。

（2）车辆合格证。合格证是汽车另一个重要的凭证，也是汽车上户时必备的证件。只有具有合格证的汽车才符合国家对机动车装备质量及有关标准的要求。

（3）三包服务卡。根据有关规定，汽车在一定时间和行驶里程内，若因制造质量问题导致故障或损坏，凭三包服务卡可以享受厂家的无偿服务。不过像灯泡、橡胶等汽车易损件的损坏不包括在内。

（4）车辆使用说明书。用户必须按照车辆使用说明书的要求合理使用车辆。若不按使用说明书的要求使用而造成车辆损害，厂家不负责三包。使用说明书同时注明了车辆的主要技术参数和维护调校所必需的技术数据，是修车时的参照文本。

（5）其他文件或附件。有些车辆发动机有单独的使用说明书，有些车辆的某些选装设备有专门的要求或规定，消费者要向经销商索要有关凭证。

（6）核对铭牌。核对铭牌上的排量、出厂年月、车架号、发动机号等内容，合格证上的号码必须与车上的发动机号、车架号一致。

以上部分的各项单据、凭证、资料必须认真检查，如果发现有任何的遗漏、错误都必须要求销售商立刻解决，否则将影响客户上牌照及日后的保修等。

2. 起动前的车外检查

（1）车身平整度。检查车身钢板、保险杠的平整度，不应该出现不正常的凹陷、凸起。车体防擦条及装饰线应平直，过渡圆滑，接口处缝隙一致。

（2）车身漆面。仔细查看各处漆面，尤其是一些容易在运输过程中被剐蹭的部位。车表面颜色应该协调、均匀、饱满、平整和光滑，无针孔、麻点、皱皮、鼓泡、流痕和划痕等现象，异色边界应分色清晰，同时还应该确认没有经过补漆。

（3）车窗玻璃。检查玻璃有无损伤和划痕，重点检查前风窗玻璃的视觉效果。前风窗玻璃必须具有良好的透光性，不能出现气泡、折射率异常的区域。

（4）车身装配。检查发动机盖、后备厢盖、车门、油箱盖、前照灯、尾灯等处的缝隙是否均匀，同邻近位置的车身是否处于同一平面，有无错位等现象。检查各处开启、关闭时是否顺畅，声音是否正常，可以适当多开关几次。此时，一并检查各处密封条是否完好、均匀、平整，各门把手或开关是否方便、可靠。

（5）轮胎部分。检查备胎与其他 4 个轮胎规格和花纹等是否相同。查看轮胎是否完好，有无磨损、裂痕、起泡现象。查看轮毂是否干净、完美，没有凹陷、划痕。还应该询问或者实测胎压，保证轮胎处于正常胎压且四轮气压一致。轮胎气压符合要求时，在车前观看车身、保险杠等对称部位离地高度应一致。此时，还应该从侧面推、拉轮胎上侧，应感觉不松旷。如果是盘式制动器，还应该检查制动盘是否完好，不应有明显磨损和污物。

（6）后备厢。检查后备厢空间是否干净、内侧衬板是否平整，如果是遥控开启应该多检查一下开启是否顺利和上锁后是否可靠。一般都会把灭火器、随车工具、备胎放在后备厢内，通常有衬板进行隔离，应该注意检查，看看是否齐全、固定是否可靠。后备厢内安装多碟 CD 换碟机的还应该检查换碟机，最好播放几张光盘，以便测试音响效果。

（7）发动机室。打开发动机盖，查看发动机及附件有无油污、灰尘，尤其是缸盖与缸体接合处，机油滤清器接口处，空调压缩机、转向助力泵、传动轴等接合缝隙处有无渗漏。检查各种液面（冷却液、发动机机油、制动液、转向助力液、电解液、制冷剂、玻璃水等）是否处于最高和最低刻度之间的正常值范围内。检查蓄电池线是否已经进行可靠固定，不能松动，否则将影响电路的可靠性。

（8）底盘部分。检查汽车有无（冷却液、润滑液、制动液、电解液及制冷液、油路）泄漏现象。此时，一并检查机器各部位是否有漏油现象。如果发生泄漏，从车辆长时间停放的地面上、底盘上的一些管路和凸起处可以看到渗漏、油渍的痕迹。如果条件允许，还应检查底盘是否有刮碰伤痕，管路是否有明显不合理的地方。

3. 起动前的车内检查

（1）洁净程度。检查车内各处的洁净程度，车内应该没有任何脏东西，同时应该检查所有饰面是否含有破损的地方，如仪表板、座椅、车顶、车地面等。

（2）座椅。座椅表面应清洁、完好，乘坐时应该基本舒适，不应该感觉到座椅内有异物而影响乘坐。如果座椅可以进行多方向调节，应该进行调整测试，必须能够达到各个方向的限位点，且调整过程能够保持平顺、无异响。如果座椅可以放倒一定角度，应该进行角度方面的调整测试。如果头枕可调也应该调整检查。

（3）仪表板。检查仪表板各部分是否完整、按键是否可靠（车还没有点火，基本上可以随便按），表面是否整洁，不应该有划痕和污迹。带有遮阳板、化妆镜的可以一并检查。对于车内其他按键也一并在点火前进行初步检查，如中空门锁、窗、后排空调开关、转向盘上的转向灯光开关等。

（4）储物空间。检查车内每一个储物空间的整洁度和开启、锁闭的可靠性。目前车内储物空间很多，尽量不要遗漏，如仪表板部分的多个储物盒、车门、座椅下面和后面、前后中央扶手等处。

（5）安全带。仔细检查每一条安全带拉开、自动回收、锁止的可靠性，应该平稳顺畅。模拟并检查安全带在发生作用时的可靠性，即用手特别迅速地拉动安全带。如果是高低可调的安全带，还应该进行调整测试。

以上各部分主要为车内的部分检查。因为目前轿车更多地采用了电动调节方式，所以很多功能在没有点火前无法测试（如电动调节座椅、车窗、后视镜）。同时，绝大部分轿车已经开始采用电子节气门、转向助力、辅助制动，在点火前这些助力都没有打开，所以如果遇到打不动方向等问题，不要使用蛮力。在点火前对各个按键进行按键测试，主要是考虑绝大部分车在没有点火前按键还没有起作用，不用担心按错键而影响到功能。在汽车点火后，不要随便乱动不知用途的按键，务必在熟读说明书后再对这些功能键进行功能试验。

4. 起动后的静止检查

（1）发动机怠速：发动机点火应该短暂且顺利，起动后发动机转速应平稳、无抖动和杂音。质量较好的车应该只能听到很小的噪声，且噪声不应该刺耳，同时应该感觉不到从转向盘、挡位等地方传到车内的抖动。起动一小段时间后，发动机转速表应该维持在一定数值范围内（800 ~ 1 200 r/min），指针应该很稳定。过一段时间以后，还应该检查冷却液温度表（70 ℃ ~ 90 ℃）、机油温度表等显示是否正常。

（2）仪表板：仪表板是否清楚、各指示灯及转速、速度、油表、冷却液温度表、里程表、时钟、电压表等是否正常。有一些自检灯只在起动时闪几下，起动时请留意。通常有ABS、制动、车门开启提示、机油警示、制动片过薄警示、冷却液温度异常、油温异常、未系安全带、灯光、转向等多个指示灯，而其中大部分正常行驶时应该是不亮的，当有红色警示灯亮时就应该多检查其原因。

（3）转向盘：检查转向盘是否转动自如，自由行程是否过大，回轮后位置是否正确。

如果是多向可调转向盘还应该测试调节是否方便，是否在各个位置都能够很好地控制转向。

（4）变速器：变速器换挡应轻便灵活，挡位准确，不跳挡、不乱挡、无异响，连续换挡时应该流畅（应该是原地测试挡位，请不要松开离合器踏板或制动踏板）。

（5）制动/离合器/加速踏板：制动/离合器踏板应该脚感舒适、软硬适中，且自由行程应该适当，在整个行程中应该平稳顺畅、无异响异动。保持空挡或驻车挡时轻踩加速踏板，发动机应该给予响应，转速应该随着之稳定地变动。驻车制动器行程应该适中，且效果可靠。制动踏板踩到最大力，保持一分钟，踏板不能有缓慢下移现象。

（6）后视镜/车窗/天窗：应该对后视镜、车窗、天窗进行逐一检查，在开启、闭合的过程中应该自如、平稳、顺畅，不应该有明显的噪声。后视镜应该视野合理、成像清晰，两侧后视镜及中央后视镜经过调整后应该能够基本覆盖身后视野。车窗应该洁净、平整，视线清晰。带有天窗的，应该对天窗的滑动/开启/倾斜等进行检查。如果车窗/天窗带有一键式或防夹功能的，应该在保证安全的条件下进行必要的测试。各项调整功能，尤其是电动调节功能必须都能够调整到最大限位，带有后视镜折叠功能（电动或者手动）的需要测试折叠的可靠性。如果是带有记忆功能的高级轿车，还应该对记忆功能进行测试。

（7）灯光：依次检查各项灯光，有示宽灯、近光灯、远光灯、雾灯、转向灯、制动灯、倒车灯、高位制动灯、仪表板照明、车门灯、阅读灯、化妆镜灯、储物箱照明灯、后备厢照明灯等，灯光应该明亮、稳定，开关应当可靠。对称安装的灯的类型、规格、充色及照射高度应一致，变换远近灯光，亮度及照射位置应正确，不偏离、散光，各种灯的安装及光度应符合厂家出厂说明要求。

（8）刮水器系统：各挡位（慢速、间歇、快速、自动感应、多级可调）速度是否合理（绝对不要再在无水情况下使用刮水器），喷水系统是否工作正常。刮水器扫过玻璃时，应该基本上没有刮玻璃的噪声，且扫水方面没有明显的遗漏。

（9）空调：空调系统出风正常，调整冷热后应该能够在一定时间内吹出冷/热风。调整风口应该可以顺利关闭、开启或者转向指定角度，带风口开度调节的应该同时测试开度。调整风的循环模式，如内外循环、除霜模式、出风模式等，应该立刻给予响应，各风口的风量相应做出变更。出风口不应该吹出过多污物和异味，且在风量不是很大时，不应该有明显的风声。如果是自动空调，可以感觉一下温控功能是否可靠、准确。如果带有电辅助加热后视镜、后挡风、座椅的，还应该进行通断及效果测试。

（10）音响/影音系统：检查卡带/收音机/CD运转时的效果，注意静电噪声、接收灵敏度、抗干扰能力（可以将手机放在旁边，然后拨号）、音质、挑碟、换碟等方面是否正常、可靠。对于多音响系统，应该留意每个音响是否都能够正常发声，并通过调节音响的高低音、左右声道、前后音场、混音模式等做进一步检查。如果是带有影视系统、导航系统的车型，还应该对这些系统进行逐一测试。

以上各部分为怠速情况下可以检查的主要项目，当然一些更加细节的地方没有描述，如点烟器工作是否正常、可靠，喇叭声音是否正常等。为了确保可靠，建议仔细检查以上各个项目，因为它们大部分与行驶的安全性、舒适性有关。

5. 行驶中的检查

（1）起步：起步过程中应该平稳，无抖动现象，发动机、变速器等处没有异响。

（2）加速：加速时（新车不要急加速）发动机转速过渡应平稳，且无突爆声、断火、回火和放炮现象，仪表板相应的指针反应灵敏。在加速过程中，换挡时应该基本上处于始终平稳加速状态。

（3）正常行驶：以不同车速（30 km/h、60 km/h、90 km/h）行驶时整车均应平稳，车内无明显噪声。稳定于某一时速时，发动机应无异常响声，仪表板相应指针应平稳，无明显波动。

（4）转向：行驶中转向机构应操纵灵活，做 O 形行驶，检查转弯半径，当车轮转到极限位置时，不应与其他部位有干涉现象。做 S 形行驶，检查转弯的灵活性。行驶中路遇凹凸不平或碾过石子时，轮胎产生跳动后应有自动回位的效能。以 20 ~ 30 km/h 的速度直行时，手暂时离开转向盘，不应该出现跑偏、侧滑等现象。

（5）制动：低速制动时应该平稳，车身无点头现象。高速制动时应该灵敏、迅速、有力，不跑偏、不侧滑，制动距离符合出厂规定。对于新车不宜紧急制动，所以不建议对 ABS 系统进行测试。可以在有一定坡度的地面上，检查驻车装置（主要是驻车制动器）是否有效、可靠。

（6）滑行：速度为 30 km/h 时摘挡，滑行距离应在 160 m 以上（滑行距离同汽车的装配工艺、自重、轮胎、路况等有关）。一般滑行距离越长，说明车的各种内部摩擦损耗越小，行驶过程中越省油。

（7）泊车：停车入位时要充分感受后视镜、倒车雷达等的效果，转向系统应该灵敏。

6. 行驶后的检查

（1）尾气：观察车后排气管出口排出的废气，应无烟（环境气温低时的蒸汽除外）、无味（将手放在排气口附近片刻，然后观看手上有无油迹，闻一闻是否有气味）。

（2）锁车：熄火后，散热风扇可能还会继续运转一段时间，其他部分应该已经停止运转。拔出钥匙后所有电器应该处于可靠断电状态，且转向盘方向被锁住。

（3）轮胎：检查轮胎是否出现异常磨损现象，温度是否过高。小心、快速地点触制动盘、鼓，看看是否烫手（请注意避免被烫伤）。

（4）泄漏：待发动机基本冷却后，打开发动机盖复查是否有松动、漏油、漏水、漏电等问题，还应该检查汽车底部前后避震器、制动泵、变速器、传动轴等处有无漏油现象。

7. 最后复查

（1）基本配置：按汽车配置表逐项确认，看有无缺少配置，或者相同配置的情况下，有无搞错对应的型号。

（2）随车附件：随车工具（扳手、千斤顶等）、脚垫、坐垫（有些车型可能不附带这些物品）。

（3）防盗系统：针对原车防盗的功能，进行非破坏性的非法进入、振动等方面的测试，检查防盗系统是否可靠。

（4）遥控功能：如带有遥控的，还应该检测遥控是否正常、可靠，遥控的灵敏度如何。

（5）钥匙：检查每把钥匙对每一把车锁（正副驾驶侧、后备厢、油箱盖等）的开启和锁止的可靠性。

项目实施

一、项目实施环境

（1）各种车型的新车。

（2）常用手动工具、检测仪器、举升机、轮胎空气压力表、数字式万用表、保护套及维修工具等。

二、项目实施步骤

内容包括检验前的准备工作、外部检查、发动机室内检查、车辆底部检查、路试检查、最终检查等方面。

1. 准备工作

第一步：准备好轮胎空气压力表、万用表等检测仪表及检测照明灯。

第二步：安装驾驶室座椅护套、转向盘护套及驾驶室脚垫。

第三步：准备好工具箱、扭力扳手、梅花扳手、套筒、橡胶软管及正版 VCD 或 DVD 等。

2. 新车交付功能检验的操作步骤及要求

第一步：随车资料检查。

（1）检查是否有购车发票，发票开具是否正确。

（2）检查是否有车辆合格证。

（3）检查是否有三包服务卡。

（4）检查是否有车辆使用说明书。

（5）检查是否有其他文件或附件。

（6）核对车辆铭牌是否正确。

第二步：车辆外部检查。

（1）清洗车辆。用手洗方式清洗车身和室内，清洁时注意不要划伤车身座椅。

（2）检查车身表面。环绕汽车一周，仔细查看油漆颜色，全车颜色是否一致。车身表面有无划痕、掉漆、开裂、起泡或锈蚀；用手摸一摸有无修补痕迹。

（3）检查车门、后备厢或行李箱盖和油箱门的状况。检查车门车窗是否完整、前后风窗玻璃有无损伤。车门把手开、关门是否灵活、安全、可靠，门窗密封条是否损坏。车门打开后在某个限制位是否有轻微晃动现象。手动（或电动、液压）车窗玻璃操纵机构工作是否正常。检查自动车窗升降稳定性，要多次尝试各车窗下降时是否会冲底。

（4）检查备胎气压/状况。检查备胎与 4 个轮胎的气嘴帽是否在，检查备胎气压及固定情况，检查备胎与其他 4 个轮胎规格是否相同。

（5）检查标志与装饰。检查各标志、装饰条是否完好，安装是否牢靠。

（6）检查车外灯光。查看所有车灯（前照灯、左右转向灯、紧急警告灯、制动灯、倒车灯、示宽灯、雾灯、内室灯及灯具外壳等）是否正常。特别注意倒车灯是否会常亮；加长时间测试转向灯，看是否有时候打了一直亮着，却不闪；检查室内各照明灯是否正常。

（7）检查千斤顶及随车工具的固定情况。

第三步：车辆内部检查。

（1）检查座椅和座椅安全带。打开车门，检查车内座椅是否完整，座椅前后是否可以调整；椅套是否整洁，沙发是不是真皮沙发；地面是否清洁、密封良好；安全带是否有效。

（2）车内灯的操作检查。检查车厢灯、阅读灯、化妆镜灯、门灯等是否正常。

（3）检查各开关是否正常。

（4）检查内外后视镜。检查内外后视镜是否完好，调节是否有效。

（5）转向盘的操作。用手晃动转向盘，上下不应有间隙，左右自由行程不应过大，表面手感要好，同时测试转向盘的前后调节是否好用。检查角度及高度可调转向盘的动作是否正常有效。

（6）检查喇叭。按一按喇叭按钮开关，检查喇叭是否响，而且应该是双响的（某些车型不具备此功能）。

（7）检查刮水器。坐进驾驶室，接通电源开关，检查前后刮水器、喷水清洁器工作是否正常，刮水器是否刮得干净。

（8）检查后窗除雾器及点烟器。

第四步：发动机室检查。

（1）检查蓄电池状况。检查蓄电池端子的紧固情况，检查电解液及充电情况。

（2）检查机油及工作液位。检查发动机机油、自动变速器油（冷态）、散热器冷却液、风窗清洗液、制动液、离合器液、动力转向液、燃油等的液位。

（3）检查汽车有无泄漏冷却液、润滑油、制动液、电解液及制冷剂等现象。

（4）检查传动带张力。

（5）检查发动机配线的连接。

（6）检查发动机箱软管的连接。

第五步：汽车底部检查。

（1）检查制动系统软管和线路。

（2）检查燃油系统软管和线路。

（3）检查手动变速器油位，检查是否漏油。

（4）检查传动轴防尘罩状况。

（5）检查动力转向系统线路。

（6）检查齿条—齿轮护罩情况。

（7）检查全部转向系统紧固件。

（8）检查轮胎状况/气压。检查调整轮胎气压，检查轮胎规格。检查一下防盗螺栓的接头，如果不配套则应更换。轮胎应无磨损、无刮痕，牙痕无镶嵌碎石头。

（9）检查车轮螺母扭力，拧紧车轮螺母。

（10）检查减震器状况。用手按压汽车前、后、左、右 4 个角，松手后跳动不多于 2 次，表示减震器性能良好。

第六步：车辆路试检查。

（1）检查组合仪表工作状况。起动发动机，在冷起动时注意转速表指针的变化。正常情况下指针应在 1 500 r/min 左右，然后正常平顺地滑落至 750 r/min 左右。然后观察各种仪表及报警装置工作是否正常，冷却液温度和机油压力是否正常。

（2）检查制动踏板、离合器踏板的高度及自由行程。坐好后，手放在转向盘上，左脚踩离合器踏板，应感觉轻松自如，并有一小段自由行程；右脚踩下制动踏板不放，其应保持一定高度，若其缓慢下移，则表示制动系统有泄漏现象。

（3）检查正常工作温度下发动机工作情况。要通过对发动机的声音和反应进行检查，首先听怠速的声音，应该是平稳而且连续的，不应该有金属敲击声和其他异响；下车观察排气管排烟是否正常，将手伸到排气口感觉一下排气是否连续，正常的应该使掌心有点潮湿但不应有机油味，然后听一听慢加油的发动机声音是否连续和有无异响，最后听急加速的声音和发动机对节气门的反应是否准确和迅速，还要注意慢收油和快收油时发动机的反应是否干净，不应有滞后或者高速哨音，放松加速踏板时怠速是否稳定。原地静止时，发动机转速达到 3 500 r/min 是否会有不同的轰鸣声。

（4）检查汽车的行驶性能及操纵性。试车时遇上下立交桥可感觉一下加速和动力情况；通过加、减挡位，轻打转向盘，感觉转向系统是否满意；正常行驶时方向应不跑偏，能自动维持直线行驶，转弯后可以基本自行回正（90%）；车辆掉头，左右转向打到极限时车轮应无异响。

（5）检查离合器、变速器的工作情况。特别是高速挡位在 2 000 r/min 时入挡应该非常轻松而且准确。

（6）检查行车及驻车制动器的工作情况。高速制动应该反应强烈且不跑偏，一般制动应该柔和而准确。

（7）检查转向机构的工作情况。可以在行驶中检查转向系统是否反应准确和灵敏度的高低，用最小的转向半径掉头，听听是否有摩擦的声音，并检查左右的转向角，助力转向打到最大转向角后应该回一点，避免长时间打开助力泵最大角造成助力泵烧毁。

（8）检查暖风及空调工作情况。

（9）检查音响系统工作情况。

（10）检查自动变速器液位（热态检查）。

（11）寻找异常噪声与振动。空挡点火后，加大节气门开度使发动机转速达到满刻度的 2/3，在外听声是否有杂音及共振。

第七步：最终检查。

（1）拆除多余的标签，清洗车辆。

（2）清点随车的工具和附件是否齐全。

（3）检查交付客户的所有相关资料是否齐全。清点查验发票、出厂证、保险单、保修单、说明书、使用手册、保修手册等是否齐全、正确。

1.3 新车的日常维护与走合期的使用与维护

知识目标

1. 掌握新车日常的使用与维护。

2. 掌握新车走合期的使用与维护。

3. 正确执行对车辆外观（表面破损、内外饰件缺损、悬架倾斜、“四漏现象”等）的检查任务。

4. 根据维护计划，选择正确的维护工具、设备对汽车发动机、底盘及车身进行润滑保养。

能力要求

1. 能正确进行新车日常的使用与维护。

2. 能正确进行新车走合期的使用与维护。

3. 能制订初步的维护方案，并与客户沟通，取得客户认可，最终确定维护方案。

相关知识

为保证汽车的使用寿命，必须经常对汽车进行日常维护；新车、大修车以及装用大修发动机的汽车必须进行走合磨合，在走合期结束时进行一次走合维护，其作业项目按汽车生产厂家的要求进行。

走合期间，汽车磨合状况的好坏，直接关系着汽车寿命的长短。除了必须按生产厂家的规定驾驶汽车外，做好走合期的维护工作，会更有利于汽车机件的磨合。

一、日常的使用与维护

1. 出车前的维护与保养内容

（1）汽车外部的日常维护与保养内容。

①检查轮胎的技术状况。

②检查、紧固车轮螺栓。

③检查整车外观、油漆和腐蚀情况。

④检查整车各种液体的泄漏情况。

⑤检查风窗玻璃刮水片。

⑥检查车门和发动机盖技术状况。

⑦检查风窗玻璃和倒车镜。

（2）汽车内部的日常维护与保养内容。

①检查转向盘的状态。

②检查加速踏板。

③检查离合器踏板。

④检查制动踏板。

⑤检查驻车制动装置。

⑥检查车灯。

⑦检查仪表板报警信号灯和警告蜂鸣器。

⑧检查喇叭。

⑨检查风窗玻璃刮水器和车窗洗涤器。

⑩检查风窗玻璃除霜器。

⑪检查后视镜和遮阳板。

⑫检查座椅和安全带。

⑬ 检查自动变速器的停车挡（P 挡）。

（3）发动机室内的日常维护与保养内容。

①检查发动机机油液位。

②检查冷却液液位。

③检查散热器和软管。

④检查、补充风窗玻璃洗涤器液。

⑤检查动力转向油的液位。

⑥检查制动器和离合器总泵的储液罐液位。

⑦检查蓄电池。

⑧检查调整发动机风扇传动带。

⑨检查自动变速器液面高度。

⑩检查排气系统。

（4）发动机起动后的仪表板显示情况检查。

①检查发动机不同转速下的工作情况。

②观察各仪表信号、报警装置的工作情况。

（5）车辆起步后的检查。

低速慢行检查底盘工作情况，以 20 km/h 以下的速度开出车辆，检查底盘各部，发现故障及时排除。检查转向盘有无异常摆动、自然偏向一边或操纵沉重等现象。检查制动器的作用是否正常，有无左右制动效果不良的现象。

2. 行驶中的检查

（1）行驶中检查与观察。

在行驶中，应密切注意各仪表的显示，注意发动机和底盘的工作状况。

①仪表的显示情况。

②汽车的行驶状况。

（2）途中停车时的检查。

停车时，应逐一检查轮毂轴承、轮胎、制动鼓、变速器和驱动桥等部位，看其温度是否正常。检查中如果发现温度过高，应停车自然冷却。

（3）检查底盘各部的固定情况。

底盘各总成应固定可靠，无异常响声。如果出现异响，应及时查明原因并予以排除。检查轮胎是否缺气、漏气，轮胎固定螺栓应齐全、紧固可靠。检查转向系统的各球头销，应连接可靠、锁止良好。检查制动系统效能有无变化，各连接销应锁止可靠。检查时，上述部件如出现异常应立即修复，不准带故障继续行驶。

（4）检查全车有无漏油、漏水、漏气和漏电现象。

应时常注意全车有无漏油、漏水、漏气和漏电现象。

3. 回场后的使用与维护

如果在停车前发动机曾在重负荷下工作，不要使发动机立即熄火，应以怠速运转一段时间后再熄火。在收车后或途中宿营时，除执行行车中的检查内容外，还需进行下列项目。

（1）清洁全车内部。

①冲洗车辆时必须停止发动机的转动。

②清洗风窗玻璃要在湿的状态下进行，不要使用硬器物刮玻璃上的污物，以防损伤玻璃、影响视线。

③驾驶室内顶棚衬里应定期用软毛刷以中性的清洗液洗涤，再用干净柔软布块拭干。

（2）检查补充油液、紧固螺栓并排除故障。

①检查补充燃油、机油、冷却液和润滑脂。按要求补充燃油、机油、冷却液、制动液、离合器传动液和动力转向油。

②检查和紧固发动机、底盘和车厢各部的连接螺栓，并检查其安全锁止装置。

③检查各部有无损伤、漏气、漏油、漏水和漏电现象，及时调整和解决存在的问题。

④处理好发动机的防冻问题，在严寒季节未使用防冻液时应完全放净冷却水（要保证确实全部放出，以防冻坏缸体）。

⑤检查轮胎情况。检查轮胎气压，不足时及时补充轮胎气压，清除轮胎上的杂物。

二、走合期的使用与维护

新车走合期结束后的维护，一般由生产厂家免费提供服务。汽车走合期的里程为1 500～3 000 km（部分进口汽车将首次维护里程定为7 500～10 000 km），维护内容主要是清洁、润滑、紧固等。

1. 走合前的使用与维护

走合前维护是为了防止汽车出现事故和损伤，保证汽车顺利地完成走合期的磨合。其主要作业内容如下：

（1）清洁。清洁全车，检查全车各部位的连接情况，全车外露的螺栓、螺母必须紧固。

（2）检查、添加燃油和润滑油料。驾驶新车前，应将各润滑部位按规定加注足够的润滑脂。使用规定标号的汽油或柴油，若不得已改变燃油标号，需对供油系统和点火系统做相应调整。

（3）检查、补充冷却液，排除“四漏”现象。检查补充散热器内的冷却液，并检查、排除全车的漏油、漏气、漏水和漏电现象。

（4）检查底盘的技术状况。检查变速器各挡能否正确变换；检查转向机构各部位有无松旷和发卡现象；检查和调整轮胎气压。发现变速器或转向系统等存在故障时，应及时将车进厂维修。

（5）电气系统的检查。检查电气设备、灯光和仪表工作是否正常，并检查蓄电池电解液密度及液面高度。

（6）检查制动效能。检查制动系统的性能，试车检查汽车的制动距离，检查是否有跑偏和制动拖滞现象。若不符合要求，应查明原因，及时排除。

2. 走合中的使用与维护

走合中维护是在汽车行驶约500 km时进行的，主要是对汽车各部分技术状况开始发生变化的部分进行一次及时的维护，以恢复其良好的技术状况，保证下阶段走合顺利进行。其主要作业内容如下：

（1）润滑。充分润滑全车的各个润滑点。在最初行驶30 ~ 40 km时，应检查变速器、驱动桥、轮毂和传动轴等处是否发热或有异响。若发热或者有异响应查明原因，予以调整或修理。

（2）检查。检查制动效能和各连接处制动管路的密封程度，必要时加以调整和紧固，认真做好总成和机件的检查、调整工作。

（3）紧固。新车行驶150 km后，需检查一次全车外部螺栓、螺母紧固情况；行驶500 km时，应将前后轮毂螺母紧固一次。有些国产汽车需要对缸盖螺栓进行紧固。在紧固时，应按规定顺序由中部开始，依次向两边对角线交叉进行或螺旋线方向进行。

汽车在走合行驶过程中，要注意观察各总成的温度情况，并要随时检查和排除“四漏”（漏油、漏水、漏气、漏电）。

3. 走合后的使用与维护

汽车走合期结束后，应及时将汽车送到厂家指定的维修站进行走合后的维护。这次汽车走合维护的目的，一方面是对汽车进行全面的检查、紧固、调整和润滑作业，使汽车达到良好的行驶状态；另一方面也是生产厂家对汽车售后服务的身份认定。汽车走合后维护的主要内容如下：

（1）更换润滑油、更换滤清器滤芯。

（2）检查、补充发动机冷却液。

（3）检查、调整发动机传动带松紧度。

（4）检查、校正点火正时。

（5）检查、调整发动机尾气排放。

（6）检查、调整制动系统。

（7）检查、调整离合器踏板自由行程。

（8）检查、紧固悬架和转向机构。

（9）检查整车各部分的泄漏情况并进行排除。

（10）润滑各部分铰链。

（11）检查轮胎技术状况。

（12）检查调整电气系统的技术状态。

项目实施

一、项目实施环境

（1）各种车型的新车。
（2）常用手动工具、轮胎空气压力表、点火正时枪、数字式万用表、保护套及维修工具等。

二、项目实施步骤

内容包括维护前的准备工作、外部检查、发动机室内检查、车辆底部检查、路试检查、走合后检查等方面。

1. 准备工作

第一步：准备好轮胎空气压力表、万用表等检测仪表及检测照明灯。
第二步：安装驾驶室座椅护套、转向盘护套及驾驶室脚垫。
第三步：准备好工具箱、扭力扳手、梅花扳手、套筒、橡胶软管及点火正时枪等。

2. 日常的使用与维护

（1）出车前的维护与保养操作。
①汽车外部的日常维护与保养。
②汽车内部的日常维护与保养。
③发动机室内的日常维护与保养。
④发动机起动后的仪表板显示情况检查。
⑤车辆起步后的检查。
（2）行车后的检查。
①行驶中的检查与观察。
②途中停车时检查。
③检查底盘各部的固定情况。
④检查全车泄漏情况。
（3）回场后的维护与保养。
①清洁全车内部。
②检查补充油液、紧固螺栓并排除故障。

3. 走合期的使用与维护操作

（1）走合前的维护与保养作业。
（2）走合中期的维护与保养作业。
（3）走合后的维护与保养作业。

知识拓展

一、汽车维护的目的与意义

汽车在使用过程中，由于各零部件发生摩擦、振动、冲击以及环境的影响，汽车各总成、机构及零件逐渐产生不同程度的自然松动、磨损和机械损伤。因此，随着汽车行驶里程的增加，其技术状况会逐渐变差，若不采取必要的措施，必然使汽车的动力性、经济性及可靠性下降，严重时会引起事故，出现预想不到的损坏。

汽车维护是指为维持汽车完好技术状况或工作能力而进行的作业。实践证明，对汽车进行可靠的维护作业，是延长其使用寿命、防止零部件早期损坏、减少运行故障的最佳措施。汽车维护的意义就是针对上述客观情况，在以预防为主的思想指导下，结合汽车各部总成、机构、零件发生自然松动和磨损的规律，通过合理的维护使汽车的技术状况或工作能力得以维持，使用寿命得以充分延长。汽车维护的目的在于保持车辆外观整洁，延长零部件的使用寿命，减少不应有的损坏，而且可以及时发现和消除故障隐患，同时实现下述功能：

（1）确保汽车经常处于良好的技术状况，随时可以出车，提高车辆完好率。

（2）在正常的使用条件下，汽车在运行中不至于因中途损坏而停歇，同时保证行车安全。

（3）确保汽车各部件总成的技术状况尽可能保持均衡，延长大修间隔里程。

（4）确保汽车运行中燃料、润滑材料、专用液及轮胎的消耗费用降到最低。

（5）减少车辆的噪声与排放污染物对环境的污染。

二、我国的汽车维护制度

汽车在运行中，由于受摩擦、振动、冲击及自然条件等各种运行条件的影响，各部件和零件会产生不同程度的松动、变形、磨损、疲劳、腐蚀、老化和损伤。随着行驶里程的增加，运行状况逐渐变差，故障增多。汽车动力性、安全性、经济性下降，甚至出现意外事故。为此，我国建立了“定期检查、强制维护、视情修理、预防为主”的汽车维修制度。

依据其作业周期和性质的不同，汽车维护可分为定期维护和非定期维护两种。汽车定期维护分为日常维护、一级维护、二级维护。汽车非定期维护分为走合期维护、换季维护。

三、汽车定期维护周期及其确定

《汽车维护、检测、诊断技术规范》（GB/T 18344—2001）中明确规定：汽车日常维护的周期为出车前、行车中和收车后。汽车一、二级维护周期的确定，应以汽车行驶里程为基本依据；对于不便于用行驶里程统计的汽车，可用时间间隔确定周期。定期维护间隔里程应依据车辆使用说明书的有关规定，结合汽车使用条件的不同，由各地省级交通主管部门确定；按使用时间间隔确定维护周期的车辆可依据汽车使用强度和条件的不同，参照汽车一、二级维护行驶里程周期确定。

汽车一、二级维护周期主要依据车辆使用说明书的有关规定，结合汽车使用条件和汽车使用强度等因素来确定。

1. 车辆使用说明书的有关规定与维护周期

在每一辆汽车的随车文件中，车辆使用说明书是一份必不可少的使用技术资料。其中，对该车型的强制维护的分级、周期及各级维护的作业内容都有明确规定，并要求车辆在使用过程中应按照使用说明书的要求严格执行，尤其是初驶过程中应到制造厂指定的特约维修站进行车辆维护。

2. 发动机润滑油更换周期与维护周期

确定汽车发动机润滑油的合理更换周期，也是确定整车维护周期的重要参照依据。因为润滑油更换合理与否，将直接影响发动机，乃至整车的使用寿命和油品的使用经济性。我国汽车用户对发动机润滑油更换的原则主要是以汽车制造厂推荐的换油周期为标准。

3. 汽车使用条件与维护周期

汽车使用条件包括汽车运行地区的地理环境、气候、风沙条件，汽车运行强度和燃料、润滑材料的品质等。应根据汽车使用条件的不同，结合汽车使用说明书的要求，确定汽车一、二级维护的周期。

项目二

常用工、量具设备的使用

2.1 常用工具的使用

学习目标

1. 掌握汽车维护常用工具的规格、构造。
2. 掌握汽车维护常用工具的使用方法。
3. 准确地识别和选择各种类别、型号的工具，并能够正确地运用、掌握安全操作方法。

能力目标

1. 能够熟练地说出各种常用工具的名称和用途。
2. 能够正确、安全地使用工具。

相关知识

一、常用工具的使用

汽车维护常用工具如图 2－1 所示。

1. 扳手的使用

常见的扳手有开口扳手、梅花扳手、活动扳手、套筒扳手、扭力扳手、管子板手和内六角扳手等。

（1）开口扳手的使用。

开口扳手又称呆扳手，如图 2－2 所示。按其开口的宽度 S 大小分有 6～24 mm 多种，按其结构形式可分为双头扳手和单头扳手两种；按其开口角度又可分为 15°、45°、90°三种。这种扳手主要用于拆装一般标准规格的螺栓或螺母。使用时可以上下套入或直接插入，具有使用方便的特点。国外有些呆扳手采用英制单位，适用于英制螺钉拆卸。

使用时应当注意：一定要选择与所拆装螺栓（螺母）相同规格的扳手，以免因扳手尺寸过大而损坏螺栓（螺母）的棱角。当使用推力拆装时，应用手掌力来推动，不能采用握推的方式，以免碰伤手指，如图 2－3 所示。

为了防止扳手损坏和滑脱，应使拉力作用在开口较厚的一边，顺时针扳动开口扳手为正确，逆时针使用为错误，如图 2 -4 所示。

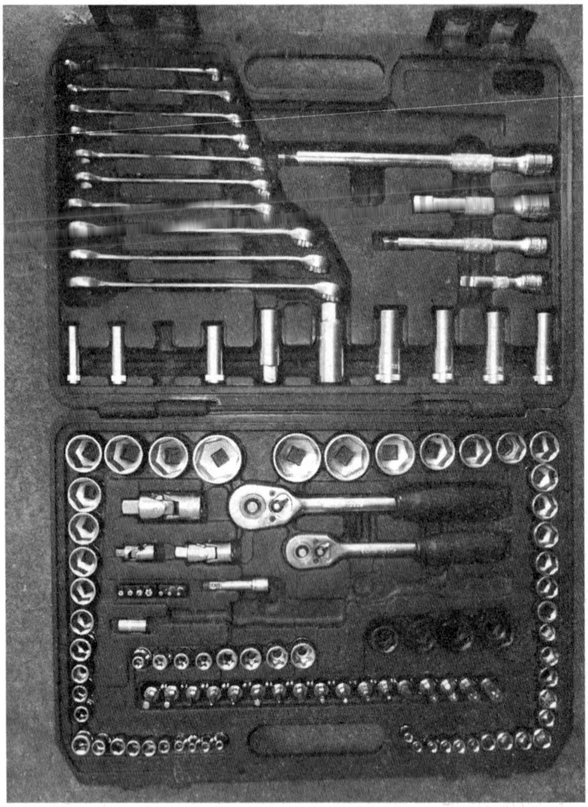

图 2 -1　汽车维护常用工具

图 2 -2　开口扳手

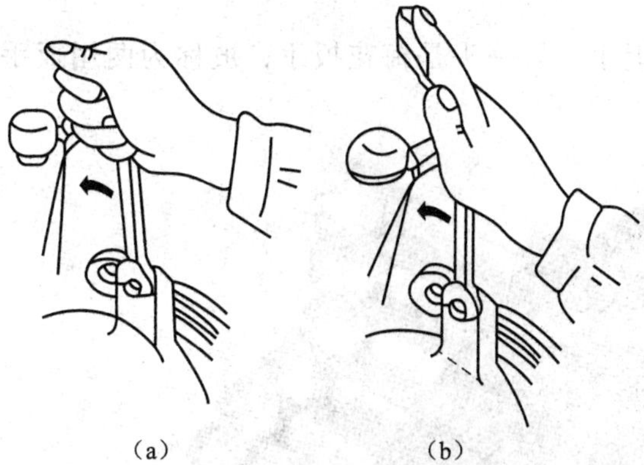

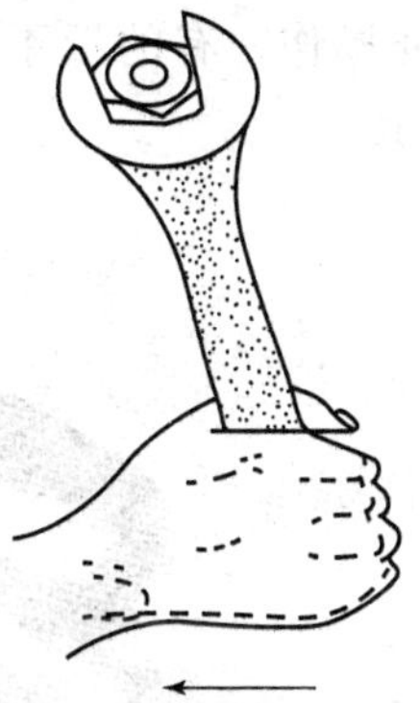

图 2－3　开口扳手推力使用

（a）错误使用方法；（b）正确使用方法

图 2－4　开口扳手正确拉力使用

不能采用两个扳手对接或用套筒等套接的方式来加长扳手，以免损坏扳手或发生事故，如图 2－5 所示。

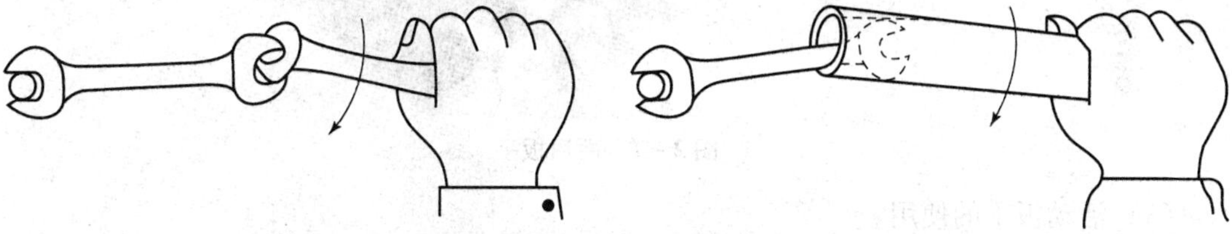

图 2－5　开口扳手的错误使用

（2）梅花扳手的使用。

梅花扳手两端内孔为正六边形，如图 2－6 所示，按其开口尺寸 *S* 大小分有 8～10 mm、12～14 mm、17～19 mm 等种类。通常是成套装备，有 8 件一套、10 件一套等。

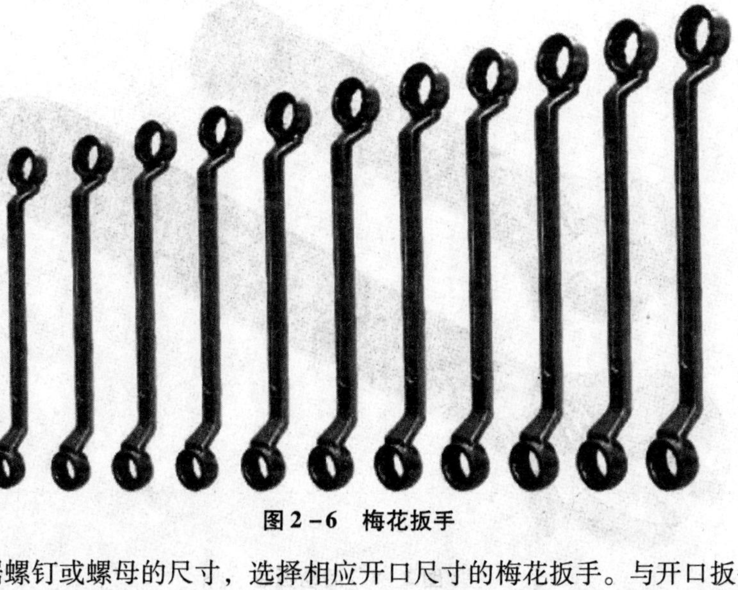

图 2－6　梅花扳手

使用时根据螺钉或螺母的尺寸，选择相应开口尺寸的梅花扳手。与开口扳手相比，由于梅花扳手扳动 30°后，即可换位再套，适于狭窄场合下操作，而且强度高，使用时不易滑脱，应优先选用。

为方便操作，有的扳手一头是开口扳手，另一头是梅花扳手，被称为两用扳手，如图2－7所示。

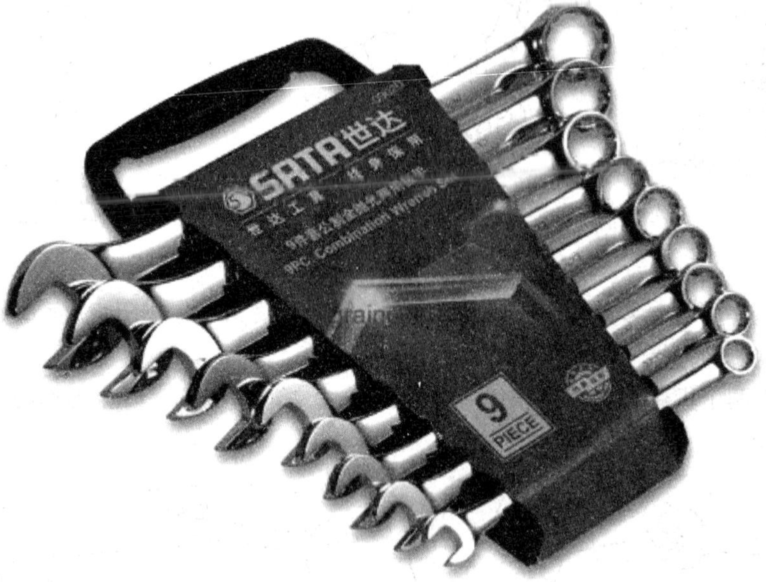

图2－7　两用扳手

（3）活动扳手的使用。

活动扳手又称活扳手，其开口端根据需要可以在一定范围内进行调节，如图2－8所示，主要用于拆装不规则的带有棱角的螺栓或螺母。使用时必须将活动钳口的开口尺寸调整合适，使扳手的活动钳口承受推力，固定钳口承受拉力，如图2－9所示。用时用力要均匀，以免损坏扳手或使螺栓、螺母的棱角变形，造成打滑而发生事故。

图2－8　活动扳手

（4）套筒扳手的使用。

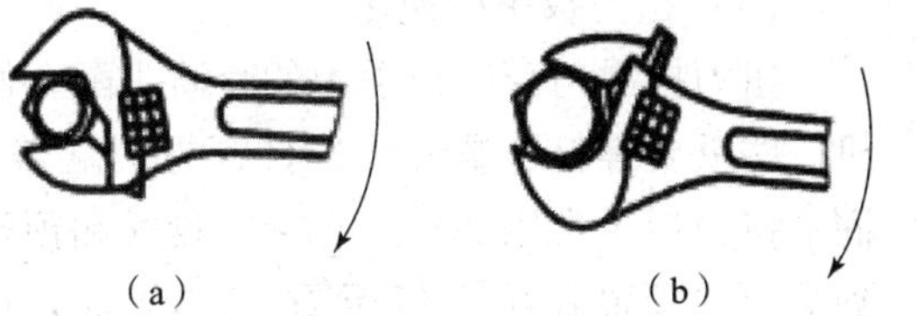

图 2-9　活动扳手使用

（a）正确操作；（b）错误操作

套筒扳手是一种组合型工具，如图 2-10 所示，使用时由几件共同组合成一套扳手。常用的套筒扳手有 13 件套、17 件套和 24 件套等多种规格。套筒扳手的内孔形状与梅花扳手相同，也是正六边形，其开口尺寸大小分有8 mm、10 mm、12 mm、14 mm、17 mm、19 mm等规格，通常也是成套装备，并且配有手柄、棘轮手柄、快速摇柄、接头和接杆等，以方便操作和提高效率。

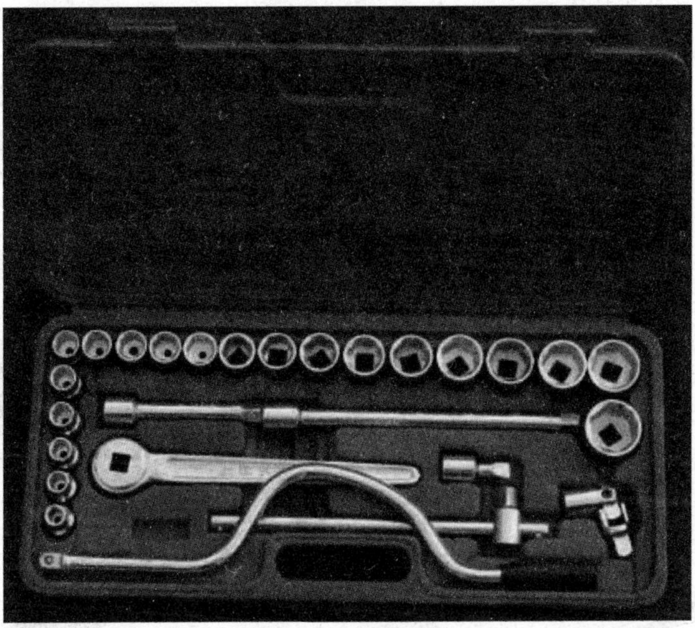

图 2-10　套筒扳手

套筒扳手适合拆装部位狭小或特别隐蔽的螺栓或螺母。其套筒部分与梅花扳手的端头相似，并制成单件，根据需要，选用不同规格的套筒和各种手柄进行组合。如用活动手柄可以调整所需力臂；用快速手柄可以快速拆装螺栓、螺母；同时还能配用扭力扳手显示拧紧力矩，具有功能多、使用方便、安全可靠的特点。还有一些专用的 T 形套筒扳手，如图 2-11 所示，更方便拆装，应更加优先考虑选用。

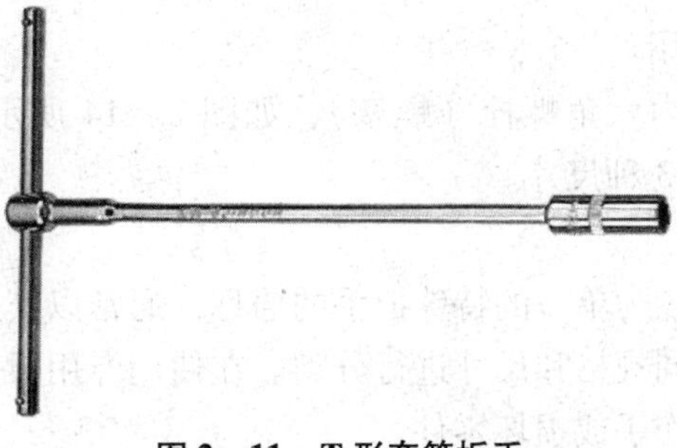

图 2-11　T 形套筒扳手

(5) 扭力扳手的使用。

扭力扳手与套筒扳手中的套筒头配合使用，可以直接读出所施转矩的大小，适用于发动机一些重要螺钉、螺母（连杆螺母、缸盖螺钉、曲轴主轴承紧固螺钉、飞轮螺钉等）的紧固。扭力扳手常用的形式有刻度盘式和预置式，如图 2－12 所示，其规格以最大可测转矩来划分，如预置式扭力扳手有 20 N·m、100 N·m、250 N·m、300 N·m、760 N·m、2 000 N·m等几种。

在维修作业中，凡是有扭转力矩要求的螺栓或螺母，均需用扭力扳手将螺栓或螺母拧到规定力矩。使用扭力扳手必须符合规定，切忌在过载情况下使用而造成扭力扳手的失准或损坏；使用完后应将扭力扳手平稳放置，避免因重物撞、压，造成扳手杆或扳手指针变形而影响扳手的精度，甚至损坏扳手。

(6) 管子扳手的使用。

管子扳手是一种专门用于扭转管子、圆棒和用其他扳手难以夹持的光滑圆柱形工件的工具，如图 2－13 所示。由于管子扳手的钳口上有齿槽，使用时应尽量避免将工件表面咬毛；另外不能用管子扳手代替其他扳手来旋转螺栓、螺母或其他带有棱角的工件等，以免损坏螺栓、螺母等棱角。

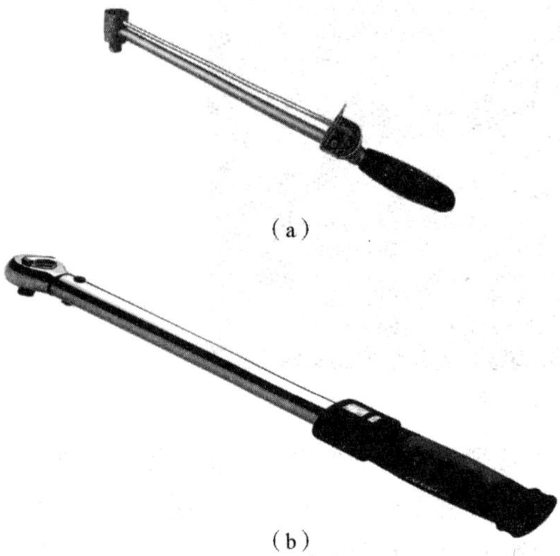

图 2－12 扭力扳手

(a) 刻度盘式；(b) 预置式

图 2－13 管子扳手

(7) 内六角扳手的使用。

内六角扳手用来拆装内六角螺栓（螺塞），如图 2－14 所示，按六角形对边尺寸 S 大小，可分为 3～27 mm 等 13 种尺寸。

(8) 专用扳手的使用。

专用扳手是一些用途较为单一的特殊扳手的通称，通常以其用途或结构特点来命名。每一种扳手，又可以按照不同规格和尺寸进行分类。在使用专用扳手时，必须选用与零件相适应的扳手，以免扳手滑脱伤手或损坏零件。

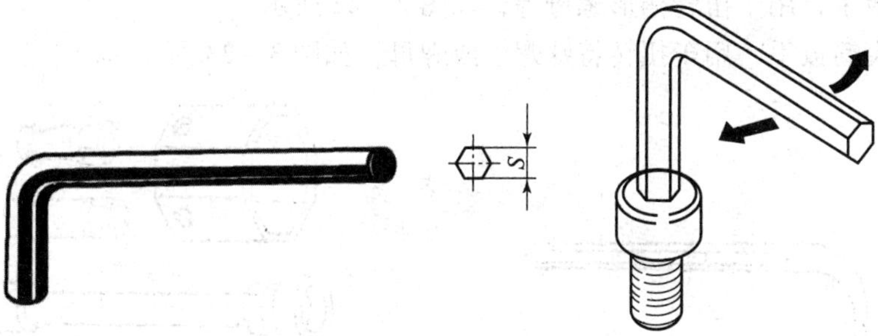

图 2-14　内六角扳手

①机油滤清器扳手、套筒，用于拆装机油滤清器总成，如图 2-15 所示。

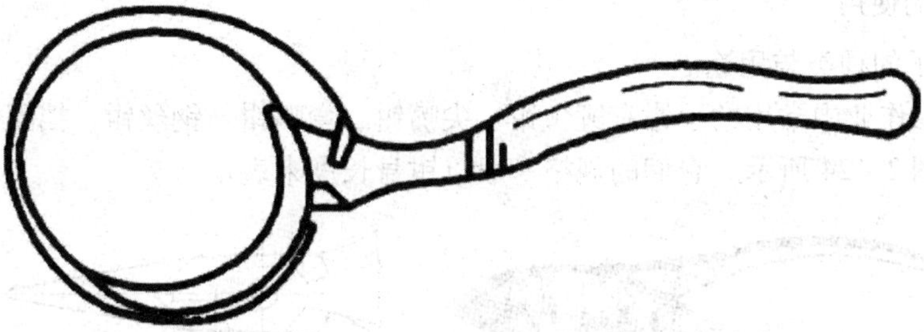

图 2-15 机油滤清器扳手

②圆螺母扳手，用于扭转槽形圆螺母，如图 2-16 所示。
③叉形凸缘及转向螺母套筒扳手，用于扭转轮毂轴承锁紧螺母，如图 2-17 所示。

图 2-16　圆螺母扳手

图 2-17　叉形凸缘及转向螺母套筒扳手

④方扳手，用于扭转四棱柱头部的螺栓，如图 2-18 所示。
⑤叉形扳手，用于拧紧圆柱孔定位的螺母，如图 2-19 所示。

图 2-18　方扳手

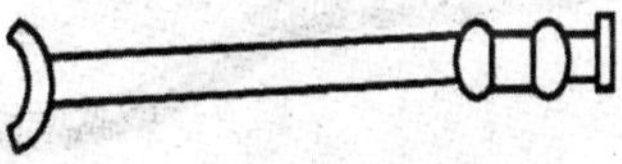

图 2-19　叉形扳手

⑥火花塞套筒扳手，用于拆装火花塞，如图 2-20 所示。
⑦气门芯扳手，用于拆装轮胎气门芯，如图 2-21 所示。

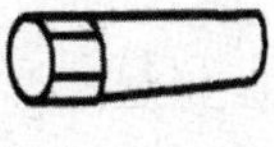

图 2-20　火花塞套筒扳手

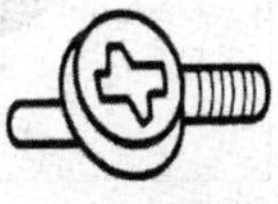

图 2-21　气门芯扳手

⑧钩形扳手，用于扭转槽形螺母等，如图 2－22 所示。

⑨专用套筒扳手，用于扭转特殊螺栓或螺母，如图 3－23 所示。

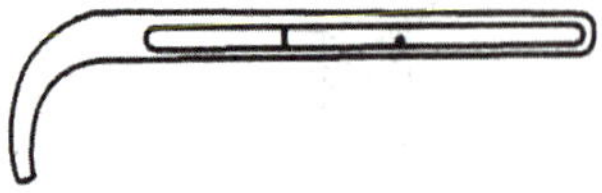

图 2－22　钩形扳手

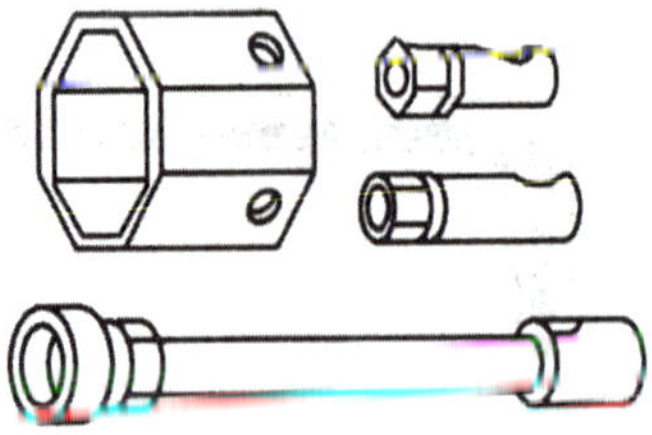

图 2－23　专用套筒扳手

2. 钳子的使用

（1）钳子的种类与用途。

汽车维修作业中常用的手钳有鲤鱼钳、尖嘴钳、弯嘴钳、钢丝钳、挡圈钳、断线钳和多用钳等，如图 2－24 所示。它们的规格一般以钳身长度来表示。

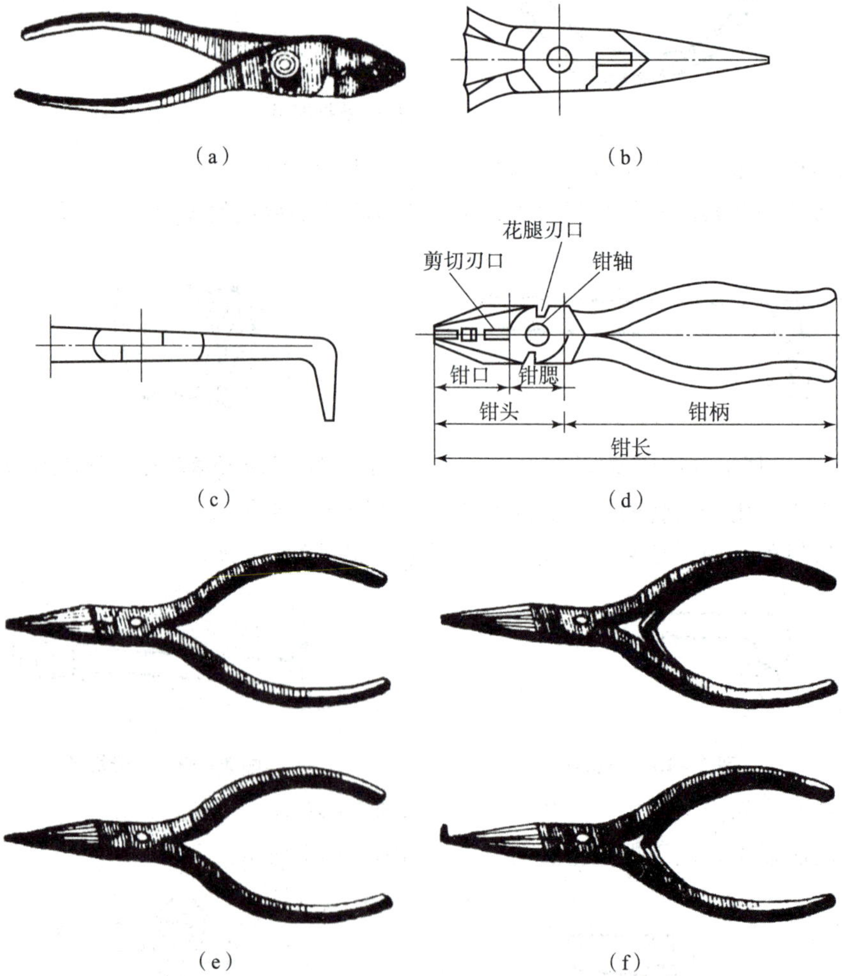

图 2－24　各种钳子

（a）鲤鱼钳；（b）尖嘴钳；（c）弯嘴钳；（d）钢丝钳；（e）轴用挡圈钳；（f）孔用挡圈钳

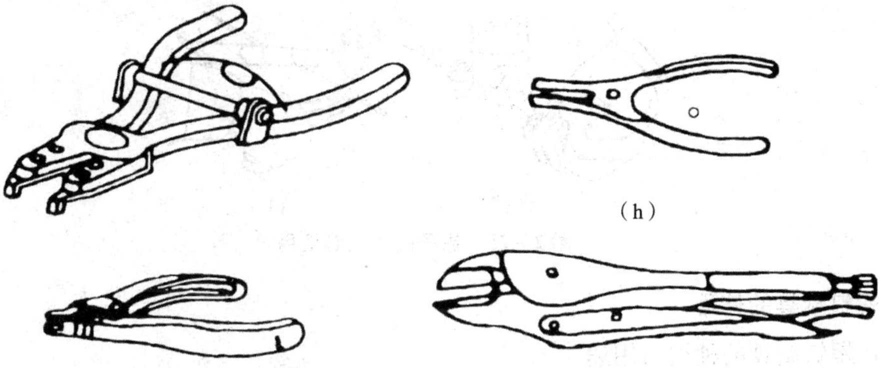

(h)

(g)　　　　(i)

图 2－24　各种钳子（续）

（g）特种挡圈钳；（h）断线钳；（i）多用钳

①鲤鱼钳如图 2－24（a）所示，按长度可分为 150 mm、200 mm、250 mm 三种。鲤鱼钳可用来切割金属丝，弯扭小型金属棒料，夹持扁的或圆柱形小工件。

②尖嘴钳和弯嘴钳如图 2－24（b）、（c）所示，按长度分有 130 mm、160 mm、180 mm、200 mm 四种。该种钳能在较狭小的空间操作，不带刃口的只能夹捏工件，带刃口的能切剪细小零件。

③钢丝钳如图 2－24（d）所示，按长度分有 150 mm、175 mm、200 mm 三种。钢丝钳上带有旁刃口，除能夹持工件外，还能折断金属薄板或者切断直径较小的金属线。钳柄上套有橡胶绝缘套的钢丝钳多在带电的场合使用。

④挡圈钳，按用途分为轴用挡圈钳、孔用挡圈钳和特种挡圈钳，如图 2－24（e）、（f）、（g）所示。挡圈钳专门用于拆装带拆装孔的弹性挡圈。

⑤断线钳如图 2－24（h）所示，能比较省力地剪断较粗的金属线材。常用的有 750 mm、900 mm 两种规格。

⑥多用钳如图 2－24（i）所示，也称大力钳，利用一组复合杠杆能产生很大的夹紧力，兼有活动扳手、普通手钳和夹具的功能。

（2）钳子在使用过程中的注意事项。

①钳子的规格应与工件规格相适应，以免钳子小工件大造成钳子受力过大而损坏。

②使用前应先擦净钳子柄上的油污，以免工作时滑脱而导致事故。

③使用完应保持清洁，及时擦净。

④严禁用钳子代替扳手拧紧或拧松螺栓、螺母等带棱角的工件，以免损坏螺栓、螺母等工件的棱角，如图 2－25（a）所示；也不允许用钳子切割过硬的金属丝，以免造成刃口损坏或钳体损坏。

⑤使用时，不允许用钳柄代替撬棒撬物体，以免造成钳柄弯曲、折断或损坏，也不可以用钳子代替锤子敲击零件，如图 2－25（b）所示。

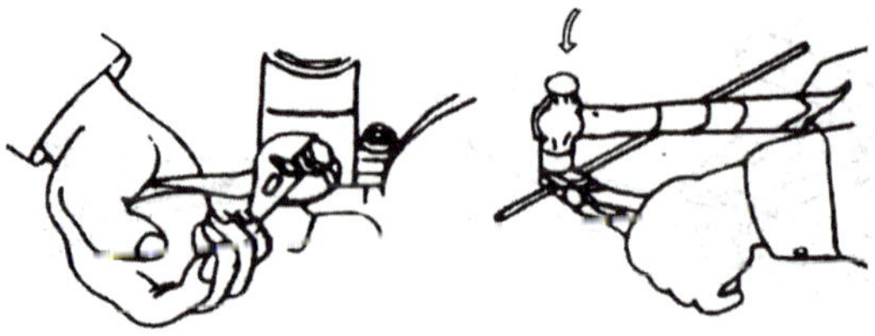

(a)　　(b)

图 2-25　钳子的不正确使用

3. 螺钉旋具的使用

(1) 螺钉旋具的种类与用途。

常见的螺钉旋具包括一字螺钉旋具、十字螺钉旋具、花键头旋具等几种。

①一字螺钉旋具如图 2-26 (a) 所示，常以钢杆部分的长度来区分，其常用的规格有 50 mm、75 mm、125 mm、150 mm 等几种，主要用于拆装一字槽的螺钉、木螺钉等。

②十字螺钉旋具如图 2-26 (b) 所示，按十字口的直径可分为 2~2.5 mm、3~5 mm、5.5~8 mm、10~12 mm 等几种规格，专用于拆装十字槽口的螺钉。

③花键头旋具如图 2-26 (c) 所示，是一种使用简便的旋具，与有较高夹紧力的套筒相结合，适用于在空间受到限制的安装位置拆装小螺母或螺钉。

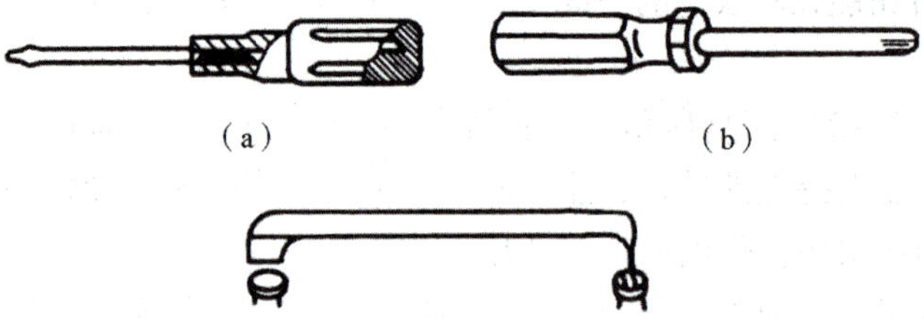

(a)　　(b)

(c)

图 2-26　螺钉旋具

(a) 一字螺钉旋具；(b) 十字螺钉旋具；(c) 花键头旋具

(2) 螺钉旋具使用的注意事项。

①旋具有木柄和塑料柄之分，塑料柄具有一定的绝缘性，适宜电工使用。

②使用前应先擦净旋具柄和口端的油污，以免工作时滑脱而发生意外。

③选用的旋具口端应与螺栓（钉）上的槽口相吻合，如图 2-27所示，刀口端太薄易折断，太厚不能完全嵌入槽口内，易使旋具口和螺栓（钉）槽口损坏。

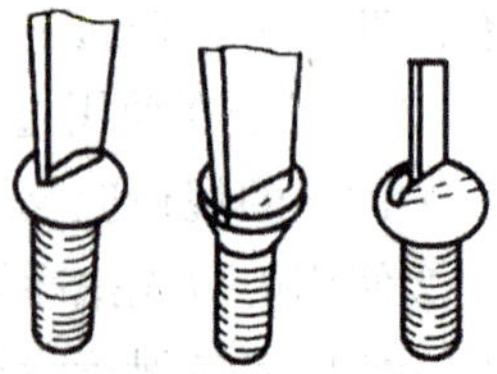

图 2-27　旋具的正确使用

④使用时，不允许将工件拿在手上用旋具拆装螺栓（钉），以免旋具从槽口中滑出伤手。

⑤使用时，旋具与槽口应该保持最大面积接触，不可将旋具当撬棒或錾子使用，如图 2-28所示，除夹柄螺钉旋具外，不允许用锤子敲击旋具柄。

⑥不允许通过扳手或钳子扳转旋具口端来增大扭力，以免使旋具发生弯曲或扭曲变形。

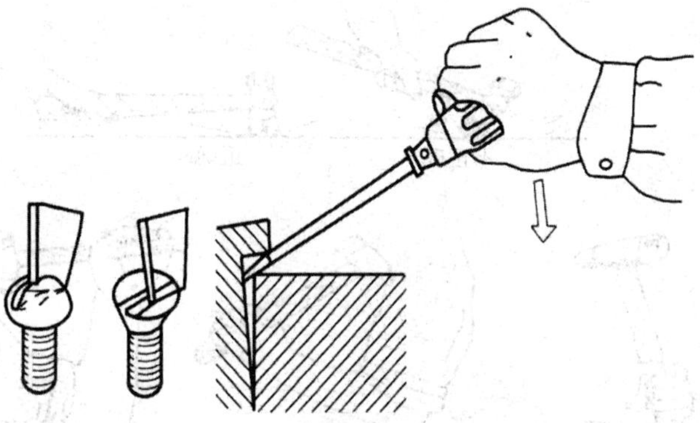

图 2-28　旋具的错误使用

⑦正确的握持方法：以右手握持旋具，手心抵住旋具柄端，让旋具口端与螺栓（钉）槽口处于垂直吻合状态；当开始拧松或旋紧时，应用力将旋具压紧后再用手腕力按需要的力矩扭转旋具；当螺栓（钉）松动后，即可使手心轻压住旋具柄，用拇指、中指和食指快速扭转；使用较长的螺钉旋具时，可用右手压紧和转动旋具柄，左手握在旋具柄中部，防止旋具滑脱，以保证安全工作。

⑧使用完毕，应将旋具擦拭干净。

4. 手锤的使用

（1）手锤的种类与用途。

手锤有多种形式，如图 2-29 所示。根据锤头材料不同，可分为钢制圆头锤和软头锤。其规格是以锤头的质量而定的。常用的有 0.25 kg、0.5 kg、0.75 kg、1 kg、1.25 kg 和 1.5 kg六种。

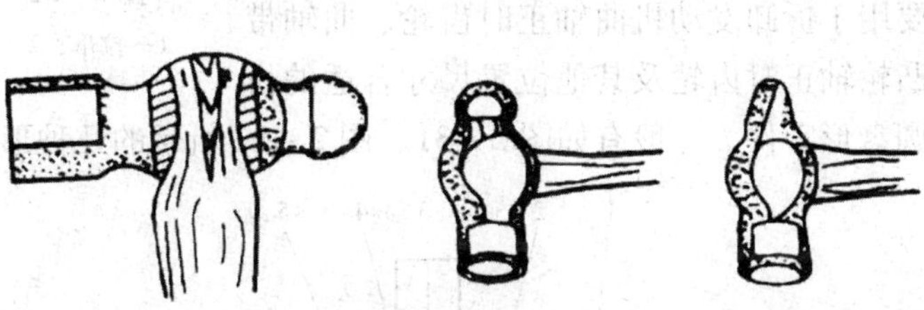

图 2-29　手锤

使用手锤时，握锤应是握住锤把后部，如图 2-30 所示，挥锤的方法有手腕挥、小臂挥和大臂挥三种，手腕挥锤只有手腕动，锤击力小，但准、快、省力，大臂挥锤是大臂和小臂一起运动，锤击力最大。

（2）手锤使用的注意事项。

①使用前，必须检查锤柄是否安装牢固，如松动应重新安装，以防在使用时由于锤头脱出而发生伤人或损物事故。

②使用时，应将手上和锤柄上的汗水和油污擦干净，以免锤子从手中滑脱而发生伤人或损物事故。

③使用时，手要握住锤柄后端，握柄时手的握持力要松紧适度，这样才能保证锤击时灵活自如。锤击时要靠手腕的运动，眼应注视工件，锤头工作面与工件锤击面应平行，才能使锤面平整地打在工件上。

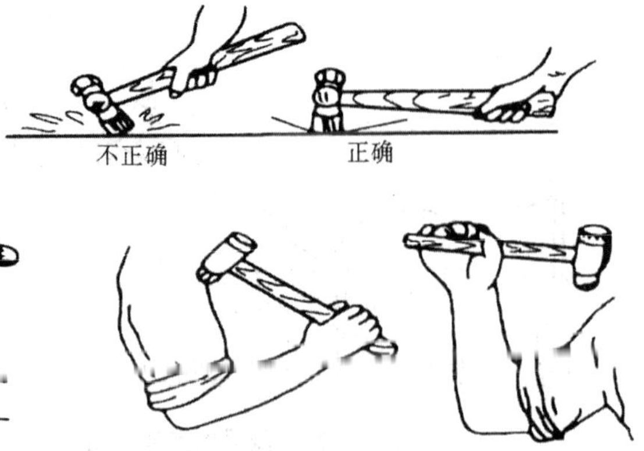

图 2－30　手锤的使用

④使用前，应清洁锤头工作面上的油污，以免锤击时发生滑脱而敲偏，造成工件损坏或发生意外。

⑤在锤击铸铁等脆性工件或截面较薄的零件或悬空未垫实的工件时，不能用力太猛，以免损坏工件。

⑥使用完毕，应将锤子擦拭干净。

5. 拉压器的使用

常用的拉压器有两爪拉器、三爪拉器、球轴承拉器和圆锥滚子轴承拉器等。

（1）两爪拉器的使用。

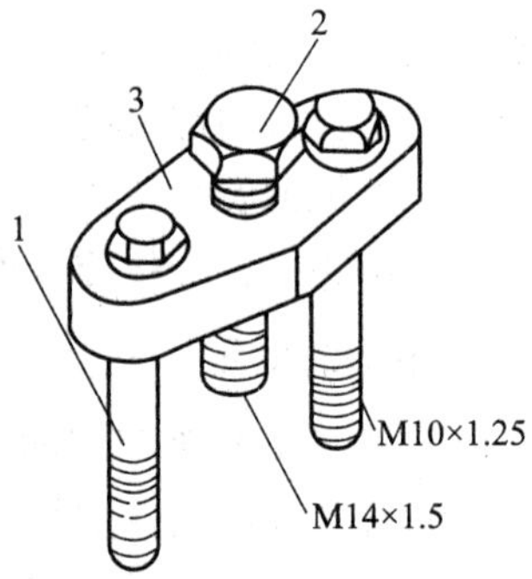

图 2－31　两爪拉器（一）

1—拉爪；2—螺杆；3—拉器横臂

两爪拉器主要用于拆卸发动机曲轴正时齿轮、曲轴带轮、风扇带轮、凸轮轴正时齿轮及其他位置尺寸合适的齿轮、轴承凸缘等圆盘形零件。一般有如图 2－31、图 2－32 所示的几种形式。

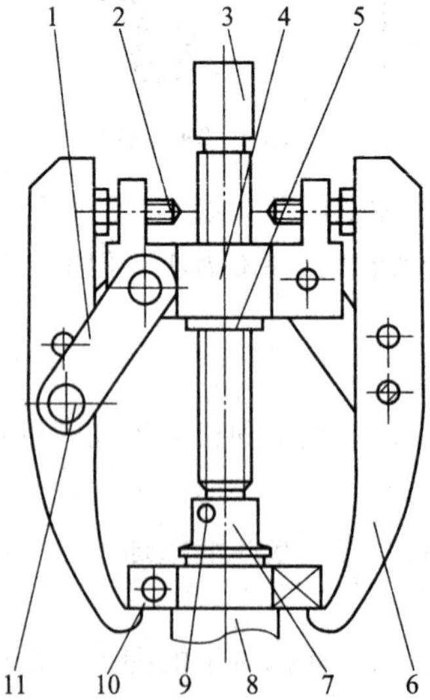

图 2－32　两爪拉器（二）

1—连接板；2—螺栓；3—螺杆；4—横臂；5—螺母；6—拉爪；7—垫套；8，10—工件；9—定位销；11—销

使用两爪拉器时，当拉器与被拉工件安装好后，要检查拉爪是否卡紧，两边受力是否均匀对称，垫套与轴是否对中，扭动螺杆接触工件后，再复查一次，确认无误后，才能进行拆卸工作。

（2）三爪拉器的使用。

三爪拉器如图 2－33 所示，主要用于拆卸各种齿轮及其他轴承、凸缘等圆盘形构件。

三爪拉器的使用方法基本与两爪拉器相同。

（3）球轴承拉器的使用。

专用球轴承拉器一般按某一轴承尺寸制作，如图 2－34 所示，主要用于该种类型号的球轴承的拆卸。多用途球轴承拉器如图 2－35 所示。

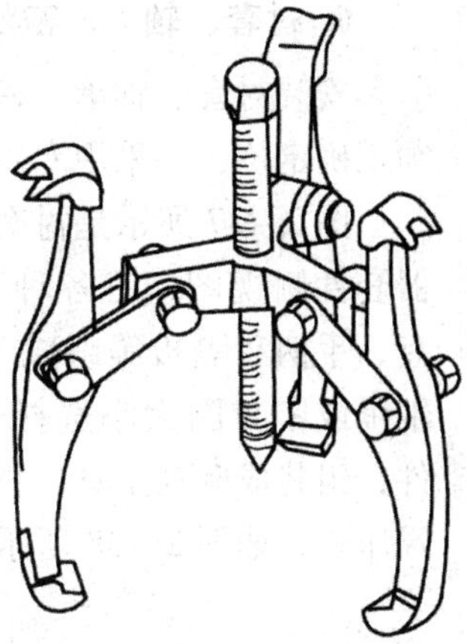

图 2－33　三抓拉器

拆卸轴承时，将两爪扣进球轴承钢球之间的空当，装上锁紧套，扭转拉器的螺杆，就可以将轴承拉下来。

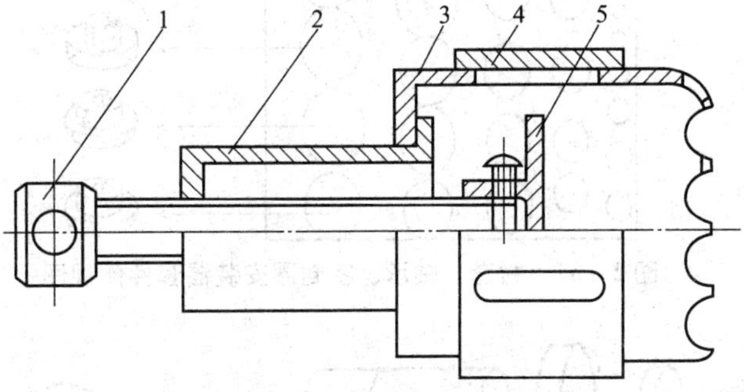

图 2－34　专用球轴承拉器

1—螺杆；2—内拉爪；3—外拉爪；4—调整外套；5—伸缩板

多用途球轴承拉器，使用时先将拉脚插入球轴承内、外座圈之间，再插入插脚夹紧。然后顺时针转动手柄，使螺杆下移，则顶头顶住轴，当轴承距轴端近时可去掉接杆，只用拉脚即可。使用中换用不同规格的拉脚，可拉下多种球轴承和轴正时齿轮。

（4）圆锥滚子轴承拉器的使用。

圆锥滚子轴承拉器主要用于主减速器主动锥齿轮轴承的拆卸。

使用时，先利用螺杆将垫盘提起，将拉爪从轴承侧面装入，然后转动螺杆使垫盘卡入工作中心孔，与拉爪的卡拔部位对中并限位，以防卡偏和受力时脱滑，继续转动螺杆即可将轴承内套拉下，如图 2－36 所示。

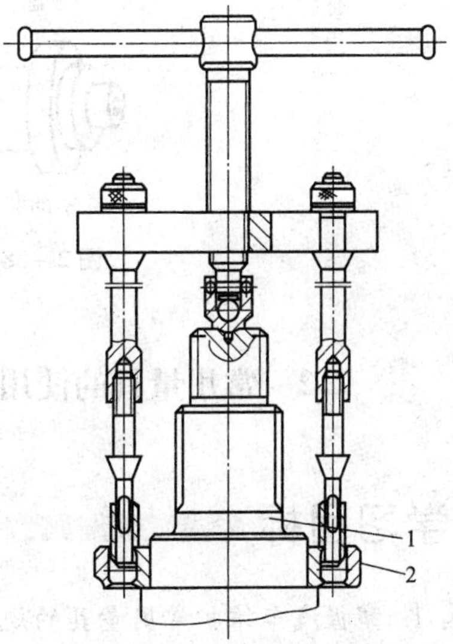

图 2－35　多用途球轴承拉器

1—轴；2—轴承

6. 衬套、轴承、密封圈安装器的使用

安装衬套、轴承、密封圈时，要求它们必须正确定位，并采用专用安装器。

图2－37所示是衬套、轴承、密封圈安装器套件侧视图，由各种不同内径的衬套、压盘、手柄和隔板等组成。安装时应根据衬套、轴承或密封圈大小选择合适尺寸的安装器部件，组装成驱动工具，再将衬套、轴承或密封圈压入，如图2－38所示。

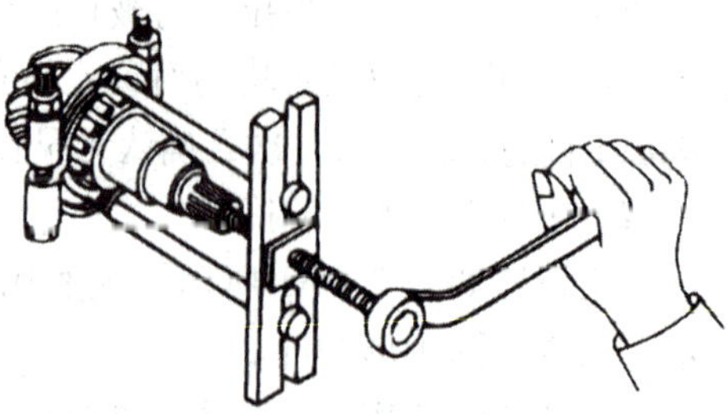

图2－36　拉下圆锥滚子轴承内套

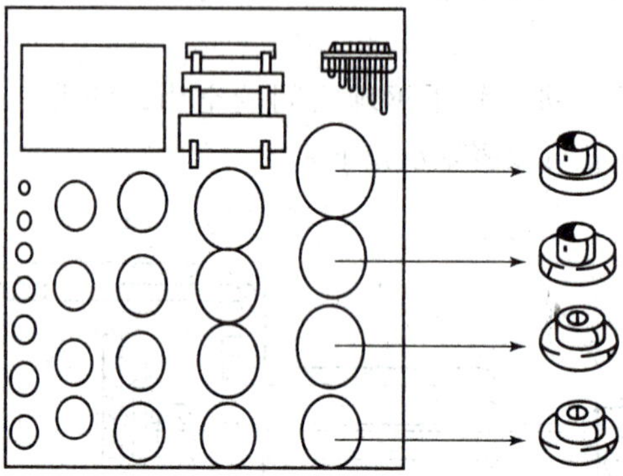

图2－37　衬套、轴承、密封圈安装器套件侧视图

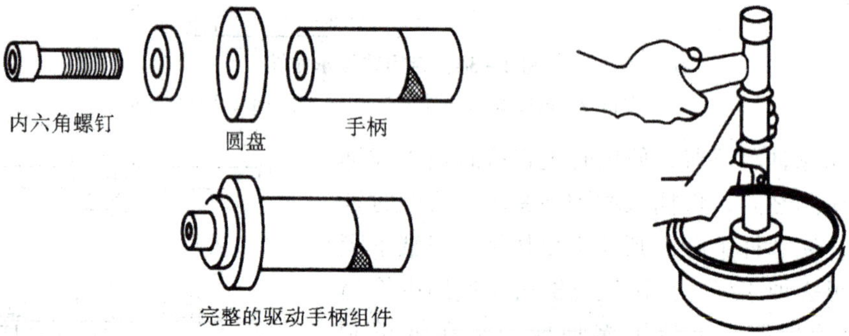

图2－38　衬套、轴承、密封圈安装器使用

2.2　常用量具的使用

学习目标

1. 掌握汽车维护常用量具的规格、构造。
2. 掌握汽车维护常用量具的使用方法。
3. 准确地识别和选择各种类别、型号的量具，并能够正确地运用、掌握安全操作方法。

能力目标

1. 能够熟练地说出各种常用量具的名称和用途。
2. 能够正确、安全地使用量具。

相关知识

一、常用量具的使用

1. 塞尺的使用

塞尺如图 2－39 所示，是一种由多片不同厚度的标准钢片所组成的测量工具，每片钢片有平行的两个测量平面，并在钢片上标出其厚度值。主要用于两个接合面之间的间隙值的检验。使用时，可以用一片进行测量，也可以由多片组合在一起进行测量。

塞尺的使用方法如下：

（1）用干净布将塞尺片两测量表面擦拭干净，不能在沾有油污或金属屑末的情况下进行测量，否则将直接影响测量。

（2）将塞尺片插入被测间隙中，来回拉动塞尺片，感到稍有阻力则该间隙值接近塞尺片上所标出的数值；如果拉动时阻力过大或过小，则该间隙值小于或大于塞尺片上所标出数值。

（3）间隙测量和调整时，先选择符合间隙规定的塞尺插入被测间隙中，然后在调整的同时，拉动塞尺片，直到感觉稍有阻力时即可拧紧锁紧螺母。图 2－40 所示为塞尺的使用实例。

图 2－39 塞尺

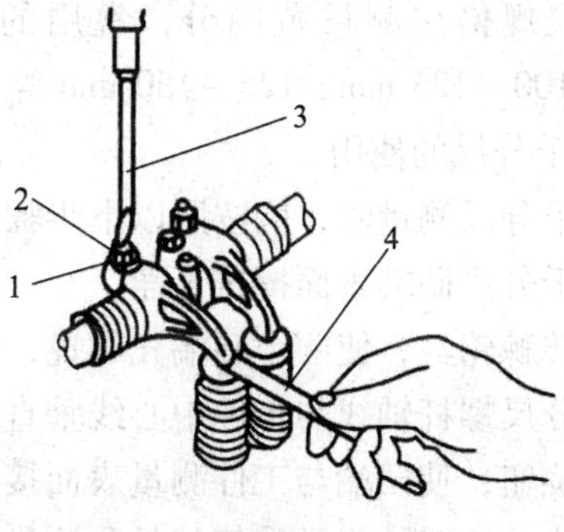

图 2－40 塞尺的使用实例

1—锁紧螺母；2—调整螺栓；3—旋具；4—塞尺

使用塞尺时应注意以下事项：

（1）不允许在测量过程中剧烈折塞尺片，或用较大的力硬将塞尺片插入被检测间隙中，否则将损坏（伤）塞尺片的测量表面或零件表面。

（2）用毕，应将塞尺片擦干净，并涂上一薄层润滑油或工业凡士林，然后将塞尺片折回夹框内，以防因锈蚀、弯曲、变形而损坏。

（3）存放时，不能放在重物之下，以免损坏塞尺。

2. 千分尺的使用

（1）千分尺的类型与用途。

千分尺又称螺旋测微器，其测量精度较高。千分尺按用途一般分为外径千分尺、内径千分尺、杠杆千分尺、深度千分尺、壁厚千分尺、公法线千分尺等。

现以外径千分尺为例，如图 2－41 所示，它主要由尺架、砧座、测微螺杆、测力装置和锁紧装置等组成。在千分尺的固定套管 6 的轴向刻有一条基线，基线上下方都刻有间距为 1 mm的刻线，上下刻线错开 0.50 mm，微分筒的圆锥面上刻有 50 等分格。由于测微螺杆和固定套管的螺距都是 0.50 mm，所以当微分筒转动一圈时，测微螺杆就移动 0.50 mm，同时微分筒就遮住或露出固定套管上的一条刻线，当微分筒转动一格时，测微螺杆就移动 0.5/50＝0.01 mm，即千分尺的测量精度为 0.01 mm。

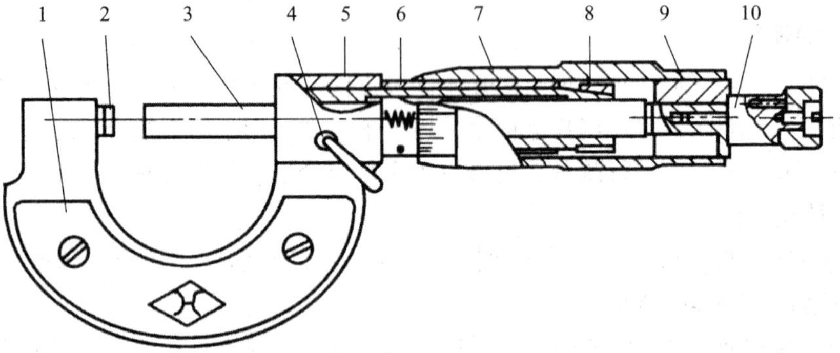

图 2－41　千分尺结构

1—尺架；2—砧座；3—测微螺杆；4—锁紧装置；5—螺纹轴承；
6—固定套管；7—微分筒；8—螺母；9—接头；10—测力装置

千分尺规格按测量范围分，常用的有 0～25 mm、25～50 mm、50～75 mm、75～100 mm、100～125 mm、125～150 mm 等几种。

（2）千分尺的使用。

使用千分尺测量时，应按照以下步骤进行：

①把千分尺砧端表面擦拭干净。

②旋转棘轮盘，使两个砧端先靠拢，将工件被测表面擦拭干净，并置于千分尺两砧端之间，使千分尺螺杆轴线与工件中心线垂直或平行，若歪斜着测量，则直接影响到测量的准确性，旋转旋钮，使砧端与工件测量表面接近，这时改用旋转棘轮盘，直到棘轮发出“咔咔”声响时为止，这时的指示数值就是所测量到的工件尺寸。

③微分筒前端应与固定套筒的“0”线对齐。

④微分筒的“0”线与固定套筒的基线对齐。

⑤若两者中有一个“0”线不能对齐，则该千分尺有误差，应予检调后才能测量。

⑥测量完毕，必须倒转微分筒后才能取下千分尺。

使用完毕，应将千分尺擦拭干净，保持清洁，并涂抹一薄层工业凡士林，然后放入盒内保存。禁止重压、弯曲千分尺，且两砧端不得接触，以免影响千分尺精度。

千分尺读数时，先从固定套管上读出毫米数与半毫米数，再看基线对准微分筒上哪格及其数值，即多少个 0.01 mm，把两次读数相加就是测量的完整数值。图 2－42 中，固定套上露出来的读数为 8＋35×0.01＝8.35（mm）。

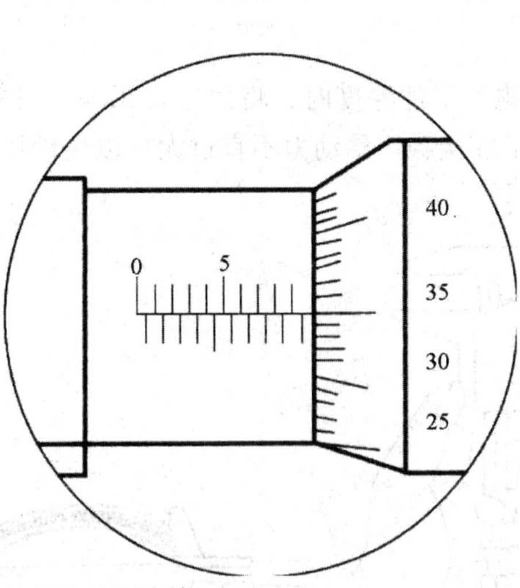

图 2-42　千分尺读数方法

3. 游标卡尺的使用

游标卡尺是一种能直接测量工件内外直径、宽度、长度、深度的量具，如图 2-43 所示。

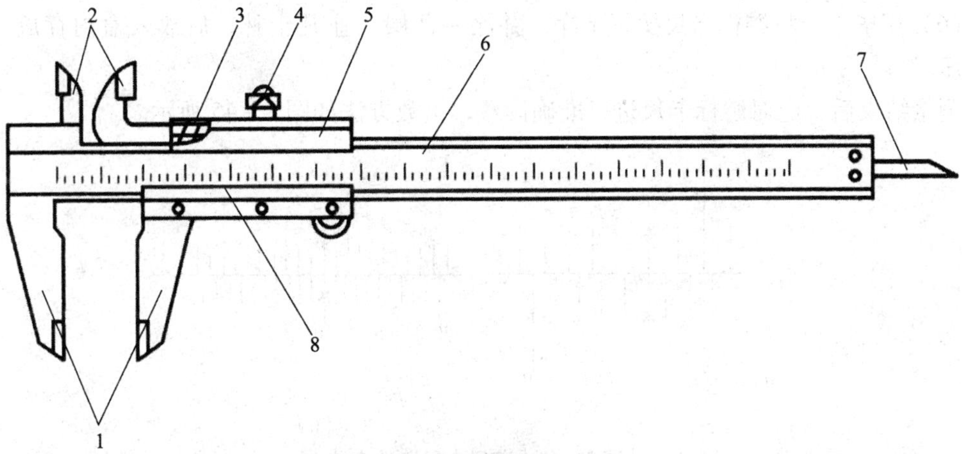

图 2-43　游标卡尺

1—外测量爪；2—内测量爪；3—弹簧片；4—紧固螺钉；5—尺框；6—尺身；7—深度尺；8—游标

按照测量功能可以将游标卡尺分为普通游标卡尺、深度游标卡尺、带表卡尺等；按照读数值可以分为 0.10 mm、0.20 mm、0.05 mm 等数种。

使用游标卡尺测量时，应按照以下步骤进行：

（1）使用前，先将工件被测表面和卡脚接触表面擦干净。

（2）测量工件外径时，将活动量爪向外移动，使两量爪间距大于工件外径，然后再慢慢地移动游标，使两量爪与工件接触，切忌硬卡硬拉，以免影响游标卡尺的精度和读数的准确性。

（3）测量工件内径时，将活动量爪向内移动，使两量爪间距小于工件内径，然后再缓慢地向外移动游标，使两量爪与工件接触。

（4）测量时，应使游标卡尺与工件垂直，固定锁紧螺钉。测外径时，记下最小尺寸，测内径时，记下最大尺寸。

（5）用深度游标卡尺测量工件深度时，将固定量爪与工件被测表面平整接触，然后缓慢地移动游标，使量爪与工件接触。移动力不宜过大，以免硬压游标而影响测量精度和读数的准确性，如图2－44所示。

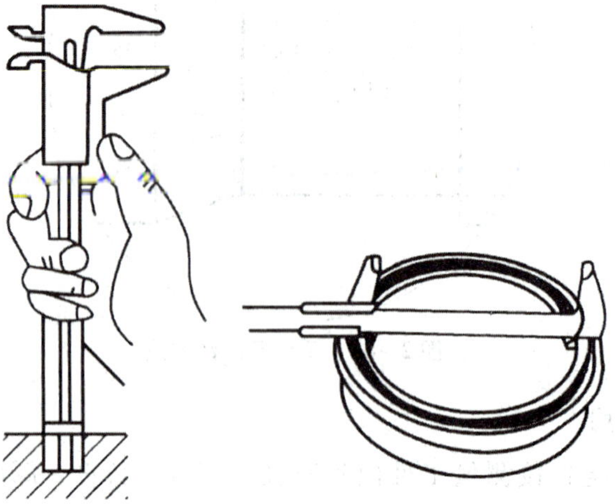

图2－44　游标卡尺测量深度和内径

（6）用毕，应将游标卡尺擦拭干净，并涂一薄层工业凡士林，后放入盒内存放，切忌折、压。

测量结束后，应对游标卡尺进行准确读数，读数方法如图2－45所示。

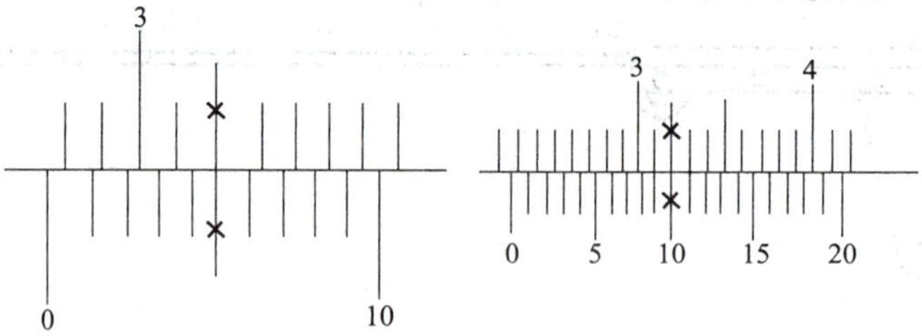

（a）　（b）

图2－45　游标卡尺读数方法

（7）读出游标零刻线所指示尺身上左边刻线的毫米数。

（8）观察游标上零刻线右边第几条刻线与尺身某一条刻线对准，将读数乘以游标上的格数，即为毫米小数值。

（9）将尺身上整数和游标上的小数值相加即得被测工件的尺寸。计算公式如下：

$$工件尺寸 = 尺身整数 + 游标卡尺读数值 \times 游标格数$$

图2－45（a）所示的（精确度为0.1 mm）读数值为27 mm + 5 × 0.1 mm = 27.5 mm；图2－45（b）所示的（精确度为0.05 mm）读数值为22 mm + 10 × 0.05 mm = 22.5 mm。

4. 千分表的使用

千分表是一种比较性测量仪器，如图2－46所示，主要用于测定工件的偏差值，如零件的平面度、直线度、跳动量、圆度、圆柱度误差及配合间隙等。

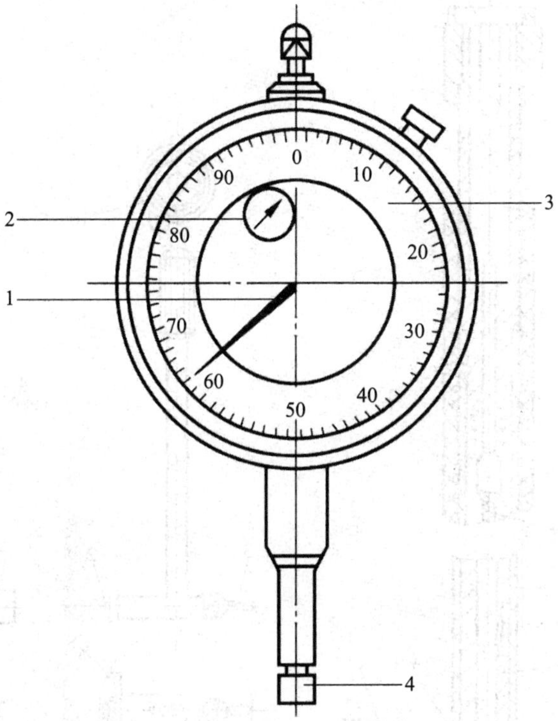

图 2－46　千分表

1—大指针；2—小指针；3—表盘；4—测头

使用千分表测量工件时，先将千分表固定在表架（支架）上，以测杆端测头抵住被测工件表面，并使测头产生一定位移（即指针存在一个预偏转值）。移动被测工件，同时观察千分表表盘上指针的偏转量，该偏转量即被测物体的偏差尺寸或间隙值。

千分表的表盘刻度一般分为 100 格，当测头每移动 0. 01 mm 时，大指针就偏转 1 格（表示 0. 01 mm）；当大指针转 1 圈时，小指针偏转 1 格（表示 1 mm）；指针的偏转量就是被测量的实际偏差或间隙值。

测量时，测杆轴线应与被测工件表面垂直，检查结束后，应解除所有的负荷，用干净布将表面擦拭干净，并在容易生锈的金属表面涂抹一薄层工业凡士林，水平地放置在盒内，严禁重压。

5. 内径百分表（量缸表）

内径百分表又称量缸表，如图 2－47 所示，是一种用于测量孔径的比较性量具，在汽车维修中，主要用于测量发动机气缸和轴承座孔的圆度、圆柱度误差或零件磨损情况。

内径百分表由三通管、活动量杆、固定量杆、表管、插口和百分表等组成。现以测量气缸内径为例，简要说明使用方法，如图 2－48 所示。

（1）用一只手拿住绝热套，另一只手尽量托住表杆下部，轻轻摆动表杆，使内径百分表测杆与气缸轴线垂直，可通过观察百分表指针摆动情况来判断，当表针指示到最小数值时，即表示测杆已垂直于气缸轴线。

（2）内径百分表读数方法与百分表相同，读出百分表表头指示数值。

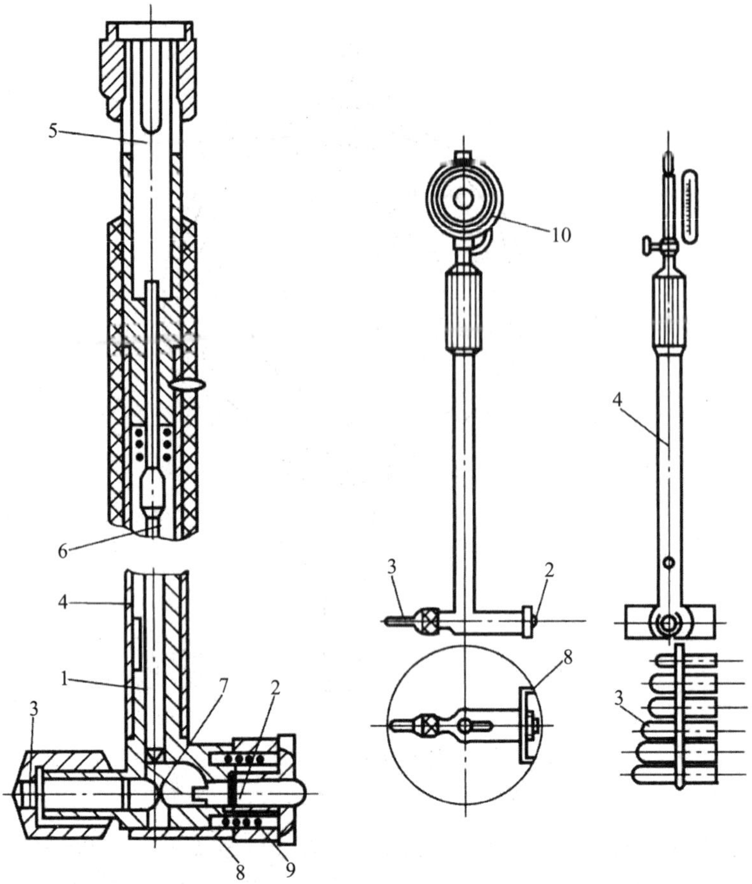

图 2－47　内径百分表

1—三通管；2—活动量杆；3—固定量杆；4—表管；5—插口；
6—活动杆；7—杠杆；8—活动套；9—弹簧；10—百分表

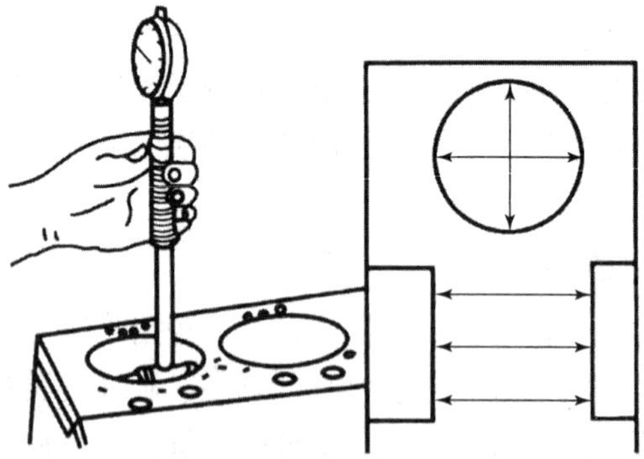

图 2－48　内径百分表的使用

（3）确定工件尺寸。如果百分表头的大指针正好指在“0”处，说明被测工件的孔径（缸径）与其校表尺寸相等，若以标准尺寸进行校表，则表示工件尺寸与标准尺寸相同。如果百分表头大指针顺时针方向转离“0”位，则表示工件尺寸小于标准尺寸；反之则表示大于标准尺寸。通过对不同测量点的测量，即可得到圆度、圆柱度的误差量或工件的磨损情况。

6. 数字万用表的使用

万用表被广泛用来测量电压、电流、电阻、电容、电感和晶体管等基本参数。根据万用表显示方式不同，可分为指针式和数字式两种，目前广泛使用的是数字式万用表。不同数字万用表，其功能和结构有所不同，下面以 VC9801A+ 数字万用表（图 2－49）为例介绍其使用方法。

（1）测量准备。

使用前，应认真阅读使用说明书，熟悉电源开关、量程开关、插孔、特殊插口的作用和使用注意事项。在测量各种参数之前，先将电源开关 1 打开。

（2）直流电压的测量。

将黑表笔插入 COM 插孔，红表笔插入 V/Ω 插孔，量程开关拨至 V ~ 的合适量程，将表笔与被测线路并联，读数即显示，红表笔所接的极性也同时显示。

注意：

①不要输入高于 1 000 V 的电压，以免损坏仪表。

②测量时，如果不知道测量电压范围，应将量程置于最高挡，再逐渐调低。

（3）交流电压的测量。

将黑表笔插入 COM 插孔，红表笔插入 V/Ω 插孔，量程开关拨至 V ~ 的合适量程，将表笔与被测线路并联，读数即显示。

图 2－49　数字万用表

注意：

①不要输入高于 700 V 的电压，以免损坏仪表。

②测量时，如果不知道测量电压范围，应将量程置于最高挡，再逐渐调低。

（4）直流电流的测量。

将黑表笔插入 COM 插孔，当被测电流小于 200 mA 时，红表笔插入 mA 插孔；当被测电流在 200 mA ~ 20 A 时，红表笔插入 20 A 插孔。

将量程开关置于直流 A ~ 量程范围，测试笔串入被测线路中，读数即显示，红表笔所接的极性也同时显示。

注意：

①不要接入高于测量值的电流，以免损坏仪表。

②测量时，如果不知道测量电流范围，应将量程置于最高挡，再逐渐调低。

③20A 插孔无熔丝，测量时间应小于 10 s，以免线路发热，影响准确度。

（5）交流电流的测量。

测量步骤和注意事项与直流电流测量相似，测量时注意将量程开关置于交流 A ~ 量程范围。

（6）电阻的测量。

将量程开关拨至 Ω 的合适量程，黑表笔插入 COM 插孔，红表笔插入 V/Ω 插孔，将测试笔跨接在待测的电阻上，读数即显示。

注意：

①在线测量时，务必确认被测电路已经关断电源，同时电容已经放电完毕，方可以测量

电阻。

②如果被测电阻值超出所选择量程的最大值，万用表将显示“1”，这时应选择更高的量程。

③测量高电阻时，尽可能将电阻直接插入 COM 插孔和 V/Ω 插孔，以免干扰。当电阻值大于 1 MΩ 时，仪表需要数秒后才能稳定读数，属于正常现象。

④20A 插孔无熔丝，测量时间应小于 10 s，以免线路发热，影响准确度。

（7）电容的测量。

将量程开关拨至 F 的合适量程，将被测电容插入 Cx 插口，有必要时注意极性连接。

注意：

①不要把一个外部已充电的电容插入测量。

②测量大电容时，仪表需要数秒后才能稳定读数。

（8）二极管的测量。

将黑表笔插入 COM 插孔，红表笔插入 V/Ω 插孔（红表笔为 +）；将量程开关置于通断位置，将测试笔跨接在被测的二极管两端。

①当输入端开路（或二极管断路）时，仪表显示为过量程状态。

②仪表显示值为正向电压降伏特值，当二极管反接时，显示过量程状态。

（9）背光源的使用。

在光线较暗时，可按下背光源按钮 B/L。背光源耗电大，不宜长期使用。

（10）数据保持开关的使用。

在测量时要保持数据，可以按下数据保持开关 HOLD 按钮。

2.3 常用举升设备及操作

学习目标

1. 熟悉汽车维护常用设备。
2. 熟悉汽车维护常用设备的操作方法。

能力目标

1. 能够熟练地说出各种常用设备的名称和用途。
2. 能够正确、安全地操作各种设备。

相关知识

一、汽车常用举升起重设备的使用

1. 千斤顶

千斤顶是一种最常用、最简单的起重工具，按照其工作原理分为液压式和机械式两类，

如图 2－50 所示。

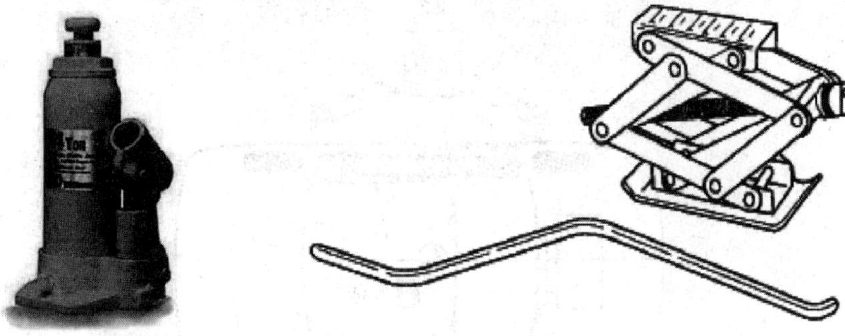

（a）　　　　　　（b）

图 2－50　千斤顶

（a）液压式千斤顶；（b）机械式千斤顶

2. 举升机

汽车举升机是指汽车维修行业用于汽车举升的汽保设备。举升机在汽车维修养护中发挥着至关重要的作用，无论整车大修，还是小修保养，都离不开它，其产品性质、质量好坏直接影响维修人员的人身安全。在规模各异的维修养护企业中，无论是维修多种车型的综合类修理厂，还是经营范围单一的街边店（如轮胎店），几乎都配备有举升机。

举升机按照功能和形状来分，一般可分为两柱、四柱、剪式三大类。其中柱式举升机又分为立柱式和龙门式，龙门式存在举升高度的限制，立柱式则不存在高度限制。我们主要以两柱举升机为例来介绍其使用方法。

（1）两柱举升机结构与功用。

两柱举升机（图 2－51）用于车辆整车的举升，主要由主动立柱、被动立柱、四只托臂、操纵手柄、保险机构等组成。

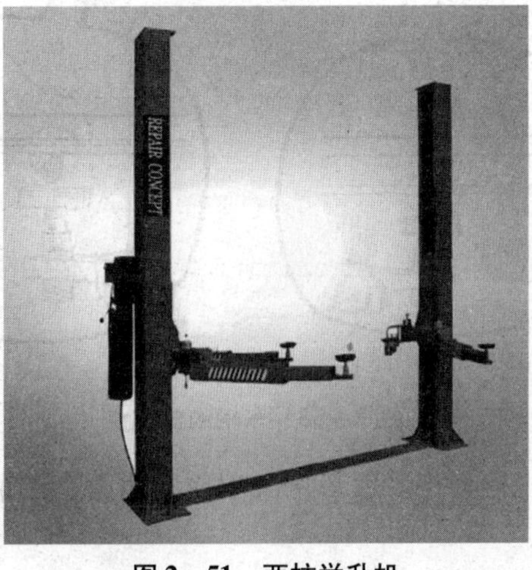

图 2－51　两柱举升机

（2）使用方法。

①整车举升作业的准备工作。

②将汽车驶入举升机，至合适位置定位，尽量使汽车中心位于两立柱中间（图 2－52）。

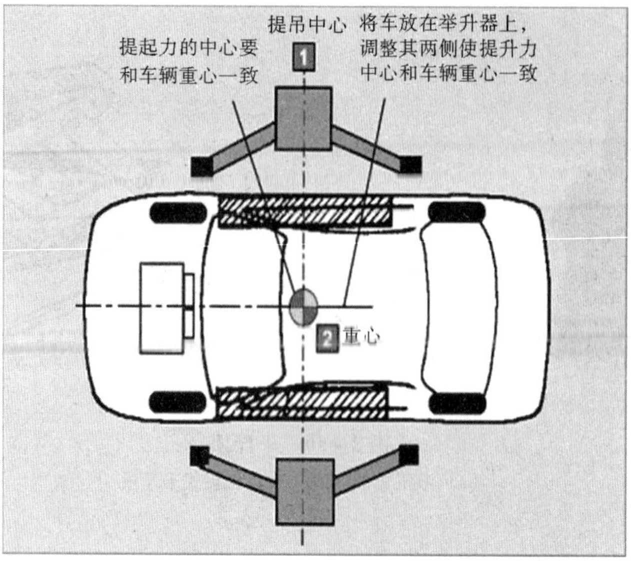

图 2-52　车辆的停放位置

③按汽车使用说明书上介绍的支撑点（图 2-53），设置举升器上的定位支架和杆臂，以保证定位点在汽车上正确就位。

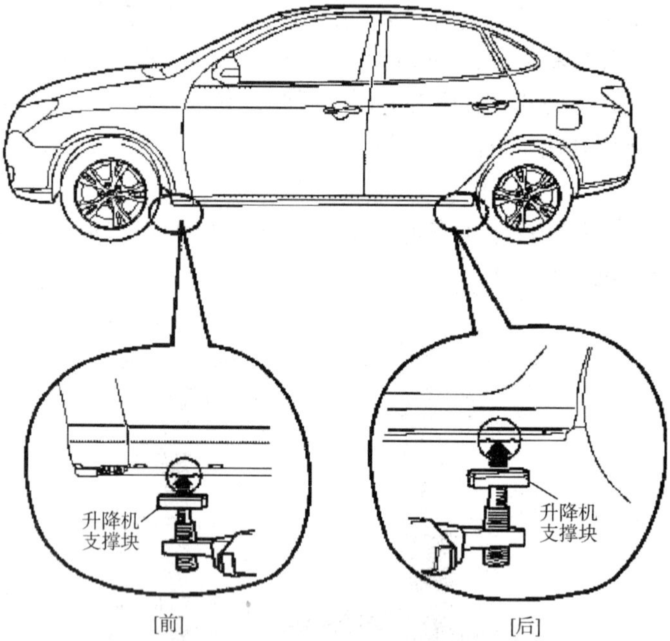

图 2-53　车辆的支撑点

④在举升机与汽车定位检查稳妥后，将汽车顶离地面，在车辆离地面约 5 cm 时，摇晃汽车，查看有无窜动迹象。

⑤操纵举升机举升汽车至所需高度。

⑥在规定部位加设安全支架。

⑦完成拆装与检修作业后，从车下移开工具箱（架）、安全支架等。

⑧依照举升机使用说明书，松开锁止装置，操纵举升机缓缓下降，并使举升机定位支架

和杆臂降至最低点。

⑨将定位支架和杆臂移出汽车定位点，并保证汽车能自由进出，然后将汽车驶出举升作业区。

（3）举升机使用注意事项。

①车辆的总质量不能大于举升器的起升能力。

②根据车型和停车位置的不同，尽量使汽车的重心与举升器的重心相接近，严防偏重。为打开车门，汽车与立柱间应留有一定的距离。

③转动、伸缩、调整举升臂至汽车底盘指定位置并接触牢靠。

④汽车举高前，操作人员应检查汽车周围人员的动向，防止意外。

⑤汽车举升时，要在汽车离开地面较低位置进行反复升降，无异常现象时方可举升至所需高度。

⑥汽车举升后，应落槽于棘牙之上并立即进行锁紧。

●项目实施

一、项目实施环境

（1）各种汽车零件。

（2）各种常用工具、量具。

（3）工作台。

二、项目实施步骤

（1）常用工具的认识。

常用工具包括套筒、套筒扳手、开口扳手、梅花扳手、扭力扳手、各种钳子、拉压器、手锤等。

要求认识这些常用工具的名称，了解基本的使用方法、功用和使用注意事项。

（2）常用量具的使用。

常用量具包括游标卡尺、千分尺、百分表、塞尺等。

要求认识这些量具的名称，了解其功用和使用注意事项。

（3）万用表的使用。

要求掌握万用表的使用方法和使用注意事项。

●知识拓展

这里以知识拓展的形式对汽车维修生产安全注意事项进行介绍。

一、个人安全

1. 眼睛的防护

在汽车维修企业中，眼睛经常会受到各种伤害，如飞来的物体、腐蚀性的化学飞溅、有毒的气体或烟雾等，这些伤害几乎都是可以防护的。

常见的保护眼睛的装备是护目镜（图 2－54）和安全面具（图 2－55）。护目镜可以防护各种对眼睛的伤害，如飞来的物体或飞溅的液体。在进行金属切削加工、用錾子或冲子铲剔、使用压缩空气、使用清洗剂等情况下，应考虑佩戴护目镜。安全面具不仅能够保护眼睛，还能保护整个面部。如果进行电弧焊或气焊，要使用带有色镜片的护目镜或深色镜片的特殊面罩，以防止有害光线或过强的光线伤害眼睛。

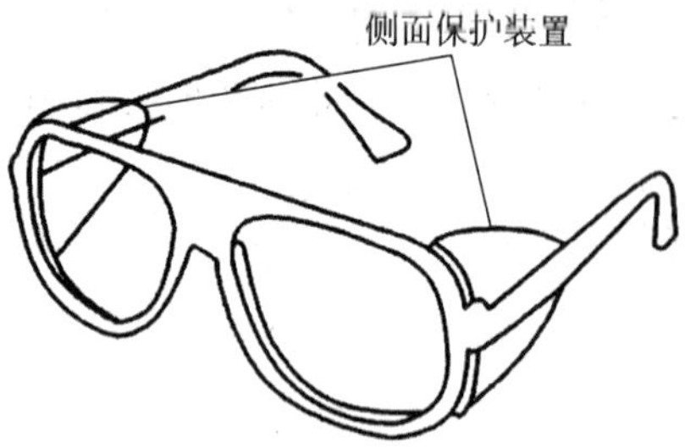

图 2－54　护目镜

图 2－55　安全面具

2. 听觉的保护

汽车修理厂是个噪声很大的场所，各种设备如冲击扳手、空气压缩机、砂轮机、发动机等都产生很大的噪声。短时的高噪声会造成暂时性听力丧失，但持续的较低噪声则更有害。

常见的听力保护装备有耳罩和耳塞，噪声极高时可同时佩戴。一般在钣金车间必须佩戴耳罩或耳塞。

3. 手的保护

手是汽车维修人员经常受伤的部位之一，保护手要从两方面着手：一是不要把手伸到危险区域，如发动机前部转动的传动带区域、发动机排气管道附近等；二是必要时戴上防护手套。不同的场合需要不同的防护手套，做金属加工有劳保安全手套，接触化学品有橡胶手套。

4. 衣服、头发及饰物

宽松的衣服、长袖子、领带都容易卷进旋转的机器中，所以在修理厂中，首先一定要穿合体的工作服，最好是连体工作服，外套、工装裤也可以。如果戴领带，要把它塞到衬衫里。

工作时不要戴手表或其他饰物，特别是金属饰物，以免在进行电气维修时可能导入电流而烧伤皮肤，或导致电路短路而损坏电子元件或设备。

在工厂内要穿劳保鞋，可以保护脚面不被落下的重物砸伤，且劳保鞋的鞋底是防油、防滑的。

长发很容易被卷入运转的机器中，所以长发一定要扎起来，并戴上帽子。

常见的个人安全防护设备如图 2－56 所示。

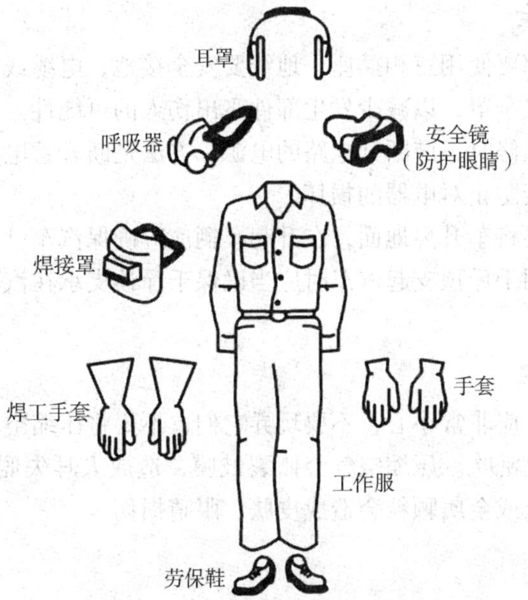

图 2－56　常见的个人安全防护设备

另外，在搬举重物时应采用如图 2－57 所示的方式进行，以避免损伤身体。

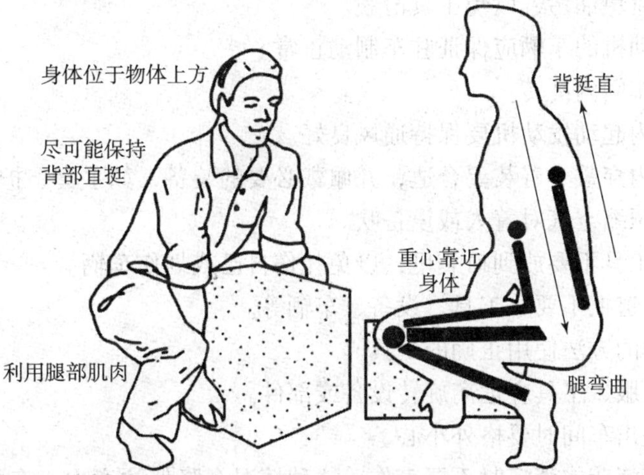

图 2－57　搬举重物

二、工具和设备安全

1. 手动工具的安全

手动工具看起来是安全的，但使用不当也会导致事故，如用一字旋具代替撬棍，导致旋具崩裂、损坏，飞溅物打伤自己或他人，扳手从油腻的手中滑落，掉到旋转的元件上，再飞出来伤人，等等。

另外，使用带锐边的工具时，锐边不要对着自己和工作中的同事。传递工具时要将手柄朝向对方。

2. 动力工具的安全

所有的电气设备都要使用三相插座，地线要安全接地，电缆或装配松动应及时维护；所有旋转的设备都应有安全罩，以减少发生部件飞出伤人的可能性。

在进行电子系统维修时，应断开电路的电源，方法是断开蓄电池的负极搭铁线，这不仅可保护人身安全，还能防止对电器的损坏。

许多维修工序需要将车升离地面，在升起车辆前应确保汽车已被正确支承，并应使用安全锁以免汽车落下。用千斤顶支起汽车时应当确保千斤顶支承在汽车底盘大梁部分或较结实的部分。

3. 压缩空气的安全

使用压缩空气时，应非常小心，不要玩弄它们，不要将压缩空气对着自己或别人，不要对着地面或设备、车辆乱吹。压缩空气会撕裂鼓膜，造成人耳失聪，损伤肺部或伤及皮肤，被压缩空气吹起的尘土或金属颗粒会造成皮肤、眼睛损伤。

三、日常安全守则

（1）工具不使用时应保持干净并放到正确的位置。

（2）各种设备和工具要及时检查和保养。

（3）手上应避免油污，以免工具滑脱。

（4）起动发动机的车辆应保证驻车制动正常。

（5）不要在车间内乱转。

（6）在车间内起动发动机要保持通风良好。

（7）在车间内穿戴、着装要合适，并佩戴必要的装备，如手套、护目镜、耳塞等。

（8）不要将压缩空气对着人或设备吹。

（9）尖锐的工具不要放到口袋里，以免扎伤自己或划伤车辆。

（10）常用通道上不要放工具、设备、车辆等。

（11）用正确的方法使用正确的工具。

（12）手、衣服、工具应远离旋转设备或部件。

（13）开车进出车间时要格外小心。

（14）在极度疲劳或消沉时不要工作，这种情况会降低注意力，有可能导致自身或他人的被伤害。

（15）如果不知道车间设备如何使用，应先向明白的人请教，以掌握正确、安全的使用方法。

（16）用举升器或千斤顶升起车辆时，一定要按正确的规程操作。

（17）应知道车间灭火器、医疗急救包、洗眼处的位置。

项目三

汽车发动机的使用与维护

3.1 进排气系统的使用与维护

知识目标

1. 掌握空气滤清器的更换方法及注意事项。
2. 掌握进气管检查的项目和检查方法。
3. 掌握节气门的检查方法。
4. 掌握怠速控制执行器的检查方法。
5. 掌握排气管和消声器的检查与维护方法。
6. 掌握蒸发排放控制系统的检查方法。
7. 掌握炭罐的检查及更换方法。

能力目标

1. 能够对空气滤清器进行检查与更换。
2. 能够对节气门进行检查与清洗。
3. 能够对排气管和消声器进行检查与维护。
4. 能够对蒸发排放控制系统进行检查与维护。

相关知识

一、空气滤清器

空气滤清器是对空气进行净化的装置，它由壳体和滤芯组成，滤芯布置在壳体内，如图3-1所示。

大气中有各种异物，例如灰尘、沙粒等，它们将加速发动机的磨损，从而降低发动机的使用寿命。如果滤芯阻塞严重，将使进气阻力增加，发动机功率下降，发动机运转状态变坏，也容易产生积炭，因此平时应该养成经常检查空气滤清器滤芯的习惯。

进气管用于连接节气门体与空气滤清器，当进气管破损或连接松动时将出现漏气现象，导致发动机不能正常工作。

图3－1　空气滤清器

二、节气门

节气门（图3－2）是当今电控燃油喷射发动机系统最重要的部件，它的前部是空气滤清器，后部是发动机缸体，是汽车发动机的咽喉。汽车加速是否灵活，与节气门是否清洁有密切的关系。

（a）

（b）

图3－2　节气门

三、怠速控制执行器

怠速控制执行器（图3－3）安装在节气门体上，用于控制节气门的旁通进气量，保持节气门闭合时发动机转速恒定。它根据发动机负荷和状态调节怠速转速，起动时提供空气，当其出现脏污时将影响怠速转速的稳定性。

图3－3　怠速控制执行器

四、废气排放控制系统

废气排放控制系统使用三元催化转化器将三种污染物——碳氢化合物HC、一氧化碳CO和氮氧化物NO_x转换为无害物质。

汽油发动机的催化转化器是一个三元催化器，如图3－4所示。它氧化一氧化碳和HC，并且从氮氧化物NO_x中分离出氧。一般有两种三元催化器，即调色板型和单块型。

图3－4　三元催化转化器

五、排气系统

排气系统指收集并且排放废气的系统，包括排气歧管（图3－5）、排气管、消声器、尾管等。

（a）

（b）

（c）

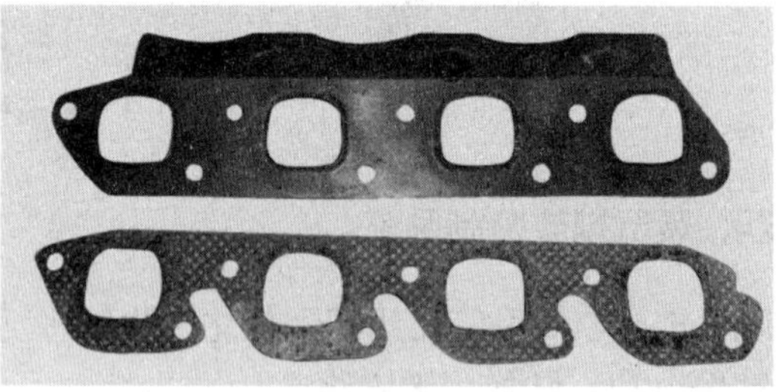

（d）

图3－5　排气歧管

消声器（图3－6）用来消除排气的噪声，使车辆在行驶过程中更宁静。一般消声器中会有数个膨胀室，发动机排放出来的废气经过数个膨胀程序后，其排气脉冲缓和而消除噪声。然而，由于气体在消声器中路径复杂，换言之，也就是消声器降低了排气的顺畅性，所以也会稍微影响发动机性能。

图3－6　消声器

有些人会自行改装直通式排气尾管，这样虽然可稍稍提升发动机性能，却会大大增加排气噪声，所以这是不值得肯定也是违反交通规定的行为。

六、蒸发排放控制系统

蒸发排放控制系统防止储存在燃油箱内的燃油蒸气进入到大气中。燃油箱内的燃油蒸发时，燃油蒸气穿过通风软管或管路进入活性炭罐内，活性炭罐暂时把燃油蒸气保存在木炭内。一定工况状态下 ECM 把收集的燃油蒸气吸入燃烧室，它使用进气歧管内的真空吸入燃油蒸气。

活性炭罐内装满木炭，用于吸收来自燃油箱的蒸气。木炭内收集的燃油蒸气，在适当条件下，由 ECM/PCM 控制将蒸气输送至进气歧管。

清除控制电磁阀（PCSV）安装在连接活性炭罐的通道和进气歧管之间。此电磁阀为占空比式电磁阀，并由 ECM/PCM 信号控制。为把吸收的蒸气吸入进气歧管，ECM/PCM 控制打开 PCSV，否则通道保持闭合。其控制原理如图 3 –7 所示。

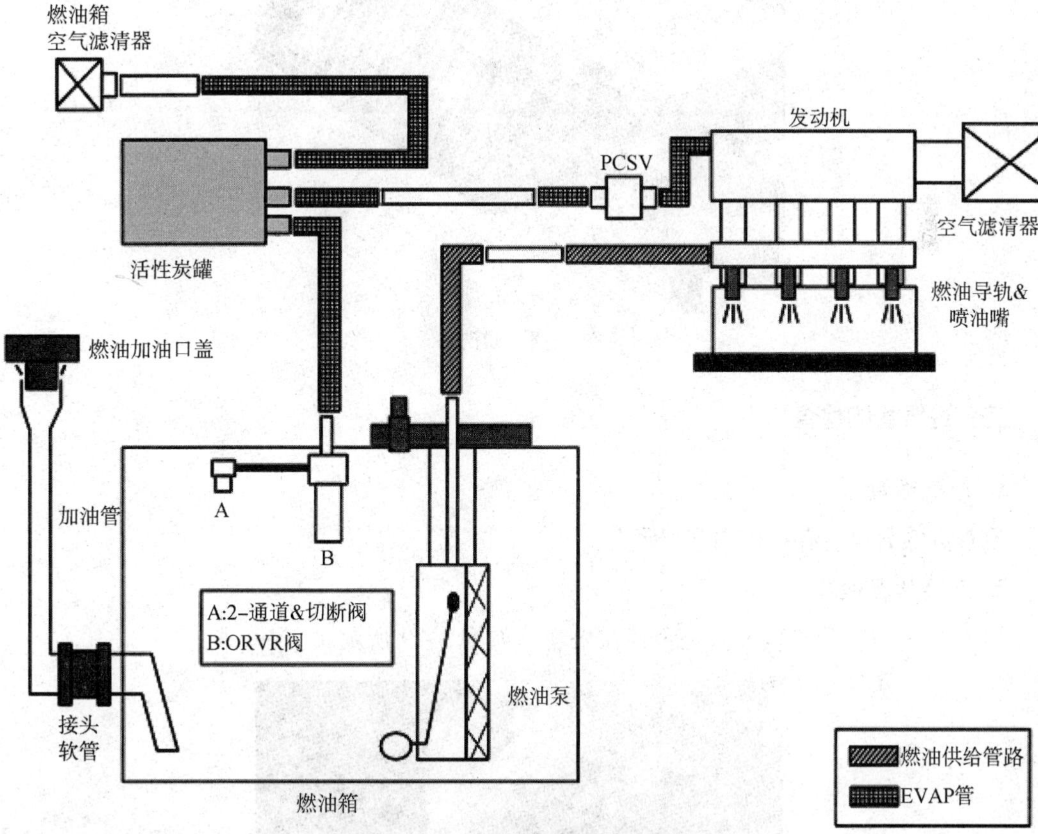

图 3 –7　蒸发排放控制原理

项目实施

一、空气滤清器更换

检查维护时，滤芯上的密封垫必须确实安装在原位，以防止空气不经滤清器进入气缸。橡胶密封垫圈易脱落、老化变形，空气易从密封垫缝隙流过，把大量灰尘带进气缸，所以若密封垫老化变形、断裂，应更换新品。

纸滤芯抗压能力低，不能装得过紧，否则易把纸滤芯压坏，影响滤清效果。这种滤芯采用微孔滤纸，表面经过树脂处理，在发动机工作时，滤芯周围会黏附着一层灰尘，清洁时不能用水或油，以防止油水浸染滤芯。常用的清洁方法有以下两种：

一是轻拍法，即将滤芯从壳中取出，轻轻拍打纸滤芯端面，使灰尘脱落。但不得敲打滤芯外表面，以免损坏滤纸，降低滤清效果。

二是吹洗法（图 3－8），即用压缩空气从滤芯内部向外吹，将灰尘吹净。但压缩空气压力不得超过 294～600 kPa，以防止损坏滤芯。

图 3－8　吹洗法

二、进气管的检查

1. 外观检查

检查进气管是否存在破损和变形。

2. 连接状况检查

(1) 检查进气管连接卡箍是否存在松动，如图 3－9 所示。

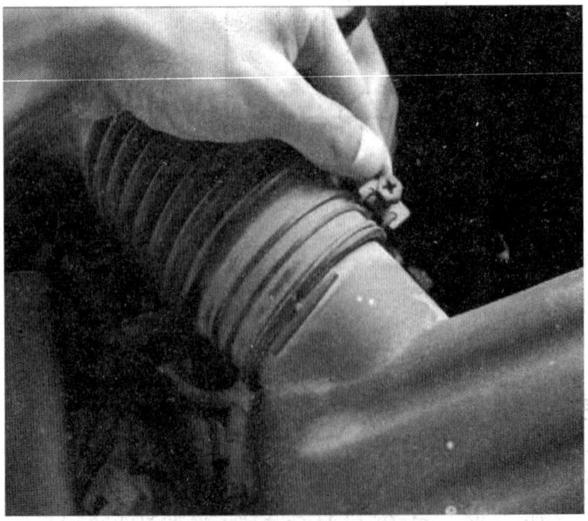

图 3－9　检查进气管连接卡箍是否松动

（2）晃动进气管，检查连接是否可靠。

（3）在发动机运转状态下，检查连接处是否存在漏气现象。

三、节气门体的检查

1. 节气门联动功能的检查

（1）进入驾驶室，在发动机熄火的状态下踩动加速踏板，观察节气门体是否正常动作。

（2）检查节气门拉索是否连接正常。

2. 节气门的检查

（1）拆卸节气门体与进气管的连接卡箍，并拆下进气管，如图 3－10 所示。

图 3－10　拆卸节气门与进气管连接卡箍

（2）用手转动节气门，观察节气门是否有卡滞或脏堵；如发现节气门存在脏堵现象，需要拆下节气门总成，再利用清洗剂进行清洗。

（3）装复节气门体和进气管，卡箍安装到位，紧固。

3. 怠速控制执行器的检查

利用解码仪检查怠速控制执行器是否处于正常的工作范围，当发现怠速控制执行器工作情况不良时，需拆卸检查清洗，清洗步骤如下：

（1）关闭点火开关。

（2）分离怠速控制执行器的线束接口。

（3）从进气歧管拆卸怠速控制执行器。

（4）向怠速控制执行器的进气口喷 2～3 次清洁剂（图 3－11），注意：应在怠速控制执行器直立状态下喷洗清洗剂。

（5）重新连接怠速控制执行器接口。

（6）打开点火开关过 2～3 s 后再关闭，然后重新分离怠速控制执行器接口。

（7）重复操作 3 次步骤（4）～（6）的内容。吹气后，用干净的抹布擦拭怠速控制执行器的进气口和出气口。

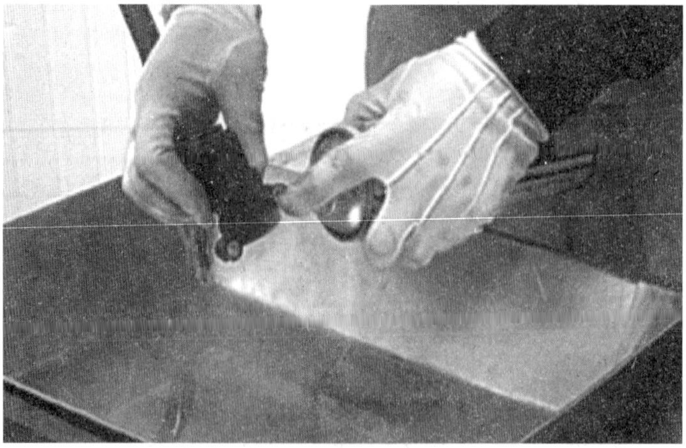

图 3－11　怠速控制执行器清洗

（8）重新安装怠速控制执行器，注意更换新的密封垫片（图 3－12）。

图 3－12　更换密封垫片

（9）连接怠速控制执行器接口。

（10）打开点火开关（IG ON）

（11）用解码仪调出故障码（DTC）并消除。

（12）起动发动机，在怠速状态确认发动机工作正常。

4. 三元催化器的检查

（1）外观检查。

观察催化转化器表面是否有凹陷，如有明显的凹痕和刮擦，则说明催化转化器的载体可能受到损伤。

观察催化转化器外壳上是否有严重的褪色斑点或略有呈青色或紫色的痕迹，在催化转化器防护罩的中央是否有非常明显的暗灰斑点，如有则说明催化转化器曾处于过热工作状态，需做进一步的检查。

（2）三元催化器前后温度的检查。

催化转化器在正常工作状态下，由于氧化反应产生了大量的反应热，因此可通过温差对比来判断催化转化器性能的好坏。起动发动机，预热至正常工作温度，将发动机转速维持在2 500 r/min左右，将车辆举升，用数字式温度计测量催化转化器进口和出口的温度，需尽量靠近催化转化器50 mm内。催化转化器出口的温度应高于进口温度10% ~15%。

5. 强制式曲轴箱通风系统检查

（1）从强制式曲轴箱通风阀（PCV阀）上拆下通气软管。

（2）从摇臂盖上拆下曲轴箱通风阀。

（3）重新将曲轴箱通风阀与拆下的通气软管连接。

（4）起动发动机，怠速运转。

（5）将手指压在曲轴箱通风阀开口，感觉确认进气歧管真空度（手指是否受到吸引作用）。

注意：此时曲轴箱通风阀的柱塞会前后移动。

（6）如果未感觉到真空，则清洁或更换曲轴箱通风阀。

6. 排气管的检查

（1）损坏和安装状况。

①检查排气管是否损坏。

②检查消声器是否损坏。

③检查排气管支架上的O形圈是否损坏或者脱离。

④检查垫片是否损坏。

（2）排气管渗漏。

通过观察接头周围是否存在任何炭黑，检查排气管连接部分是否渗漏废气。

（3）松动检查（HDC 1.6 L）。

3.2 燃油供给系统的使用与维护

知识目标

1. 掌握更换燃油滤清器的注意事项。
2. 掌握燃油管路的检查项目。
3. 掌握燃油箱外观检查项目。
4. 掌握线束及插接器连接状况检查。

能力目标

1. 能进行燃油滤清器的检查、维护与更换。
2. 能对燃油系统的积炭进行清洗。
3. 能够对燃油管路进行检查与维护。

相关知识

燃油滤清器起到过滤燃油杂质的作用，当其长时间使用后会出现脏堵现象，如果不及时更换，将会影响发动机的正常工作。对于不同的车辆，其燃油滤清器的更换周期是不同的，这主要取决于燃油滤清器的类型。如果是外置型燃油滤清器（图 3－13），一般建议每行驶 5 000～10 000 km 更换一次燃油滤清器；如果燃油滤清器是置于油箱内部的，那么一般可将其看作终生免维护零件。

图 3－13　燃油滤清器

在更换燃油滤清器或者对燃油系统进行养护时，是绝对不能抽烟的，当然也不能允许周围的任何人抽烟。如果在养护操作过程中需要使用照明灯，则一定要确保所使用的照明灯是符合职业安全标准的。

同时，还应该注意，更换燃油滤清器必须在发动机冷机的状态下进行，因为发动机热机时从排气管排出的高温废气也能够把燃油点燃。

燃油管路在燃油系统中起到输送燃油的作用，当其出现变形或漏油等损伤时，会降低车辆行驶过程中的安全性和经济性，必须定期检查。

燃油箱在燃油系统中起到储油的作用，在使用过程中必须保证安装牢固可靠，且无裂纹和漏油现象，否则需要维护或更换。

发动机线束和插接器的连接状况，以及传感器和执行器的安装是否可靠，都关系到发动机的正常工作，在车辆维护过程中，必须对以上内容进行检查，并通过读取故障码来判断汽车是否处在正常的工作状态。

项目实施

一、燃油滤清器更换

（1）释放燃油系统中的燃油压力。在更换燃油滤清器之前，应该按照汽车制造商指定的操作规程释放燃油系统中的压力。释放燃油压力通常采用的办法是：拆开燃油泵保险丝或者燃油泵继电器，并转动发动机，这样就可以释放大部分燃油压力。

（2）拆卸燃油滤清器外罩螺栓，放松油路和燃油滤清器接合处的夹紧装置，拔下燃油管接头，紧接着用塞子塞住油路，防止燃油溢出。然后，将燃油滤清器从油路中拆下来。

（3）更换新的燃油滤芯，注意滤芯的方向。大部分安装在油路中的燃油滤清器都标有两个箭头，一个是燃油流入箭头，另一个是燃油流出箭头，用箭头来表明燃油经过燃油滤清器时的流向（图 3－14）。所以当安装燃油滤清器时，一定要使箭头的方向指向发动机，即油液是流向发动机的。

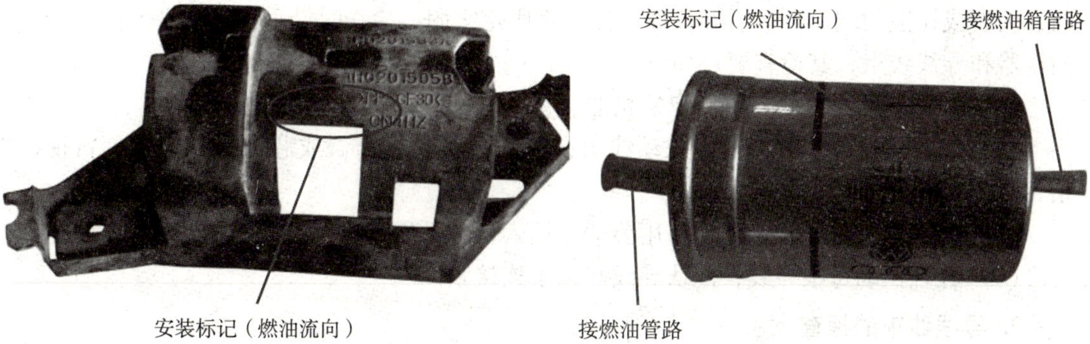

图 3－14　燃油滤清器

（4）安装滤清器外罩，接好燃油管接头。还应确保橡胶软管夹紧装置安装在正确的位置和按照指定的规格夹紧接合处。

注意：在油路中所使用的夹紧装置是专门设计的，在橡胶软管和燃油滤清器接合处把这两个部件紧紧地夹住，以达到密封的效果。与普通的夹紧装置相比，这种夹紧装置不会切入橡胶软管，因此也不会对橡胶软管造成伤害，同时这种夹紧装置还能承受很高的油压。相比之下，普通的蜗杆式夹紧装置更容易损坏橡胶软管造成燃油泄漏。

（5）插好 5 号燃油泵保险。

（6）起动发动机（因管路中没有油压，起动时间会适当地加长）。

二、油箱盖的养护

首先，清除油箱顶部所有积聚的道路灰尘和污垢，特别要注意清除掉油箱加油口盖顶部区域的尘土。可以利用低压压缩空气来进行上述清理工作。

拆下连接燃油泵总成与油箱的燃油软管之后，用盖盖住进油管以避免将灰尘吹入油箱。

如果油箱盖存在缺陷、松动或油箱盖丢失，都会引起车载故障指示灯（MIL）闪亮报警，同时还会在汽车电子控制模块中储存燃油蒸气排放系统的初始诊断故障代码（DTC）。

汽车燃油系统中出现的大部分问题都是由于燃油滤清器和油路结合不当或者油箱盖出现缺陷引起的。有时当拧紧油箱盖时，会明显地感到很费力，这可能是由于螺纹错扣引起的。

在很多情况下，油箱盖还会发出像棘轮机构发出的“咔嗒、咔嗒”声，这种声音说明油箱盖安装得很紧并且正在起着密封的作用。对于油箱盖出现的问题，只要对油箱盖上的螺纹进行仔细的检查，就会发现问题的症结所在。更换油箱盖是解决各种故障问题的最好办法。

大多数汽车制造商都建议车辆每行驶 50 000 km 就要检查一次油箱盖。检查油箱盖时，还要特别地检查一下燃油注入口颈部两处的螺纹是否有损伤或螺纹错扣，并确保密封垫片或者密封圈处于正确的位置。另外，还应该注意的是油箱盖的使用是否满足汽车制造商要求的使用规范。

三、电子控制系统的检查

1. 插接器的检查

检查插接器的连接状态，是否有接触不良的端子，导线安装是否牢固，以及是否有弯曲、破裂或锈蚀的端子，然后确认插接器是否固定牢固。检查时沿垂直和水平方向轻轻晃动插接器和导线线束，其检查要点如下：

（1）插接器的连接状态：固定插接器。

（2）当插接器分离时：轻轻拉动线束，检查端子是否错误或芯线是否破损。目视检查是否生锈、污染、变形、弯曲。

（3）检查端子拧紧状态：将备用公端子插入母端子后，检查端子的拧紧状态。

（4）轻轻拉动每根导线，确认导线与端子连接紧固。

2. 导线线束的检查

（1）在分离导线线束前，检查导线线束位置和折皱情况，以便正确地修复。

（2）检查导线线束是否扭曲、拉开或松动。

（3）检查导线线束的温度是否异常。

（4）检查导线线束是否靠近部件的尖锐边缘，或者处在转动、移动或摆动部件的边缘。

（5）检查导线线束与其他安装部件间的连接情况。

（6）如果导线线束的覆盖层损坏，要重新固定、维修或更换线束。

四、燃油系统免拆清洗

1. 燃油系统未清洗可能出现的异常情况

（1）油路堵塞使发动机无法工作。

汽油中都会有一些水分，这些水分有些是提炼过程中产生的，有些则是外界因素造成的。

在正常温度下，燃油可溶解一些水分，但在温度降低时，水的溶解性相应变小，多余溶解量的水分就会聚集。因为水的密度大于油，它就会慢慢地分离出来，停留在油路的弯曲处或滤清器中，引起供油不连续。当温度低于水的凝点时，水就会凝聚结冰，引起油路堵塞，使发动机无法工作。

出现了这种现象，普通的方法只是用热水浇油箱和管路，直到冰溶化以后再发动汽车，使燃油恢复正常温度。然而这种方法太费时费力，而且不一定能完全有效，有时甚至要把管路拆下来把冰除去。

（2）汽油中的水分会腐蚀和破坏燃油系统元件。

如果燃油系统元件长期遭受水分的腐蚀和破坏，难免会出现损坏“罢工”现象，遇到这种情况，必须更换燃油管路中的相应部件，并且对整个燃油系统进行清理，除掉燃油中的水分，才能使发动机的运行恢复正常。

（3）燃油系统管路被胶质和积炭脏堵。

进入冬季，如果不及时对燃油系统管路进行清洗，那么沉积在管路中的胶质和积炭就会脏堵，引起燃油流通不畅、燃油压力降低、燃油滤芯过早失效的情况。

2. 燃油系统的免拆清洗

（1）检查车辆有无故障，确定各油管、保险丝及相关零件的位置。

（2）确保发动机水温在 80 ℃ ~100 ℃。

（3）断开油泵电路并松开油箱盖，如图 3 – 15 所示，以中断燃油传输并释放油管中的压力或真空。

（4）为降低燃油管压力，起动发动机，几秒钟后发动机将自行熄火。

（5）找到发动机进油管。

（6）寻找适用的接头及替代管，另一端接上清洗设备的出口。

（7）若有回油管，请断开油压调整器上的真空橡皮管，并将真空橡皮管与调压阀堵住，以截断回油端，使清洗剂不会透过回流管回到油箱。

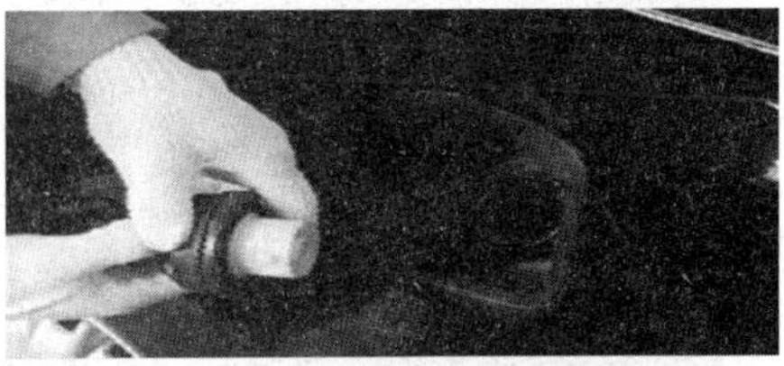

图 3 – 15　燃油系统泄压

（8）确认清洗设备：出口阀门置于关闭位置（垂直方向），如图 3 – 16 所示。逆时针旋转压缩空气调压阀，将压力调到最低，如图 3 – 17 所示。

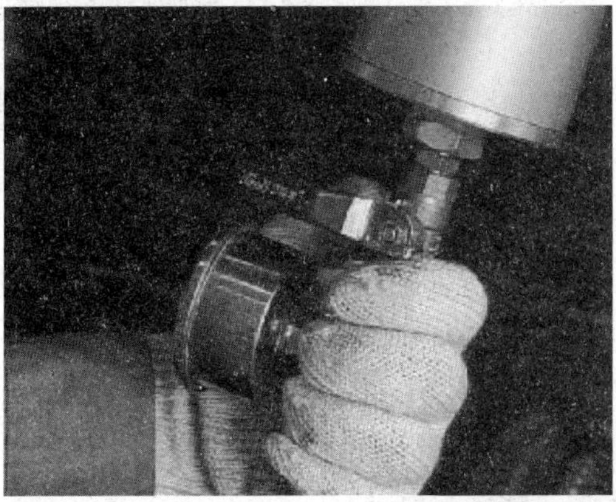

图 3 – 16　关闭清洗设备出口阀

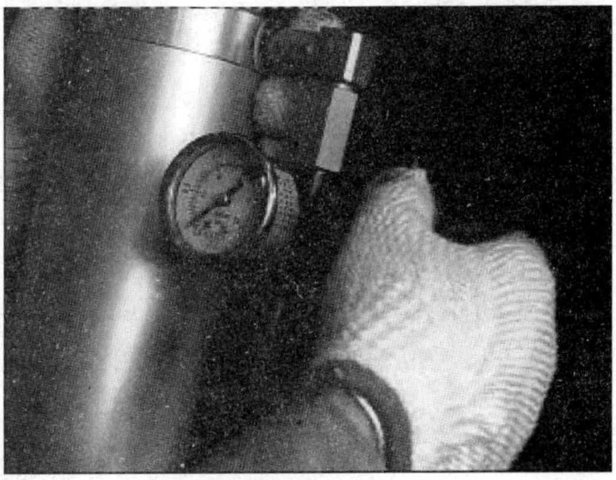

图 3 – 17　调低清洗设备气压

（9）将燃油管路清洗剂倒入清洗设备中，并将上方的加液盖拧紧，见图 3 – 18 所示。

（10）设备挂在发动机盖下方并接上压缩空气。

（11）调节管路压力到范围值。压力规范请参阅相关维修手册，见图 3 – 19 所示。

（12）打开油路阀，见图 3 – 20 所示，检查管路有无泄漏，见图 3 – 21 所示。

（13）起动发动机怠速运转，直至发动机自行熄火为止。

（14）作业结束后，关闭油路阀；将调压阀逆时针拧转到底；中断空气管；按下加液/排气功能阀，释放设备内部压力；再次开启油路手阀；二度按下加液/排气功能阀以释放设备内部压力；擦拭布包覆快速接头并拆下。

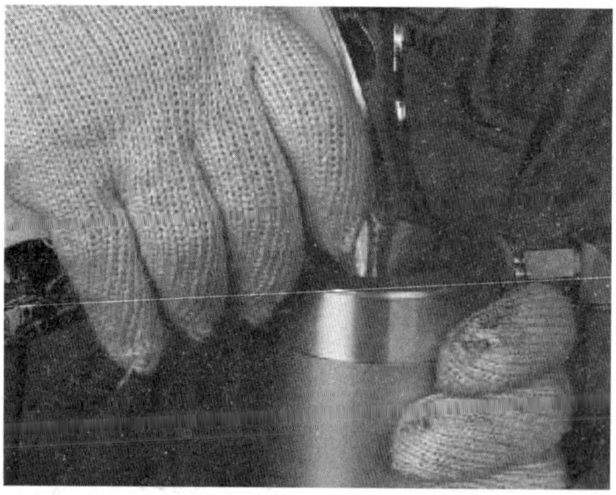

图 3－18　加注清洗剂

图 3－19　调整至合理的气压

图 3－20　打开油路阀

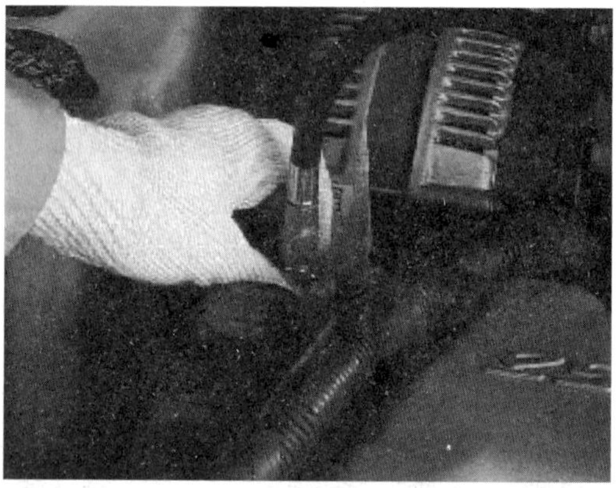

图 3－21　检查油管有无泄漏

（15）恢复安装所有接头与连接管。

（16）连接油泵电路及锁上油箱盖，安装油泵保险，如图 3－22 所示。

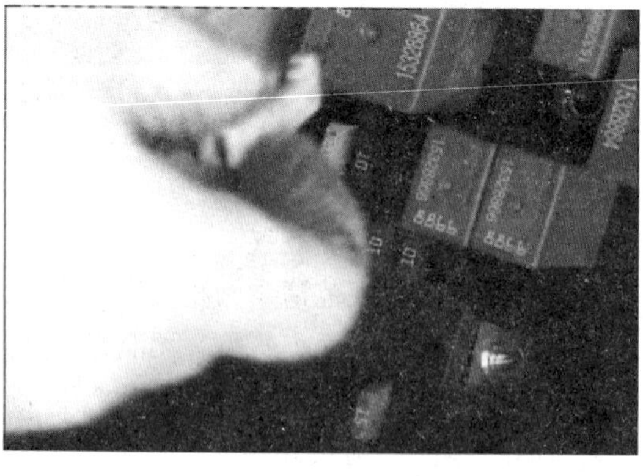

图 3－22　安装油泵保险

（17）起动发动机并检查油路是否有泄漏现象，并测试车辆。

3.3　点火系统的使用与维护

知识目标

1. 掌握火花塞的检查与更换的注意事项。
2. 了解点火系统的工作原理。
3. 掌握点火线路的检查与维护的注意事项。

能力目标

1. 能够对火花塞进行检查更换。
2. 能够对点火线圈进行检查。

相关知识

火花塞接收在点火线圈内生成的高电压并产生火花，来点燃气缸内的混合气。高电压在中心电极和接地电极间的间隙内产生电火花。火花塞如图 3－23 所示。

图 3－23　火花塞

1. 点火系统

点火系统在高电压下产生火花，在最佳的点火正时点燃压缩在气缸内的混合气。根据所收到的由各个传感器发出的信号，发动机 ECU（电子控制单元）实施控制达到最佳的点火正时。

2. 点火线圈

点火线圈如图3-24所示，点火线圈组件提高蓄电池电压（12 V）以产生点火所必需的超过10 kV的高电压。初级线圈和次级线圈靠得很近。当在初级线圈上间断地施加电流时，就产生互感现象。可以利用这个机理，在次级线圈内产生高电压。点火线圈能产生高电压，此高电压随线圈绕组的个数和尺寸而变。

图3-24 点火线圈

项目实施

一、检查火花塞

（1）用压缩空气除去火花塞周围气缸盖上的灰尘（图3-25）。

图3-25 除尘

（2）如图 3－26 所示，断开火花塞上的高压线，注意不能用力拉火花塞盖。

图 3－26　断开火花塞上的高压线

（3）如图 3－27 所示，使用火花塞套筒，拆卸火花塞。

图 3－27　拆卸火花塞

注意：

①拆装火花塞时，要等到发动机温度下降后再进行。

②小心不要让杂质进入火花塞孔。

③检测火花塞电极，电极状态说明见表 3－1。

表 3－1 电极状态说明

状态	暗色沉积物	白色沉积物
说明	1. 混合比大； 2. 进气量小	1. 混合比小； 2. 点火时期提前； 3. 火花塞拧紧力矩不足

④检查电极间隙 a。如图 3－28 所示，标准无铅：1.0～1.1 mm (0.039 4～0.043 3 in)。

⑤更换火花塞，用火花塞套筒及扭力扳手安装新火花塞。如图 3－29 所示。紧固力矩：20～30 N·m。

提示：使用工具有火花塞套筒、扭力扳手。

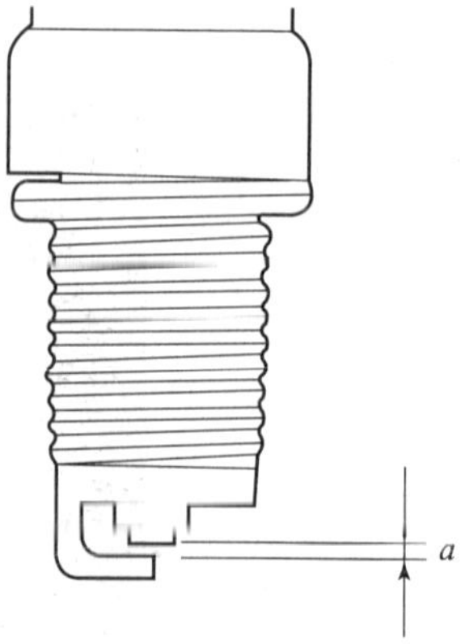

图 3－28 电极间隙

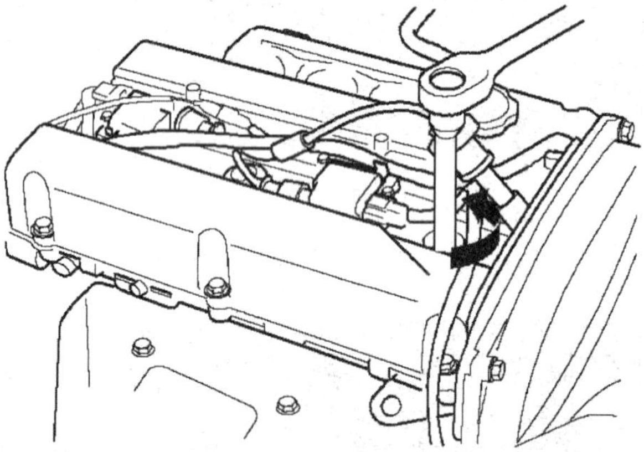

图 3－29 更换火花塞

二、点火高压线检查

1. 目视检查

目视检查高压线是否有龟裂、损伤、接点氧化等情况，如图 3－30 所示。

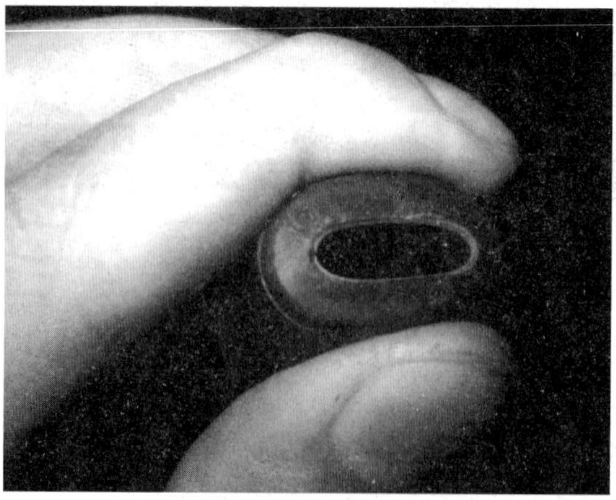

图 3－30 目视检查高压线

2. 高压线的电阻值检测

测量高压线的电阻值，若电阻值超过规格则更换，如图 3－31 所示。

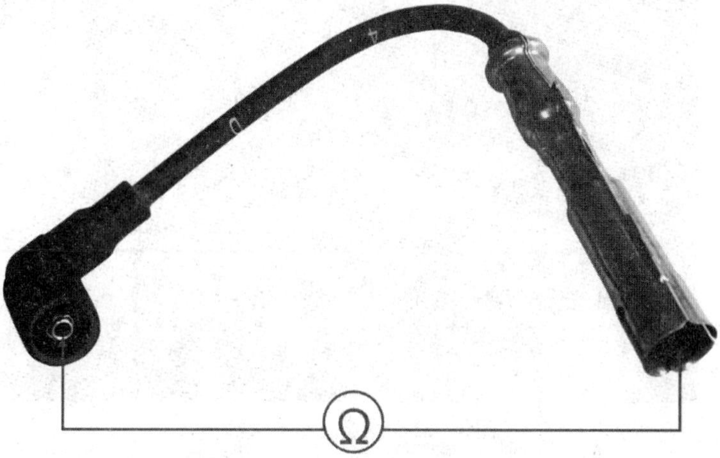

图 3－31　测量高压线的电阻值

三、点火线圈的检查

1. 初级点火线圈的电阻值检测

测量初级点火线圈的电阻值，若电阻值超过规格则更换，如图 3－32 所示。

图 3－32　测量初级点火线圈

2. 次级点火线圈的电阻值检测

测量次级点火线圈的电阻值，若电阻值超过规格则更换，如图 3－33 所示。

图 3－33　测量次级点火线圈

3.4　润滑系统的使用与维护

学习目标

1. 掌握发动机机油泄漏的检查方法。
2. 掌握机油滤清器的检查与更换方法。
3. 掌握发动机机油的分类、选用原则及选用注意事项。

能力要求

1. 能进行发动机机油泄漏的检查与排除。
2. 能进行发动机机油的选用与质量检查。
3. 能进行发动机机油的检查与更换。
4. 能进行机油滤清器的检查与更换。

相关知识

一、发动机机油的分类

我国发动机机油的牌号是按机油的使用性能和黏度等级两种分类方法来划分的，是参照美国石油协会（API）和美国汽车工程师学会（SAE）相应的分类标准来制定的。

1. SAE 黏度等级分类

1991 年，美国汽车工程师学会（SAE）制定黏度分类法，即发动机机油的牌号是根据在某一特定温度下的黏度来编制的。目前我国机油的黏度分类已采用国际上广泛使用的 SAE

黏度分类法。按 SAE 黏度分类法，我国机油的黏度等级分为 0W、5W、10W、15W、20W、25W 和 10、20、30、40、50、60 等级别，带有“W”字样的机油是指冬季用机油，无“W”字样的机油是指夏季用机油，标有 15 W/40 等字样的机油是冬、夏通用机油，国外称为复油，国内则称为多级机油。机油的标号越大，黏度指标就越高。

2. API 使用性能分类

机油牌号除了按黏度等级分类外，还可按质量等级分类。1947 年，API 制定了质量分级法，即发动机机油的牌号根据在发动机试验评定中所表现出的抗磨性、清净分散性、黏温性以及抗氧化安定性等使用性能指标来编制的。它采用简单的代码来描述发动机机油的工作能力。从“SA”一直到“SL”，字母越靠后，质量等级越高。每递增一个字母，机油的性能都会优于前一种，机油中会有更多用来保护发动机的添加剂。目前，国际上大多数国家均采用美国的 API 质量分级法，我国也不例外。

按质量分级法，目前我国汽油机油分为 SC、SD、SE、SF、SG、SH 和 SL 七个质量等级，柴油机油分为 CC、CD、CDⅡ、CE 和 CF－4 五个质量等级。等级越高，油品品质越好。汽油机油中 SD 级以上的机油是国产高级车用机油。汽油机油和柴油机油原则上不能相互代用，特别是汽油机油不能用于柴油机油。但是，标有 SE/CC 字样的机油，则为汽、柴油机两用机油，其标号的含义是指该机油用于汽油机时符合 SE 质量等级，用于柴油机时符合 CC 质量等级。

二、发动机机油的选用

机油被看作发动机的血液，选用和更换得正确与否直接影响发动机的使用寿命。根据发动机种类不同、新旧程度不同、使用条件不同，所选用的机油牌号也不同，机油牌号选用得正确与否也决定了汽车润滑和补给作业的成败。因此，作为汽车专业维护人员，必须综合考虑机油的黏度等级和质量等级这两大选用依据，掌握好换油时机和换油品牌。

汽油发动机润滑油工作条件的苛刻程度与汽车生产年份有关。生产（或经技术改造）年份靠后的汽车，其发动机润滑油工作条件通常要比生产年份靠前的汽车更苛刻，应选用使用等级较高的发动机润滑油。如解放 CA1091 要求用 SD 级油。1989 年以前中外合资生产的轿车（如上海桑塔纳、北京切诺基、广州标致等），以及同时期进口轿车，大多要求使用 SE 或 SF 级油；1989 年后生产的进口轿车及中外合资生产的改进型轿车（用电喷燃油系统），则要求使用 SG 或 SH 级油。在国外，汽车生产年份决定发动机有无排气净化装置及净化装置的类型。净化装置一般会使发动机润滑油工作条件恶化，可按净化装置的类型选用适当级别的发动机润滑油。如有废气催化转化器的汽油发动机必须选用 SF 级以上的发动机润滑油；有废气再循环系统（EGR 系统）的要选用 SE 级发动机润滑油；有闭式曲轴箱通风装置（PCV 阀）的要求选用 SD 级发动机润滑油；没有净化装置的则可选用 SC 级发动机润滑油。

目前市场上供应的机油品牌既有国产的又有进口的，品种较多。如国产长城、南海、飞天、海牌和七星等，进口的有壳牌、美孚、嘉实多、雪铁龙、埃索、埃尔夫、艾德隆及 BP 等。在选用机油时应注意以下事项：

（1）汽油机油不能用于柴油机，由于柴油机的负荷比汽油机的负荷高，所以不能用专用的汽油机油代替柴油机油，以免加速柴油机的磨损。汽油机可选用优质柴油机油，但汽油机油和柴油机油原则上应区别使用，只有在汽车制造厂有代用说明或标明是汽油机和柴油机的通用油时，才可代用或在标明的黏度和使用级别范围内通用。

（2）应尽量使用黏度小的机油。在保证发动机润滑可靠的前提下，机油黏度尽可能小些，使其快速循环，及时供应，以充分发挥机油的润滑、清洁和冷却等作用。黏度大的机油除在南方夏季使用外，仅适用于一些严重磨损的发动机。因黏度大大的机油，会使发动机运转阻力增大，油耗增加。但选用黏度太低的机油，会使机油压力过低，润滑油膜变薄，造成密封效果变差。所以应根据车况和季节来正确选用机油。

（3）应尽量使用多级机油。多级机油的黏温性好，使用时间长，可四季通用，便于管理。使用多级机油时，油色容易变黑，机油压力也比普通机油小些，这属正常现象，不影响使用。

（4）应优先选用国产品牌机油，国产长城、南海、飞天等品牌机油质优价廉（仅为进口机油价格的50%～60%），而且符合国际高级润滑油的各项指标，因此可优先选用。

（5）应坚持经济适用的原则。在选择机油的使用级别时，高级机油可以用在要求较低的发动机上，但过多降级使用不经济。切勿将使用级别较低的机油加在要求较高的发动机上使用，否则会加速发动机的磨损而造成过早损坏。

（6）注意机油的混用及代用问题。单级机油和多级机油不要混用，不同牌号机油必要时可临时混用，但不要长期混用。不要将机床用的润滑油或其他非发动机用润滑油加在汽车发动机上使用，因其不含任何添加剂，会引起发动机的过早磨损或损坏。

（7）注意保持合适的油面。加注机油时，应注意油量，油量过少，油面就会过低，会引起供油不足并加速机油变质；油量过多，油面就会过高，使机油从活塞和气缸壁的间隙中窜入燃烧室燃烧，使积炭增多。

（8）换油时机应正确得当，确保机油的使用经济有效。在具备油品检测、鉴定等技术条件的情况下，应尽量实行按质换油，以降低用油成本；没有条件时，可按车辆使用说明书规定的换油里程换油。例如，捷达轿车用SF级机油，在一般地区换油里程为8 000～10 000 km（或一年）。越高级别的机油，更换的间隔里程就越长。

（9）注意换油的操作步骤和要领。为延长机油的使用期限，在换油时要放净旧机油，并清洗润滑系统；应保持曲轴箱通风装置（PCV）工作良好；添加新油时，应注意不要让杂质和水分混入；换油同时还应更换滤芯。

三、发动机机油的数量、质量与泄漏检查

1. 机油数量的检查

检查之前应将车停放在平坦的地面上。将启动开关钥匙拧至OFF挡位置，驻车制动杆放到制动位置，变速杆放到空挡位置。打开发动机盖，抽出机油尺，用抹布擦净机油尺上的油迹再将其插入油孔，而后拔出查看，油位在上下刻线之间即为合适的油量。如果超出上刻线（换油后可能出现的情况），应放出机油；如果低于下刻线，应从加油口处添加机油，并检查是否有渗漏现象，注意补充机油后应严格清洁且再次检查油位。

具体检查步骤如下：

（1）将汽车停在平地上，关闭点火钥匙，打开发动机盖。

（2）抽出机油尺，用干净的抹布擦干净油尺。

（3）把机油尺插入油口导管（注意要将油尺插到底），然后抽出机油尺，查看油面高度。油面高度的检查，如果低于下刻线，检查是否泄漏，如图 3－34 所示。

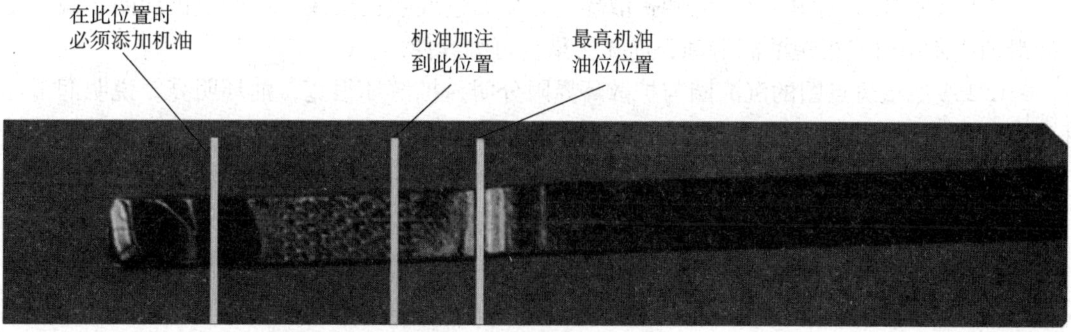

图 3－34　机油液位检查

2. 机油质量的检查

机油质量很重要，变质的机油起不到润滑作用，反而使运动机件容易磨损，造成零件过早损坏。检查时注意下面几点：

（1）机油外观及气味检查。

抽出机油尺取几滴机油，直接用眼睛观看，可以大致分清机油的情况。

①如果机油比较清澈，表示污染不严重。但要注意，掺有浮游性添加剂的机油在使用中，会很快变成暗黑色，这是添加剂的作用，属正常现象，不能误认为机油已经变质。

②如果机油显示雾状，油色混浊或浮化，表示机油被水严重污染。

③如果机油呈灰色，闻之有燃油气味，表示机油被燃油稀释。

④如果机油放置一段时间后，上层油色变淡，表示机油添加剂已失去作用。

⑤如果用手捻搓机油，感觉有细颗粒搓手，表示机油里已含有较多的杂质。

（2）油滴斑点的检验。

在发动机运转或刚停机后，直接从发动机取样，将机油尺滴下的第 3 滴或第 4 滴油滴在专用滤纸上。滤纸应平放，背部不与其他物体接触，即展示一个油斑痕迹，如图 3－35 所示。

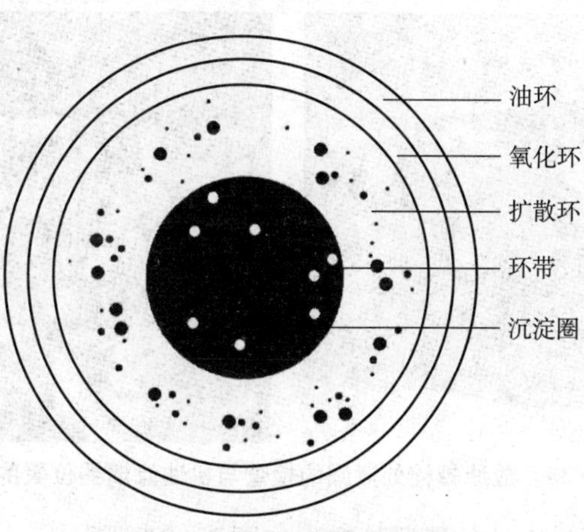

图 3－35　机油斑点检验

把滴定好的滤纸斑点图与标准滤纸斑点图谱进行对比分析，即可对在用润滑油品质做出判断。滤纸斑点图及对比分析标准滤纸斑点图谱分6级。每级斑点图特征和分析、判断方法如下：

①1级滤纸斑点图的核心区和扩散环，光亮无色或颜色很浅，无明显沉淀圈。说明是新润滑油或使用时间很短的润滑油，尚无污染，可继续使用。

②2级滤纸斑点图的沉淀圈与扩散环界限分明，扩散环很宽，油环明亮。说明润滑油使用时间不长，污染程度很轻，清净分散性良好，可继续使用。

③3级滤纸斑点图沉淀圈黯黑，扩散环较宽，油环明亮。说明润滑油使用时间较久，污染程度较重，但清净分散性尚好，可继续使用。

④4级滤纸斑点图沉淀圈深黑，扩散环开始缩小，油环浅黄。说明润滑油使用时间很长，污染严重，沉积物增多，清净分散性下降，尚可继续使用。

⑤5级滤纸斑点图沉淀圈深黑，甚至呈油泥状，不易干，扩散环狭窄，油环扩大且呈黄色。说明润滑油的污染已很严重，清净分散性已很差，清净分散剂消耗将尽，不能继续使用，必须换用新机油。

⑥6级滤纸斑点图只剩极黑的沉淀圈与棕黄色油环，扩散环已完全消失。说明润滑油的污染已十分严重，污染杂质完全凝聚在沉积环内，清净分散剂耗尽，清净分散性消失，早已超过了换油期，应及时更换润滑油。

滤纸斑点分析法比较简单、快速，适合现场作业，并能给人直观印象。但是，它只能粗略地分析在用润滑油品质，无法实现定量分析。

（3）爆裂试验。

把薄金属片或金属筒加热到11 ℃以上，然后把机油滴在上面，观察其是否产生爆裂。若不爆裂，说明机油纯净；如果有爆裂现象，说明机油中含有水分。此法能检验出机油含0.1%以上的水分。

3. 机油泄漏的检查

升起汽车，检查下面泄漏情况，检查方法如下：

（1）放油螺栓处泄漏的检查与机油滤清器位置的泄漏检查，如图3－36所示。

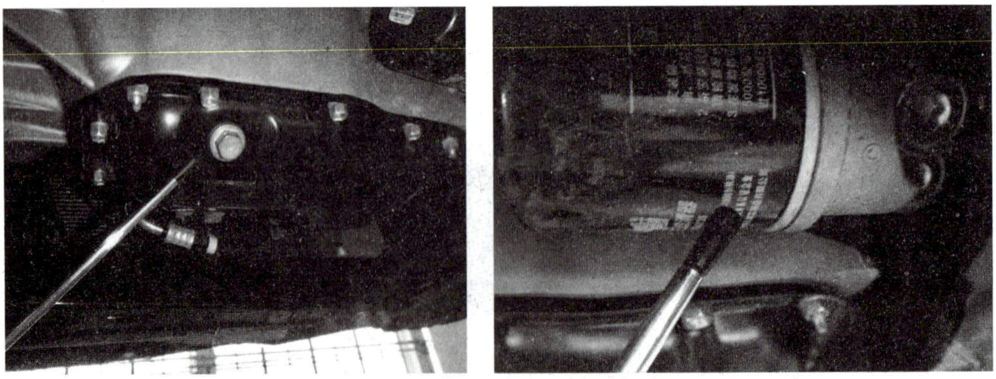

图3－36　放油螺栓处泄漏的检查与机油滤清器位置的泄漏检查

（2）曲轴前、后油封座处的泄漏检查，如图3－37所示。

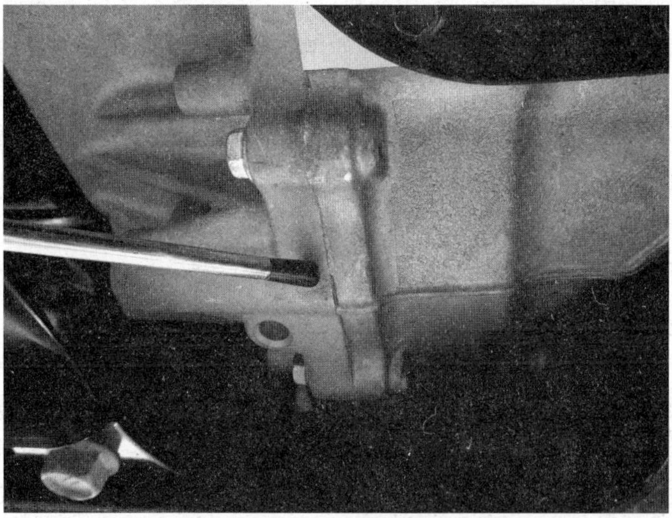

图 3－37　曲轴前、后油封座处的泄漏检查

（3）机油油底壳密封的泄漏检查，如图 3－38 所示。

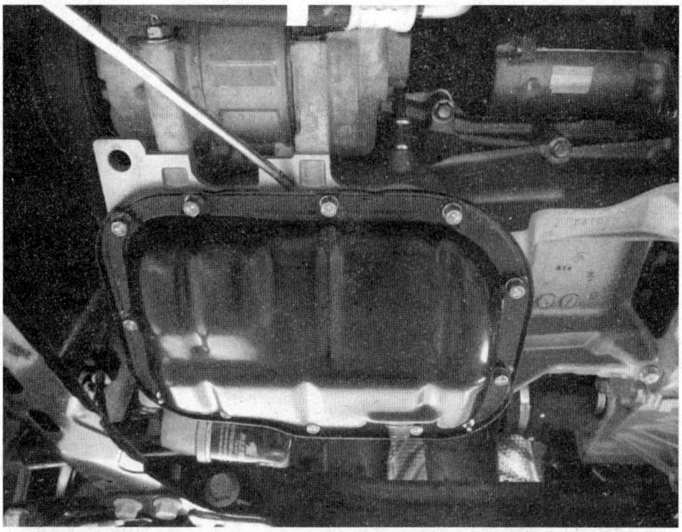

图 3－38　机油油底壳密封的泄漏检查

四、发动机机油和机油滤清器的更换

1. 机油的更换

如果机油老化、变质或者 6 个月内机油行驶间隔里程超过了 5 000 km，须更换机油。如果汽车长期在较大负荷条件下工作，更换机油的间隔里程就要适当缩短。另外，如果汽车在 1 年中的行驶里程达不到上述下限，每年须更换一次机油。使用质量较高的机油，换油间隔可根据机油生产厂家的建议适当延长。更换机油时，应起动发动机使之运转到正常的转速，然后将发动机熄火，在热车状态下放出机油和滤清器内的旧机油，等机油放干净后，应将放油螺塞上吸附的铁屑清除干净后再拧紧（要特别注意：放完机油后，放油螺塞一定要拧紧，

否则在汽车行驶颠簸中会松动掉出，致使机油瞬间泄漏掉，造成发动机“抱瓦烧轴”的恶性故障)。如果有条件，更换机油时，最好使用真空吸油设备，该装置能够将旧机油吸出得更加干净、彻底。当放出的机油较脏时，应清洗润滑油道里的机油。操作方法是向发动机内加标准容量60% ~80%的清洗油（稀机油或掺入煤油的机油），拆下全部火花塞。运转曲轴2 ~3 min，然后放干净清洗油，加入标准的新机油，最后检查机油的油面高度。如果有条件可以到修理厂进行机油油道的免拆清洗，这样的清洗会更彻底、更干净。

2. 机油滤清器的更换

机油滤清器是用来过滤机油中的金属碎屑和各种杂质，以免进入润滑系统的油道里面。机油滤清器经过一段时间使用之后，滤芯上会沉积油泥和金属碎屑等杂质，造成滤清器堵塞，影响润滑系统正常供油，造成润滑不良，此种情况应立即更换机油滤清器。汽车厂家一般都规定了机油滤清器更换的间隔里程和时间，在一般情况下，应与机油一同更换。常见汽车机油滤清器的更换里程，见表3 -2。轿车的机油滤清器大都是整体式的，滤芯一般不能拆卸，如果损坏就需整体更换。

表3 -2 常见汽车机油滤清器的更换里程 km

车型	更换里程	车型	更换里程
上海桑塔纳	7 500	奔驰	10 000（或2年）
一汽奥迪	15 000（或1年）	帕萨特	7 500
一汽红旗	15 000	宝秉	5 000
一汽捷达	7 500	别克	5 000
神龙富康	7 500	赛欧	5 000
天津夏利	10 000	广州本田	5 000

3. 机油和机油滤清器更换的操作方法

(1) 将车辆停至平面上，用车轮挡块挡住车轮，放上翼子板布，发动机预热至正常工作温度，如图3 -39所示。

图3 -39 车辆准备——发动机预热

（2）发动机熄火，拉紧驻车制动器。打开发动机盖，松开机油加注口盖，以便排放发动机油，如图 3 – 40 所示。

图 3 – 40　松开机油加注口盖

（3）取下车轮挡块，按举升机安全操作规程将汽车举升到适当高度，如图 3 – 41 所示。

图 3 – 41　举升车辆

（4）用扳手拧松油底壳放油螺栓，如图 3 – 42 所示，放出油底壳里面的机油，并用专用容器接住，拧下机油放油螺栓时注意不要被烫伤，不要让机油溅出专用容器，等机油排放干净后装上放油螺栓与垫片。

（5）更换机油滤清器。选用专用机滤扳手，如图 3 – 43 所示，旋松机油滤清器。

（6）换上新的机油滤清器，在新的机油滤清器密封圈上抹上一层干净的机油，使之拧上后产生最佳的密封效果，如图 3 – 44 所示。

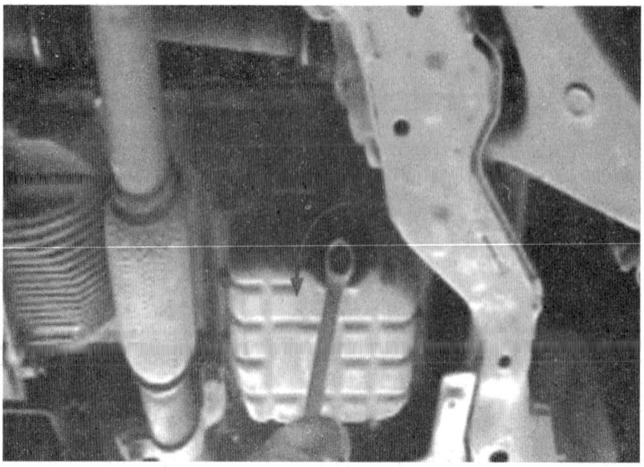

图 3－42　拧松油底壳放油螺栓

图 3－43　机滤扳手

图 3－44　在机油滤清器密封圈上抹上一层干净的机油

（7）用手轻缓地拧动机油滤清器使其就位，然后旋紧，直到垫片接触底座。

（8）使用专用工具再次拧紧3/4圈。注意不要用机油滤清器扳手拧得过紧，否则，会因用力过大而损坏螺纹和机油滤清器。

机油滤清器安装完毕后，放下汽车，加注新机油，注意慢慢添加。一般发动机排量和机油加注量成正比，即1.2～1.6 L的发动机更换机油和机油滤清器后需添加2.8～3.5 L的机油；1.8～3.0 L的发动机更换机油和机油滤清器后需添加3.5～4.0 L的机油等。加新机油后起动发动机，从怠速到中速运转5 min，升起汽车观察机油滤清器与机体接合处有无渗漏，放油螺塞有无泄漏（如有渗漏，应拆检机油滤清器油封胶圈和放油螺塞，排除漏油故障）。

项目实施

一、项目实施环境

（1）实训汽车、新的机油和机油滤清器。

（2）干净棉纱和手套。

（3）常用手动工具、专业拆装工具、举升机。

二、项目实施步骤

（1）根据车型选择合适的发动机机油类型。

（2）将车辆停至低位，将发动机预热至正常工作温度后熄火。

（3）打开发动机盖，松开机油加注口盖。

（4）举升汽车，按照要求进行发动机泄漏的检查，重点检查油底壳的接触面、油封、放油螺塞、机油滤清器等处是否漏油。

（5）排放旧机油，更换新垫片。

（6）拆卸旧机油滤清器，更换新件。

（7）加注新机油，注意不要加注过量。

（8）起动发动机预热运转5 min后熄火，经过5 min后再次检查发动机机油液位，若不足，继续从机油加注口添加，确保液位处于规定的范围内。

根据实际操作过程填表3-3。

表3-3　发动机机油的检查与维护

序号	项目	结果
1	发动机型号	
2	更换机油型号	
3	机油渗漏部位	
4	更换机油数量	

续表

序号	项目	结果
5	机油滤清器型号	
6	机油放油螺塞规定力矩	
7	判断发动机机油的质量	
8	不慎将机油加注过多应怎么办	

知识拓展

汽车发动机使用注意事项如下：

（1）在发动机润滑油黏度级的选择上，许多人有偏高的倾向，错误地认为高黏度润滑油有利于保证润滑及减少磨损，而实际上并不是这样。高黏度润滑油的低温起动性和泵送性差，起动后供油慢，磨损大，摩擦功率损失大，燃料消耗增加，此外，还有循环速度慢、冷却和洗涤作用差的弊端。因此应当在保证活塞环密封良好、机件磨损正常的条件下，选用适当黏度的润滑油。只有在发动机严重磨损，或运行条件特别恶劣的情况下，才允许使用比该地区气温所要求的黏度级提高一级的润滑油。

（2）在选择发动机润滑油的使用级时，高级别发动机润滑油可以在要求较低级别润滑油的发动机上使用，但过度降级使用在经济上不合算；切勿把使用级较低的发动机润滑油应用在要求较高的发动机中，否则会造成发动机早期磨损和损坏。

（3）要保持曲轴箱油面正常。油面过低会加速润滑油变质，甚至因缺油引起机件烧坏；油面过高，润滑油会从气缸和活塞的间隙中窜进燃烧室造成烧机油，使燃烧室中积炭增多。

（4）保证曲轴箱通风良好。通风装置单向阀（PCV 阀）易沉积油泥而堵塞，造成曲轴箱内压力过高，油气和废气逆向流入空气滤清器，污染滤芯，同时增加对曲轴箱内润滑油的污染。

（5）保持空气滤清器和机油滤清器清洁，并及时更换滤芯；保持润滑油清洁。

（6）应对在用润滑油的质量进行监测，尽可能实行按质换油。换油时一定要在热车时进行，油温高时，油不仅容易从放油孔流出，并且油中的悬浮物分散，易随润滑油一起排出发动机。加入新油后应发动数分钟，停机 3 min 后，再检查油面。在无分析手段，不能实行按质换油时，可用按期换油的方法作为过渡。国产轿车换油里程一般为 8 000 ~ 10 000 km，货车换油里程一般为 12 000 ~ 15 000 km。

3.5 冷却系统的使用与维护

学习目标

1. 掌握发动机冷却系统泄漏的检查方法。

2. 掌握发动机冷却液的分类、选用原则及选用注意事项。

3. 掌握发动机冷却液的更换方法。

能力要求

1. 能进行发动机冷却系统泄漏的检查与排除。

2. 能进行冷却液的选用与质量检查。

3. 能进行发动机冷却液的检查与更换。

相关知识

一、冷却液的分类

现代汽车所用冷却液是指在原来防冻液的基础上再加防沸剂、防锈剂和防垢剂等添加剂，从而具有防结冰、防沸腾、防锈蚀和防水垢等综合作用的冷却媒介，适用于全国全年各种车辆使用。因过去主要用于防结冰，故许多地方仍称其为防冻液。应注意现代冷却液和过去单纯防冻液之间的区别，不能认为冷却液就是防冻液，更正它只是用于北方地区车辆冬季防冻的错误认识。目前，国产常用的冷却液有以下几个品种。

1. 乙二醇－水型冷却液

乙二醇是一种无色微黏的液体，沸点是 197.4 ℃，冰点是 -11.5 ℃，能与水以任意比例混合。混合后由于改变了冷却液的蒸气压，冰点显著降低。其降低的程度在一定范围内随醇含量的增加而减少。当乙二醇的含量为 68% 时，冰点可降低到 68℃，超过这个限量时，冰点反而要上升。乙二醇冷却液在使用中易生成酸性物质，对金属有腐蚀性。因此，应加入适量的磷酸氢二钠等以防腐蚀。乙二醇有毒，但由于其沸点高，不易产生蒸气被人吸入体内而引起中毒。乙二醇的吸水性强，储存的容器应密封，以防吸水后溢出。由于水的沸点比乙二醇低，使用中蒸发的是水，故缺冷却液时，只要加入纯净软水就行了。这种冷却液使用后，经过沉淀、过滤，加水调整浓度，补加防腐剂后，还可继续使用，一般可用 3～5 年。

2. 酒精－水型冷却液

酒精的沸点是 78.3 ℃，冰点是 -114 ℃。酒精与水可以任意比例混合，组成不同冰点的冷却液。酒精的含量越多，冰点越低。酒精是易燃物，当冷却液中的酒精含量达到 40% 以上时，就容易产生酒精蒸气而着火。因此，冷却液中的酒精含量不宜超过 40%，冰点限制在 -30℃左右。酒精－水型冷却液具有流动性好、散热快、取材方便、配制简单等优点。它的缺点是沸点低、蒸发快且容易着火。酒精蒸发后，冷却液成分改变，冰点升高，所以在高原地区行驶的汽车不宜使用酒精－水型冷却液。

3. 甘油－水型冷却液

甘油－水型冷却液，不易挥发和着火，对金属腐蚀性也小，但甘油降低冰点的效率低，配制同一冰点的冷却液时，它比乙二醇、酒精的用量大，因此，这种冷却液用得较少。

二、冷却液的选用

根据环境温度和车型的不同来选用不同规格的冷却液，具体分为以下几种：

1. 根据环境温度选择冷却液的冰点

冷却液的冰点是冷却液最重要的指标之一，是冷却液能否防冻的重要条件。一般情况下冷却液的冰点应选择比当地冬季最低气温低 10 ℃ ~15 ℃，如当地最低气温为 -30 ℃，则冷却液的冰点应选择在 -45 ℃左右。北京油脂化工厂生产的 3 号冷却液，或者青岛日用化工厂生产的 F -40 冷却液等可供选择。如果选择乙二醇母液，则还可配制成体积分数为 59%、冰点为 -50 ℃、密度为 1.078 6 × 103 kg/m^3 的乙二醇冷却液。

2. 根据车型选择冷却液

一般情况下，进口车辆、国内引进生产车辆及高、中档车辆全年应选用永久性冷却液（2 ~3 年）。普通车辆冬季可直接使用防冻液，夏季换用软水即可。

3. 按照车辆多少和集中程度选择冷却液

车辆较多又相对集中的单位和部门，可以选用小包装冷却液母液，这种冷却液母液性能稳定。由于采用小包装，便于运输和储存，同时又可按照环境不同、使用条件不同的工作要求进行灵活调制，达到节约和实用的目的。车辆少或分散的情况下，冬季可直接使用实用型的防冻液。

4. 兼顾防锈、防腐及除垢能力来选择冷却液

冷却液除了具有防结冰的重要作用外，防锈蚀也很关键，所以宜选用加有防腐剂、缓蚀剂、防垢剂和清洗剂等添加剂的产品。

5. 选用与橡胶密封件和橡胶水管相匹配的冷却液

冷却液对橡胶密封件及橡胶水管应无溶胀和侵蚀等副作用。过去汽车冷却液一直用水，因为水既经济散热效果又好，但冬季使用会结冰冻坏发动机；另外，长期使用水做冷却液会产生水垢，影响散热，造成发动机温度过高。而防冻液可以完全避免上述不足，且好品牌的防冻液不但没有腐蚀作用，而且其沸点可高达 200 ℃，既可避免“开锅”，减少防冻液损耗，又能提高散热效果（温差增加所致）。因此，水冷却液已被防冻液所取代。

知道冷却液的选用后，在使用冷却液时应注意以下事项：

（1）冷却液及其添加剂均为有毒物质，切勿直接接触皮肤，且要放置于安全场所。

（2）冷却液的使用浓度（体积分数）一般不要超出 40% ~60% 的范围。

（3）除乙二醇 - 水型冷却液外，其他品种的冷却液不宜使用，应严格按有关规定处理废弃的冷却液。

（4）凡更换缸盖、缸垫和散热器时，必须更换冷却液。

（5）发动机“开锅”时，冷却系统处于高温、高压状态，因此，“开锅”时切勿打开散热器盖，以防烫伤。

（6）必须在发动机处于冷态时添加冷却液，以免高温机体水套遇冷炸裂，而损坏发动机水套。

（7）在冬季紧急情况下，若全部加入了纯净的软用水，则必须尽快按规定添加冷却液添加剂，使冷却液浓度恢复到正常状态，以防水套结冰。

三、冷却液数量、质量及泄漏的检查

1. 冷却液数量的检查

（1）把汽车放在平路上，关掉点火钥匙，拉紧驻车制动器，打开发动机盖。

（2）仔细检查副水箱的冷却液是否在最低与最高位置之间，如图 3－45 所示。

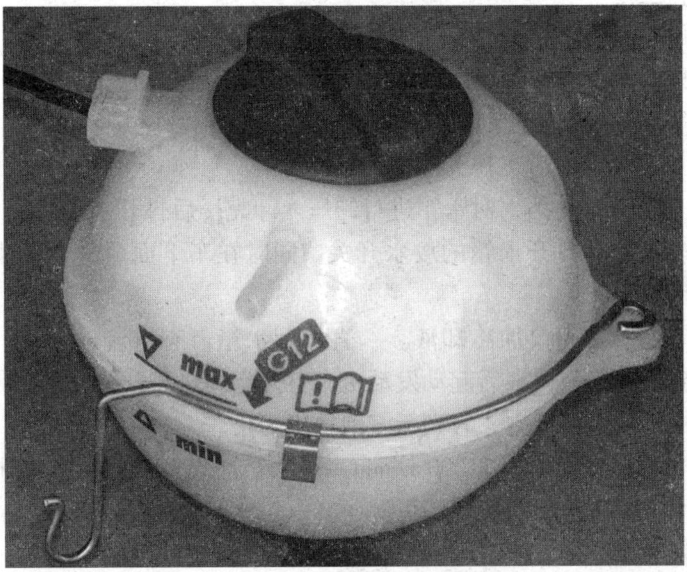

图 3－45　冷却液高度位置检查

（3）如果冷却液低于最低线，则检查是否有泄漏的地方。

2. 冷却液质量及泄漏的检查

（1）打开水箱盖。注意打开水箱盖前先卸压（先把水箱盖打开第一级，等卸完压后再完全拧开水箱盖子），如图 3－46 所示。

图 3－46　冷却液水箱盖的检查

（2）观察水箱里的冷却液的颜色和数量。如果冷却液太少或者有乳白色的物质，用手动加压器对水箱加压。

（3）过 10 min 后观察加压表指针有没有下降。同时检查各水管有无爆裂或者老化，各接口处是否有冷却液渗漏，水箱是否有冷却液泄漏，发动机 V 形垫处是否有水迹，水泵密封垫是否有水泄漏，等等。

（4）检查散热器盖橡胶密封垫是否卸压。

四、冷却液的更换

发现冷却液里面有杂质或者冷却液过期后需对冷却液进行清洗和更换。清洗时放一定量的清洗剂到水箱里，然后运转发动机几分钟后进行下面的操作。

（1）等发动机温度降低后，拧开冷却液储液罐盖。

（2）把水箱盖拧开第一挡，对水箱进行卸压。卸完压后打开水箱盖。

（3）把汽车升起来，打开水箱的放水开关。同时在车下面放一个收集盘，把冷却液全部放出来后，关闭放水开关。

（4）放下汽车，从水箱口加冷却液。一直加到水箱口有水流出为止，观察水箱口还有没有气泡，一直到没有气泡出来后起动发动机，打开空调热风开关，调到最大风量，然后继续从加水口处加冷却液进行排空，直到无气泡冒出为止。

（5）把发动机的转速固定在 2 000 r/min，往水箱加满冷却液后盖紧水箱盖。同时往副水箱加冷却液到高低刻度线中间位置即可。

至此，冷却液更换完毕，放下汽车路试，检查冷却液温度是否偏高，检查冷却液数量，正常后交车。

项目实施

一、项目实施环境

（1）实训汽车，新的冷却液。

（2）干净棉纱和手套。

（3）常用手动工具、专业拆装工具、举升机。

二、项目实施步骤

（1）根据车型选择合适的冷却液类型。

（2）将车辆停至低位，将发动机预热至正常工作温度后熄火。

（3）打开发动机盖，按要求松开水箱盖。

（4）举升汽车，按照要求进行冷却液泄漏的检查。

（5）排放旧冷却液。

（6）添加新冷却液进行排空，注意排空要干净，否则液位灯会报警。

（7）路试后检查液位灯有无报警，液位是否达到标准位置，正常后才可交车。

根据实操过程填表 3-4。

表 3-4　冷却液的检查与维护

序号	项目	结果
1	冷却液型号	
2	冷却液渗漏部位	
3	更换冷却液数量	
4	判断冷却液的质量	

知识拓展

发动机冷却液维护与保养注意事项如下：

（1）加注冷却液前应对发动机冷却系统进行清洗，最简单的方法是打开散热器放水阀，用自来水从加注口冲洗。

（2）冲洗后，加注冷却液，并检查冷却液的使用浓度（在散热器加水口就可以）。

（3）乙二醇-水型冷却液在使用中蒸发的一般是水，使乙二醇的浓度越来越大，应及时添加适量的水。但时间长了（如每年入冬前）应检查冷却液的使用浓度，如使用浓度变小，就说明乙二醇含量不足，冰点越来越高，应及时加入防冻剂（或浓缩型冷却液）。

（4）在使用乙二醇-水型冷却液时，应注意乙二醇有毒，切勿用口吸。

（5）冷却液在使用一定时间后，应更换。因为在使用过程中要消耗冷却液中的添加剂，一般规定 1~2 年更换一次或按照冷却液使用说明执行。

（6）不同牌号冷却液不可混用。

（7）乙二醇-水型冷却液价格较高，应注意节约使用；注意随时消除渗漏现象。有的地区车辆夏季不用时可换下密封保存，在避免污染的条件下，到冬季可再次使用。

（8）使用、保管冷却液时，应保持清洁；特别注意防止石油产品混入，以免在受热后产生泡沫。

项目四

汽车底盘的使用与维护

汽车底盘是汽车的重要组成部分，承载着很多荷载与动力，也是受磨损和外界环境影响最大的部位。然而在日常维护中，人们往往更多关注对汽车发动机和车身的维护，却忽略了对汽车底盘的维护，从而影响汽车的使用性能、安全性能和使用寿命。所以应该加强对汽车底盘的维护和保养。

4.1 离合器自由行程的测量与调整

学习目标

1. 掌握离合器踏板的结构知识。
2. 掌握离合器的拆装方法。
3. 掌握离合器踏板自由行程检查调整的操作步骤。

能力要求

能够对离合器踏板自由行程进行测量和调整。

相关知识

汽车传动系统包括离合器、变速器、万向传动装置、驱动桥（减速器、差速器和半轴）等重要部件。传动系统的主要功能是把发动机的动力传输给驱动轮，因此它直接关系到汽车能否安全地行驶。一旦传动系统发生故障，就会导致车辆抛锚在半路。

离合器位于发动机和变速器之间，是汽车传动系统中直接与发动机相连的部分，其组成如图 4 -1 所示。通常离合器与发动机飞轮连接安装在一起，是发动机与传动系统之间传递和中断动力的部件。

离合器的作用是使传动系统与发动机能够平顺地接合，保证汽车能够平稳起步，变速器换挡平顺，并对传动系统进行过载保护。对于机械式离合器操纵机构，离合器踏板一般通过拉索或者机械杆件与分离叉臂相连接；对于液压式或者气压式离合器操纵机构，离合器踏板与离合器总泵相连接。

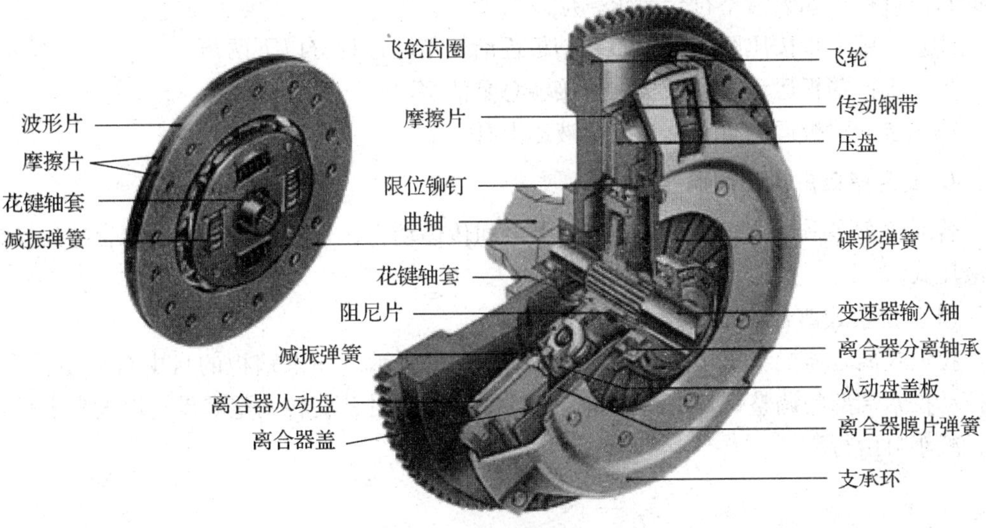

图 4-1　离合器组成

汽车使用过程中，如果离合器踏板位置不正常（高度和自由行程不符合要求），会造成离合器分离不彻底、离合器打滑、分离轴承和压盘总成过早损坏、汽车加速不良、换挡困难等故障，因此，应该正确地检查和调整离合器踏板的位置，以提高汽车的使用性能。

1. 检查离合器踏板性能

踩下离合器踏板时，检查是否存在下述故障：

（1）踏板的回弹无力。

（2）异常噪声。

（3）过度松动。

（4）感觉踏板沉重。

2. 检查离合器踏板高度

使用钢板尺检查测量离合器踏板高度，看其是否处于标准值以内。如果超出标准范围，应调整踏板高度，如图 4-2 所示。离合器踏板高度标准值为 180.5 mm。

调整方法如下：

（1）松开限位螺栓锁止螺母。

（2）转动限位螺栓直到踏板高度正确。

（3）上紧限位螺栓锁止螺母。

3. 离合器踏板自由行程的检查方法

将直尺一端抵靠在驾驶室的底板上，与踏板的上下移动方向平行，并将直尺靠在踏板上。当踏板处于放松位置时，紧贴踏板中部边缘，在直尺上画上记号，然后用手向下推压踏板至感到有阻力为止，并在直尺上再画一记号，两个记号之间的数值之差，即为离合器踏

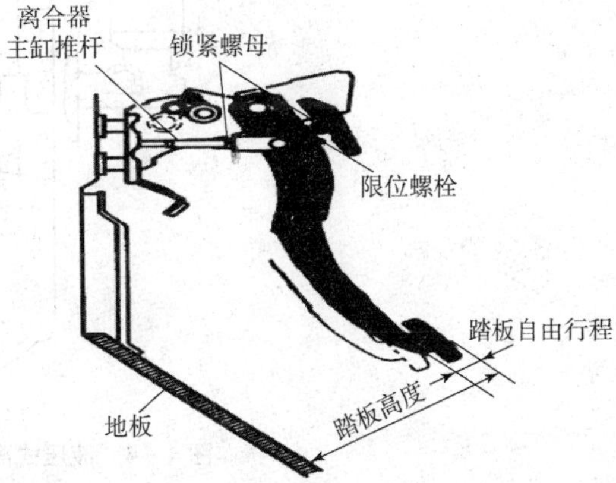

图 4-2　离合器踏板自由行程调整

板的自由行程。如数值不符合要求，应及时调整。

注意：用手指按压踏板时，感觉踏板逐渐变重的过程分以下两步：

第一步：踏板运动直到踏板推杆接触总泵活塞。

第二步：踏板运动直到总泵引起液压上升。

4. 离合器自由行程的调整

普通轿车多采用拉索在踏板与离合器之间传递动力，也有部分轿车的离合器的操纵机构为液压式。

（1）拉索式离合器踏板自由行程调整。

拉索式离合器操纵机构及自由行程如图 4－3 所示。如果踏板的自由行程不符合要求，可拧动拉索端部的调整螺母进行调整。调整方法：逆时针旋转调整螺母，增大自由行程；反之，减小自由行程。

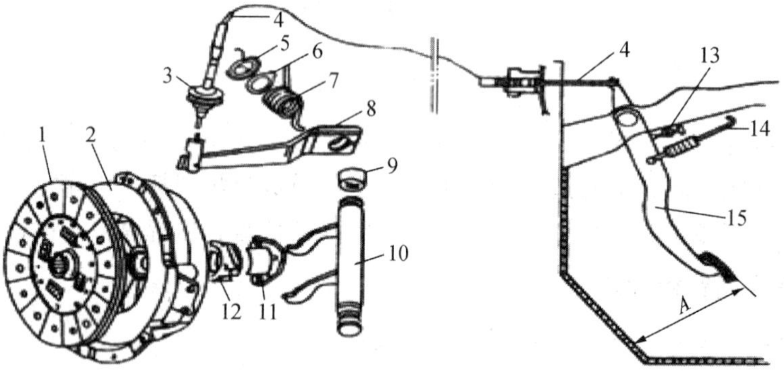

图 4－3　拉索式离合器操纵机构及自由行程

1—从动盘；2—离合器总成；3—调整螺母；4—操纵绳索；5—轴承衬套及防尘罩；6—卡环；7—复拉弹簧；8—分离叉传动臂；9—黄铜衬套；10—分离叉；11—分离套筒；12—分离轴承；13—高调节螺钉；14—回位弹簧；15—离合器踏板；A—踏板高度

（2）液压式离合器踏板自由行程调整。

液压式离合器踏板自由行程的调整如图 4－4 所示。

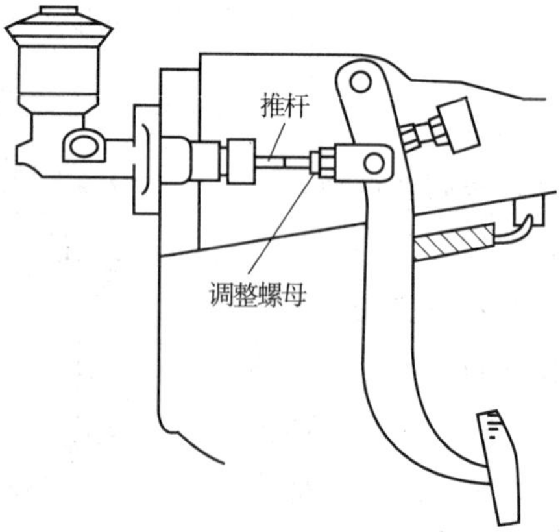

图 4－4　液压式离合器踏板自由行程的调整

如果踏板的自由行程不符合要求，可松开锁紧螺母（调整螺母），转动推杆改变其伸出长度，达到标准后再拧紧螺母。调整方法：松开推杆上面的锁紧螺母，通过转动推杆改变其伸出长度来调整踏板自由行程。

5. 检查离合器磨损、离合器噪声、离合器变重情况

发动机怠速运转时，踩下离合器踏板，将变速器置于一挡或倒挡，检查是否有异常噪声以及换挡是否平顺。同时检查在踩下踏板时，是否存在噪声，踏板力度是否可以接受。

项目实施

一、项目实施环境

（1）实训车辆一台。
（2）常用工具、钢尺。
（3）专用工具、举升机。
（4）配件材料。

二、项目实施步骤

（1）检查离合器踏板的响应性。
（2）检查离合器踏板是否有异常噪声。
（3）测量离合器踏板高度。
（4）测量、调整离合器的自由行程。
（5）检查离合器液压操纵机构油面及是否泄漏。

根据检查离合器情况填写表 4－1。

表 4－1　离合器的维护与检查

检查项目	检查记录
离合器液位	
是否存在液体渗漏	
离合器分离点	
离合器是否有噪声	
离合器磨损情况	
踏板有无异常噪声	
踏板回弹情况	
踏板松动情况	
踏板是否沉重	
踏板高度	
踏板自由行程	

如果存在泄漏或测量结果不符合要求，按照规范步骤进行故障排除和调整，直至在标准范围内为止。

知识拓展

液压式离合器操纵机构排空气方法如下：

（1）拆卸离合器油管、软管、总泵或者踩下离合器踏板感觉软绵绵时，应对离合器液压系统进行放气。

（2）提前准备一个软管和容器，把软管的一端接在放气螺栓上，另一端接到容器内，打开离合器分泵放气螺栓。

（3）缓慢地反复踩下离合器踏板（若踩踏板速度过快，空气将不能完全排出，每次松开踏板都要回到最高位置）。

（4）待空气全部排出后，踩住离合器踏板，拧紧放气螺栓。

（5）在储油罐中加注新鲜离合器油到规定位置。

4.2 手动变速器齿轮油的保养与更换

知识目标

1. 掌握手动变速器齿轮油的分类、选用原则及选用注意事项。
2. 掌握手动变速器齿轮油数量和质量的检查方法。
3. 掌握手动变速器齿轮油泄漏的检查方法。
4. 掌握手动变速器齿轮油的更换方法和操作步骤。

能力目标

1. 能够对手动变速器齿轮油进行定期检查。
2. 能进行手动变速器齿轮油泄漏的检查与排除。
3. 能够独立更换手动变速器齿轮油。

相关知识

目前汽车上发动机的转矩和转速变化范围都相对较小，但是汽车的行驶状况却相对复杂，其行驶速度和所受阻力变化范围较大。为了解决上述问题，在汽车的传动系统中采用了变速器。

变速器具有变速、变矩、变向和中断动力传递的作用。其按照操纵方式不同，可分为手动变速器、自动变速器和半自动变速器；按照传动方式不同，可分为有级变速器、无级变速器和综合式变速器。图 4 -5 所示为手动变速器，图 4 -6 所示为自动变速器。

图 4－5　手动变速器

图 4－6　自动变速器

汽车在行驶的过程中，需要频繁地操纵变速器来变换挡位，以适应不同的车况和路况，变速器长期在高转速和大负荷的工况下工作，导致其零部件产生磨损，甚至损坏。因此，应当定期对手动变速器齿轮油进行检查和更换。

一、手动变速器齿轮油的分类

变速器齿轮油一般是按 SAE（美国汽车工程师学会）分类法和 API（美国石油协会）分类法进行分类，具体分为国外和国内两种。

1. 国外汽车齿轮油的分类

一类是按 SAE 分类法划分为 70W、75W、80W、85W、90、140、250 七个黏度级。带

"W"字样的为冬季用齿轮油，它是根据齿轮油黏度达到 150 Pa · s 的最高温度和 100 ℃时的最小运动黏度两项指标划分的。不带"W"字样的为夏季用齿轮油，它是根据 100℃时的运动黏度范围划分的。另外，还有多级齿轮油，如 80W/90、85W/90 等。

另一类是按 API 分类法及工作条件的苛刻程度划分的，分为 GL－1、GL－2、GL－3、GL－4、GL－5、GL－6 六个使用级别。近年来，随着汽车技术的不断发展，许多汽车制造商对汽车齿轮油的要求超过这些技术规范。因此，SAE 和 ASIM（美国材料试验协会）建议用新的等级表示，即 MT－1 和 PG－2。其中 MT－1 是机械变速器用油，它的质量高于 GL－4，改善了热氧化稳定性、清洁性、抗磨性及与密封材料的配对性。PG－2 质量要求比 GL－5 高，用于驱动桥润滑。

2. 国内汽车齿轮油的分类

国内汽车齿轮油的分类方法也有以下两种：

一种是按黏度分类，其分类标准参照 SAE 黏度（SAE J306）执行，具体见表 4－2。

表 4－2 我国汽车齿轮油的黏度分类

黏度牌号	达到 150 Pa · s 的最高温度/℃	100 ℃时运动黏度/（$mm^2 \cdot s^{-1}$）	
		最低	最高
70 W	－55	4.1	—
75 W	－40	4.1	—
80 W	－26	7.0	—
85W	－12	11.0	—
90	—	13.5	24.0
140	—	24.0	41.0
250	—	41.0	—

另一种是按使用性能分类，见表 4－3。

表 4－3 我国汽车齿轮油使用级别与 API 分类对应关系

汽车类型	API 分类型号
普通车辆	GL－3
中等负荷车辆	GL－4
重负荷车辆	GL－5

目前国内车辆齿轮油三类产品标准（GL－4 为企业标准）中已有 17 种（带"•"部分）标号系列产品，见表 4－4。

表 4－4　车用齿轮油质量级别和黏度级别对应组合 17 个标号

质量级别＼黏度级别	74W	80W/90	85W/90	85W/140	90	140
普通车辆齿轮油（GL－3）		●	●	●	●	●
中等负荷车辆齿轮油（GL－4）	●	●	●	●	●	●
重负荷车辆齿轮油（GL－5）	●	●	●	●	●	●

二、齿轮油的选用

齿轮油的选用一般按照汽车使用说明书的相关规定，选择与该车型相适应的齿轮油的黏度级及使用级标号，同时也可参照下列原则选用齿轮油。

1. 根据当地季节气温选择齿轮油的黏度级别

齿轮油的黏度级别有 75W、80W、85W、90、140 和 250 号等标号，分别适用于最低气温为－40 ℃、－30 ℃、－20 ℃、－10 ℃、10 ℃和 20 ℃的地区，应对照当地季节最低气温适当选用齿轮油的黏度级别。

2. 根据齿轮类型和工况选择齿轮油的使用性能级别

对于一般工况下的螺旋锥齿轮主减速器（驱动桥）、变速器和转向器等总成，可选用普通车辆齿轮油；对准双曲面圆弧齿轮减速器，必须根据工作条件选用中负荷车辆齿轮油或重负荷车辆齿轮油。具体选择方法见表 4－5。

表 4－5　汽车齿轮油的选择

使用性能级别选择		对应黏度级别（或牌号）选择	
性能级别	齿轮类型、工作条件	黏度级别	使用气温范围
普通车用齿轮油（GL－3）	工作条件缓和的螺旋锥齿轮主减速器、变速器和转向器	90	－10 ℃以上地区全年通用
		80W/90	－30 ℃以上地区全年通用
		85W/90	－20 ℃以上地区全年通用
中等负荷车用齿轮油（GL－4）	工作条件一般（压力在 3 000 MPa 以下，滑移速度在 8 mm/s 以下）的准双曲面齿轮主减速器或者要求使用 GL－4 齿轮油的汽车	90（旧 18 号）	－10 ℃以上地区全年通用
		旧 7 号严寒区双曲面齿轮油	－43 ℃以上严寒地区冬季
		85W/90	－20 ℃以上地区全年通用
重负荷车用齿轮油（GL－5）	工作条件苛刻的准双曲面齿轮主减速器或者要求使用 GL－5 齿轮油的汽车	90	10 ℃以上地区全年通用
		140（旧 26 号）	重负荷、炎热夏季
		85W/90	－20 ℃以上地区全年通用

3. 齿轮油选用的注意事项

（1）不能混淆齿轮油和发动机润滑油的 SAE 黏度级别。在润滑油黏度级别分类标准中，为避免互相混淆，把高的分级标号用在齿轮油上，低的分级标号用在发动机润滑油上。但旧牌号的齿轮油分级号较低，此时应注意，齿轮油和发动机润滑油的黏度级别并无联系，不同型号不能互用。切不可将齿轮油当成机油使用，否则发动机将会发生黏缸、抱瓦等严重机械故障。

（2）分清齿轮油的种类和使用级别。准双曲面齿轮啮合齿轮间的挤压力非常大，普通齿轮油无法保持足够的润滑油膜，如果在其间使用了普通齿轮油，准双曲面齿轮将很快损坏，所以绝不能用普通齿轮油代替准双面齿轮油。也不可随意用准双曲面齿轮油代替普通齿轮油；否则，会造成各啮合齿轮的腐蚀性磨损和带来不必要的经济损失。应根据齿轮传动的特点及齿轮工作的苛刻条件，选择使用级别合适的齿轮油。

（3）并不是齿轮油的黏度级别越高其润滑性能就越好。若使用黏度标号太高的齿轮油，则会出现供油不及时、润滑不可靠、运动阻力加大、油耗激增等现象，特别是对高速轿车影响更大，所以应尽可能选用合适的多黏度级齿轮油。

（4）用油量要适当，油面高度要合适，不要过多也不要过少。过多不仅会增加搅油阻力和燃料消耗，而且齿轮油容易经后桥壳窜入制动鼓（如果密封不良），造成制动失灵；过少会使润滑不良，温度过高，加速齿轮磨损。齿轮油油面高度一般与变速器、驱动桥壳上的观察螺塞孔下缘平齐即可。

（5）按时换油，合理用油，应按规定换油指标换用新油。汽车制造厂推荐的换油期一般为行驶里程 30 000 ~ 48 000 km。换油时，应趁热放出旧油，并将齿轮和齿轮箱清洗干净后方可加入新油。加新油时，应防止水分和杂质混入。齿轮油的使用寿命较长，如果使用单黏度级齿轮油，则在换季维护时根据季节气温换用合适的黏度标号即可。

（6）在使用过程中，严禁向齿轮油中加入柴油等进行稀释，也不要因影响冬季起步而烘烤后桥、变速器等总成，以免齿轮油严重氧化变质。如果出现这种情况，应换用低黏度的多级齿轮油。

三、手动变速器齿轮油的数量、质量及渗漏检查

1. 手动变速器油数量的检查

（1）将车辆用举升机举升到合适的高度。

（2）清除变速器加油螺塞周围的油污，将加油螺塞从变速器壳体拧下，如图 4 – 7 所示。

（3）要求变速器内齿轮油的油面与加油口下缘平齐；或者将手指插入加油口，检查油液与手指接触的位置是否在规定范围内，以能用手探到油面为准。如果低于标准油位，检查齿轮油是否存在泄漏问题。

（4）检查完毕后，按照规定力矩拧紧加油螺塞。

2. 手动变速器油质量的检查

（1）松开放油螺塞，用专用容器接下少量油液，观察其颜色，不允许有颜色变深、结块、浑浊等现象。

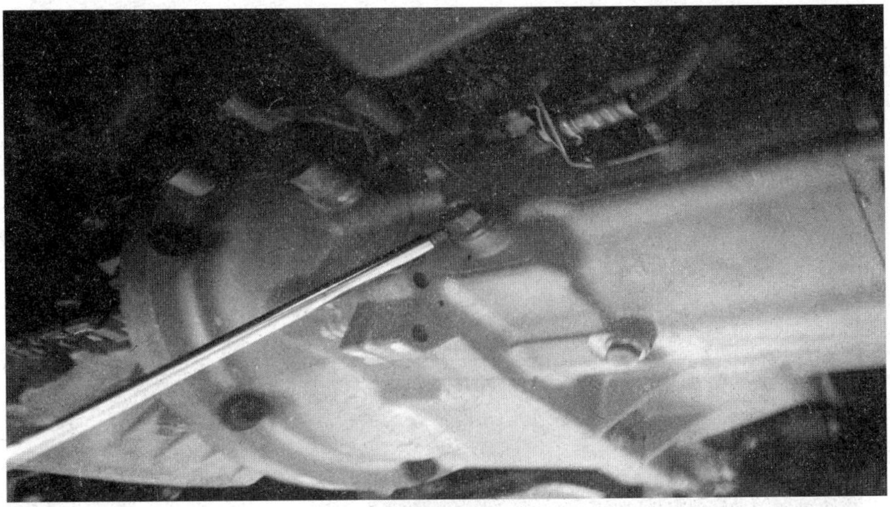

图 4-7　变速器加油螺塞位置

（2）闻一闻油液的气味，不允许有烧焦的气味。

（3）如出现上述等不正常现象，应对齿轮油进行更换。

3. 变速器齿轮油渗漏的检查

（1）检查变速器放油螺塞和加油螺塞的位置，如图 4-8 所示。

图 4-8　变速器加油螺塞和放油螺塞位置

（2）检查变速器前后油封处是否泄漏，油封是否有损坏，如图 4-9 所示。

（3）检查变速器前后端盖接触面是否泄漏，变速器壳体有无破裂。

（4）检查里程表齿轮的安装部位是否松脱或密封圈是否破损。

（5）检查变速器通气孔是否堵塞。

（6）检查油量是否过多。

图4-9　变速器油封检查

4. 变速器齿轮油的更换

当汽车行驶30 000~48 000 km或者时间到达两年时应更变速器油。

（1）将汽车平稳地停放在举升机上，并将汽车举升到合适高度。

（2）将加油螺塞和放油螺塞拧下，排出变速器油，待油液排干净后按照规定力矩将放油螺塞拧上。

（3）从加油口处添加新的变速器油，直至油位与加油螺塞下沿平齐为止。

（4）按照规定力矩将加油螺塞拧紧。

项目实施

一、项目实施环境

（1）实训汽车一台，新的适合该车的手动变速器齿轮油。

（2）干净棉纱和手套。

（3）常用手动工具、专业拆装工具、举升机。

二、项目实施步骤

（1）根据车型选择合适的手动变速器齿轮油类型。

（2）将发动机预热至正常工作温度后熄火。

（3）举升汽车到合适的高度，按照要求检查变速器油是否存在泄漏，重点检查变速器壳的接触面、油封、放油螺塞等处。

（4）清除注油螺栓和放油螺栓周围的油污，拧开手动变速器上的注油螺栓和放油螺塞，将旧的变速器齿轮油排放到准备好的容器当中。

（5）待油液排放干净后，清除放油螺塞磁性材料上吸附的杂质和金属屑，并判断变速器齿轮和轴承的磨损情况。

(6) 更换新的放油螺塞密封垫圈，并按照规定力矩拧紧放油螺塞。

(7) 从注油口加注新的变速器齿轮油，注意不要加注过量。

(8) 拧紧加油螺塞，将车辆安全放回地面。

(9) 起动发动机，预热至正常油温后，踩下离合器踏板并来回换挡。

(10) 进行路试，应无换挡异响。

(11) 再次检查油面高度，正常即可。若不足，继续从机油加注口添加，确保液位处于规定的范围内。

根据实操过程填表 4－6。

表 4－6　手动变速器齿轮油的检查与更换

序号	项目	结果
1	变速器型号	
2	更换变速器齿轮油型号	
3	变速器齿轮油渗漏部位	
4	更换变速器齿轮油数量	
5	加油螺塞规定力矩	
6	放油螺塞规定力矩	
7	变速器齿轮油质量	

知识拓展

变速器齿轮油应具有如下性能：

1. 润滑性和低温操作性

变速器齿轮油应具有适当的黏度和良好的黏温性。油液黏度不能过低，以保证形成油膜，实现润滑性能。为带走因摩擦而产生的热量和在低温时能够迅速供油，油液黏度又不宜过大。

2. 热氧化稳定性

变速器齿轮油抵抗高温条件下氧化作用的能力称为热氧化稳定性。变速器齿轮油应具有良好的热氧化稳定性。

3. 抗腐蚀性和防锈性

变速器齿轮传动装置在工作条件下，齿轮油防止齿轮、轴承腐蚀和生锈的能力称为抗腐蚀性和防锈性。齿轮传动装置除了可能会从外界渗入水分外，其内部的水分和酸性产物也会导致齿轮和轴承腐蚀、生锈。此外，齿轮油内部的极压抗磨剂对金属有一定的腐蚀作用。因此，变速器齿轮油应具有良好的抗腐蚀性和防锈性。

4. 抗泡沫性

齿轮转动时会将空气带入齿轮油中，形成泡沫。泡沫的形成，会破坏油膜的完整性，容易造成润滑效果变差甚至失效。泡沫的导热性较差，容易使齿面过热，破坏油膜。此外，泡沫过于严重，会使油液从通气孔中溢出。因此，齿轮油要具有良好的抗泡沫性。

5. 极压性

变速器齿轮油与其他润滑油相比，特殊方面在于其极压性。极压性是指油液中的极压抗磨剂，在高压、高温或者高速的苛刻工作条件下，能在齿面上与金属发生化学反应生成反应膜，防止齿面擦伤或者烧结的性质。

4.3 自动变速器的免解体维护

学习目标

1. 掌握自动变速器免拆清洗与换油的意义。
2. 掌握 ATF 更换机的使用方法和操作注意事项。
3. 掌握自动变速器清洗和换油的方法。

能力要求

1. 能够正确地使用 ATF 更换机。
2. 能够独立使用设备对自动变速器进行免拆清洗和油液更换。

相关知识

一、自动变速器的特点

自动变速器与手动变速器相比，具有以下优点：

（1）延长了发动机和传动系统的使用寿命。通过实验对比，发动机寿命延长了 85%，变速器寿命提高了 12 倍，传动轴和半轴的寿命延长了 75% 以上。由于自动变速器的液力变矩器采用油液作为介质来传递动力，起到了缓冲和吸振的作用，减小了冲击和载荷。

（2）提高了汽车通过性。采用液力自动变速器的汽车，在起步的时候，驱动力矩是逐渐增加的，可有效减少振动和车轮打滑，使汽车起步更容易，运行更平稳。在汽车行驶阻力很大的时候，发动机也不易熄火。复杂路况行驶时，其挡位切换时动力和功率不间断，不会出现汽车停车的现象。

（3）具有良好的自适应性。液力变矩器的使用，使汽车能够更好地适应驱动轮负荷的变化。同时，自动变速器可以在一定的范围内实现无级变速，减少了行驶中的换挡次数，提高了汽车的动力性和舒适性。

（4）操纵的轻便性。自动变速器汽车普遍采用液压或者电控液压作为控制，通过阀体和液压系统实现换挡，而且换挡齿轮组一般采用行星结构常啮合齿轮组，驾驶员只需要变换换挡杆的位置即可，减小了换挡冲击，减轻了驾驶员的驾驶疲劳程度。

（5）降低了排放污染。采用自动变速器的汽车，可以把发动机转速稳定在低油耗和低污染的区域，通过挡位的自动切换以适应变化的路况和交通状况。

二、自动变速器油的分类

液力传动油又称自动变速器油（automatic transmission fluid，ATF），是指专门用于自动变速器（AT）和无级变速器（CVT）等集润滑、液力传递、液压控制功能于一身的特殊油液。

（1）国外自动变速器油的分类多采用美国 ASTM 和 API 共同提出的 PTF（power transmission fluid）使用分类法，将 PTF 分为 PTF－1、PTF－2 和 PTF－3 三类。其规格及适用范围见表 4－7。

表 4－7　自动变速器油规格及适用范围

分类	符合规格	适用范围
PTF－1	克莱斯勒汽车公司的 CHRYSLER MS－4228 自动变速器油 福特汽车公司的 FORD M2C33－F 自动变速器油 通用汽车公司的 GM DEXRON Ⅱ 自动变速器油	轿车和轻型货车
PTF－2	通用汽车公司的 GM Tracket、Coach、阿里森 AllisonC－2、C－3	重型货车和越野汽车
PTF－3	玛赛·费格森使用的 M－1135 自动变速器油 约翰逊尔使用的 J－202A 自动变速器油	农业和建筑机械

（2）国产自动变速器油的分类按 100 ℃运动黏度将液力传动油分为 6 号和 8 号两种。其与国外液力传动油的基本对应关系见表 4－8 所示。

表 4－8　自动变速器油的分类标准

国外分类	国内分类	应用范围
PTF－1	8 号	轿车、轻型货车自动变速器油
PTF－2	6 号	越野汽车、载货汽车和工程机械
PTF－3	—	农业和建筑野外机械

三、自动变速器油的选择与使用

1. 自动变速器油的选择

（1）按照车辆使用说明书的相关规定，选用合适的自动变速器油。轿车和轻型货车应选用 8 号油，进口轿车要求用 GMA 型、A－A 型或 DEXRON 型自动变速器油的，也可用 8 号油代替。重型货车、工程机械的液力传动系统应选用 6 号油。

（2）国内一般采用6号油和8号油，其中6号油主要用于内燃机车或载货汽车的液力变矩器，8号油一般用于轿车和轻型客车上的液力自动变速器。8号油可以替代国外的同类产品。而世界各国普遍使用的是美国生产的自动变速器油，主要有通用公司生产的DEXRON、DEXRON Ⅰ、DEXRON Ⅱ型和福特公司生产的E、F型。自动变速器油的型号不同，其摩擦系数也不同，不能错用和混用。如使用不规范，会出现自动变速器的离合器、制动器打滑等现象，还会造成换挡冲击，加速摩擦片的早期损坏，使其寿命缩短。

2. 自动变速器油的使用注意事项

（1）保持油液的正常工作温度。油温过高，易导致油液变稀、变质，油压降低，使自动变速器打滑；油温过低，油压变高，时滞过长，使自动变速器换挡不及时。

（2）保持油液的液面高度（油量）。自动变速器油的液面高度检查，可分为冷态检查（不行车、不换挡）和热态检查（行车后或停车换挡）两种。要求将车辆停放在水平地面上，让发动机达到正常工作温度后进行检查。油液平面应分别在自动变速器油标尺的冷态上下两刻线或热态上下两刻线之间。如油量不足，应及时添加相同型号的自动变速器油。如油量过多，则应放出适当油液直到达到标准位置。油面过高或者过低，都会造成打滑现象。

（3）按照车辆使用说明书的相关规定更换自动变速器油。通常每行驶10 000 km应对变速器油液进行一次检查，每行驶30 000 km应对油液进行更换。

（4）检查自动变速器油液的质量状况。在手指上蘸少许油液，观察其颜色、气味和油质等情况，确认自动变速器油是否因打滑或过热等原因而变质。自动变速器油一般染成红色，油质清澈纯净。

四、自动变速器油数量、质量与泄漏的检查

自动变速器的型号不同，油面高度的检查条件和方法也有所不同。检查的条件一般为：将汽车停放在水平路面上并拉紧驻车制动器，将发动机怠速运转，使自动变速器处于热状态（油温为70 ℃～80 ℃）。踩下制动踏板，将自动变速器的换挡操纵手柄在各挡位轮换停留短暂时间，使油液充满液力变矩器和所有执行元件，然后将发动机熄火，将换挡操作手柄放至停车挡（P）位置。部分进口高级轿车和大众公司部分车型的自动变速器没有油尺，检查自动变速器的油量和油温时需要使用专用工具进行检查，应到专修厂家进行。具体检查与更换步骤如下：

1. 自动变速器油油位的检查

（1）将检查车辆停至水平地面，拉紧手刹。起动发动机，让发动机怠速运转，按照P—L的顺序转换换挡杆，在各个挡位分别短暂停留2s左右，然后再从L位换回到P位，如图4－10所示。

（2）待自动变速器油温到达合适油温（油液温度75 ℃±5 ℃）后，将发动机熄火。将油尺拔出来，用干净的毛巾擦拭干净，然后再将油尺插回油孔，插到底后再次取出，观察油位是否在规定范围内。

（3）当油位较低时，应检查油温是否正常，并检查是否有油渗漏。如有故障，要进行排除，没有问题后将油液补充到规定位置。

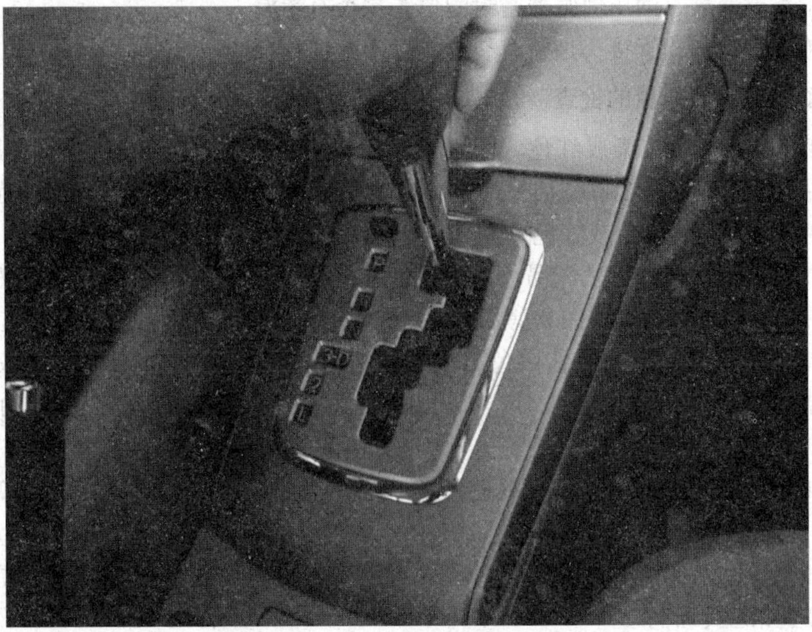

图 4－10　自动变速器换挡手柄位置

2. 自动变速器油渗漏的检查

将车辆停放在举升机上，把车辆举升至合适高度，检查以下部位是否存在渗漏。

（1）检查放油螺塞的位置。

（2）检查油底壳密封垫位置，如图 4－11 所示。

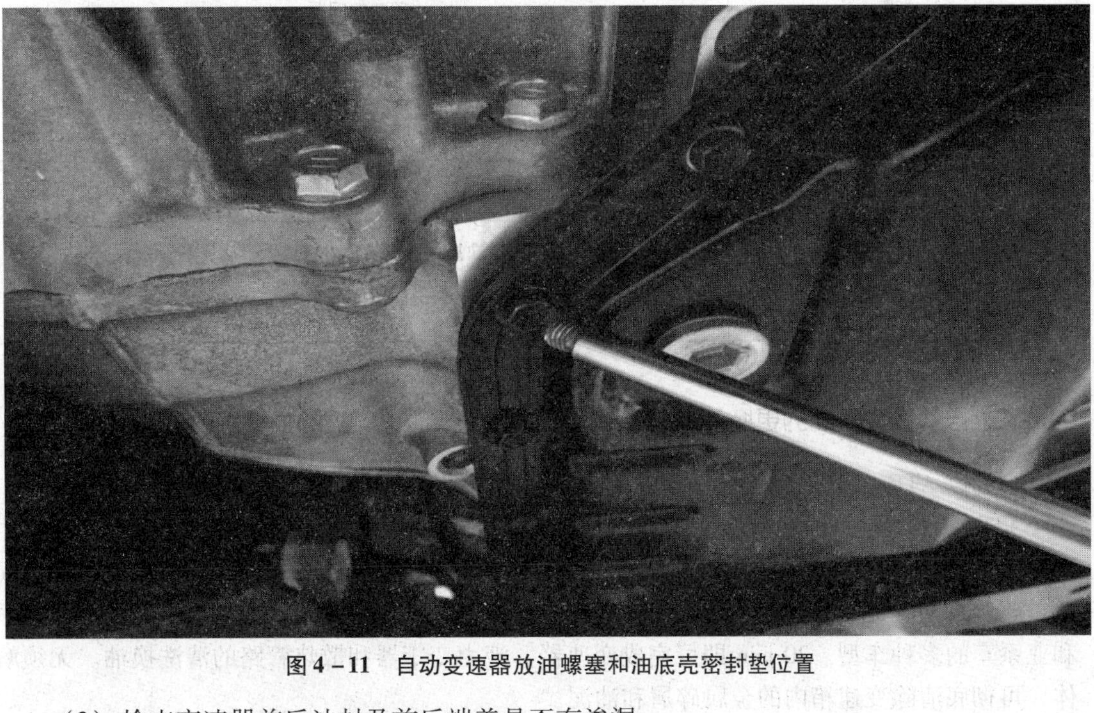

图 4－11　自动变速器放油螺塞和油底壳密封垫位置

（3）检查变速器前后油封及前后端盖是否有渗漏。

（4）检查差速器、油压伺服器密封圈位置是否有渗漏。

（5）检查管道和软管接头是否有裂纹或者隆起损坏。

3. 自动变速器油质量的检查

自动变速器油通常被染成红色，区别于发动机机油。在进行自动变速器油的油质检查时，可以用有吸附性的白纸擦拭油尺，检查自动变速器油的颜色和气味及有无杂质。未被污染的自动变速器油呈粉红色或红色，无气味，也无任何颗粒沉淀或气泡悬浮。

（1）如果自动变速器油呈深褐色、黑色或有焦臭味，表明自动变速器过热或没有及时更换油液。应更换自动变速器油和滤清器，并检查自动变速器。

（2）如果自动变速器油呈乳白色，表明发动机的冷却液通过冷却系统散热器进入了自动变速器冷却器，相互混合变质。应彻底冲洗干净，更换自动变速器油，并检查冷却器。

（3）如果自动变速器油中混有黑色颗粒状物，表明已烧片，此时需检查变速器，再彻底清洗。

（4）如果自动变速器油中混有银白色的金属微粒，表明阀体、轴承或行星齿轮排磨损严重，应检查相应零部件。

（5）如果油尺上带有气泡，表明有空气渗入到高压油路，应更换油液并检查和排除故障。

（6）如果油尺上黏附有胶状物，表明自动变速器油过热氧化，应更换自动变速器油和滤清器。具体情况可参考表 4－9。

表 4－9　自动变速器油外观检查反映的问题

外观	反映的问题
清澈带红色	正常
暗红色或者褐色	带箍或者离合器损坏，通常由于过热引起
气泡多	油液平面过高，内部空气泄漏
油液中有残渣	带箍、离合器或者轴承有缺损，造成带箍材料或者金属屑黏附在油尺上
油尺上有胶状物	变速器过热

五、自动变速器油的更换

下面以 ATF－20DT 型号的自动变速器油更换机为例来讲解此类设备的使用。

ATF－20DT 是一种汽车清洗保养维护系列设备，设备小巧、移动方便、操作简单，主要用于自动变速器油的加注和新旧油液更换，可有效地解决自动变速器油更换不彻底的问题，改善自动变速器的性能，延长其使用寿命。该设备有多种多用接头，适用于美系、欧系和亚系车的多种车型。20 min 即可完成变速器、液力变矩器和散热管路的清洗换油。无须解体，可彻底清除变速箱内的金属碎屑和油泥。

ATF－20DT 型自动变速器油更换机如图 4－12 所示。

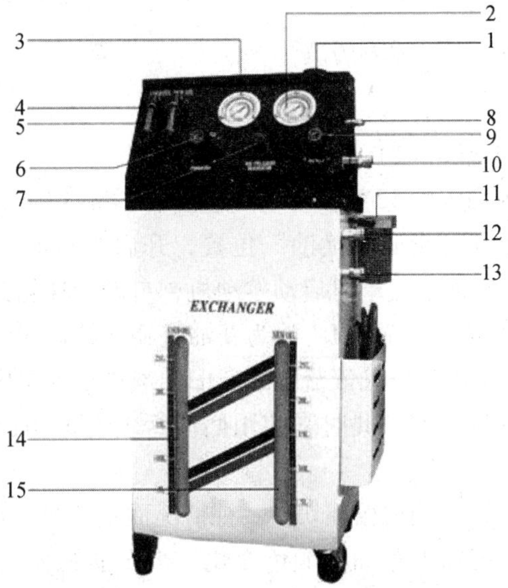

图 4－12　ATF－20DT 型自动变速器油更换机

1—加油口；2—油压表；3—气压表；4—新油视窗；5—旧油视窗；6—转换阀 1；7—调压阀；8—转换阀 2
9—AIR 接口；10—外部吸油接头；11—过滤器；12—出油口；13—回油口；14—旧油桶；15—新油桶

1. 操作前准备

（1）将机器内的新油桶装入适量新自动变速器油。也可以使用外部容器盛新油液，则将透明连接管插入外部容器，并转换“阀 2”指向“抽油”位置。

（2）将电源线接通（12 V），将透明短管插至“排油”处，开启电源开关，直至有新油流出。

2. 循环清洗

（1）将汽车处于驻车制动状态。

（2）找出便于拆装的自动变速器油冷却油管一条，并拆下接头。

（3）找出合适的接头分别将红、蓝进回油管与拆下的冷却油管两端相连。

（4）短暂起动发动机，判断进出油方向。

（5）把出油端接上球阀之后与机器右侧“回油”接头相连，将进油端直接与机器右侧“出油”接头相连。

（6）将机器配备的一根透明短管与外部吸油接头 10 相连。打开清洗液，将透明短管另一端插入清洗液中。

（7）将车辆用举升机举升至合适高度，每一动力挡位均需运动。

（8）接好电源线（12 V），将机器的“转换阀”指向“抽油”位置，“转换阀 1”指向“换油”位置。

（9）开启电源开关，清洗液即被打入变速箱内。

（10）清洗液完全打入后，拆下透明短管，将机器“转换阀 2”指向“循环”位置，“转换阀 1”也指向“循环”位置。

（11）启动引擎，机器便处于循环清洗状态，可从旧油视窗观察到旧油的流动，每一挡位循环切换停留 5 ~ 10 s。

（12）5 min 后，清洗完毕，关闭引擎。

3. 循环换油

（1）油管连接，参照上述（1）~（7）条。

（2）将机器新油桶内加入约 12 L 新自动变速器油，将“转换阀 2”指向“循环”位置。

（3）将机器“转换阀 1”指向“换油”位置，开启机器电源开关，开始向变速器内加注新的油液，待新油视窗有油液流动时启动发动机，自动变速箱开始新旧油液交换。

（4）机器上的新油视窗“NEWOLL”4 为新油流经之处，旧油视窗“USEDOLL”5 为旧油流经之处，根据两个视窗内新旧油液流量或新旧油液进出油量做比较。

（5）如果新油比旧油流动慢，此时需使用回油管上的球阀控制，减小旧油流量，以寻求新旧油的平衡。

（6）新旧油交换时，每一挡位循环切换。视情况而定，每一挡位停留 5 ~ 10 s。

（7）注意观察新旧油视窗油箱油液颜色变化，当旧油视窗内波箱颜色由污浊转变到与新油同一颜色的时候，表示新旧油交换完毕，关闭发动机。

（8）照原样接好波箱油管，发动发动机，切入 P 挡水平油量，视油位补充自动变速器油，同时注意检查各管路是否存在渗漏，油液足够之后，试车约 1 km 再视察一次，没有问题即可。

4. 注意事项

（1）注意进出油管与自动变速器油管的连接方法。

（2）清洗时注意各接头管路是否泄漏，如果有泄漏必须停机重新安装。

（3）如果发现系统工作有异常，立刻停机检查，并排除问题。

4.4 行驶系统的使用与维护

学习目标

1. 了解汽车悬架、车桥及车架的作用和维护的重要性。
2. 熟悉汽车悬架、车桥和车架的检查内容。

能力要求

掌握悬架、车桥和车架的检查方法和操作技能。

相关知识

悬架是车架（或车身）与车桥（或车轮）之间一切动力连接装置的总称，图 4 - 13 所示为前悬架结构图，图 4 - 14 为后悬架结构图。

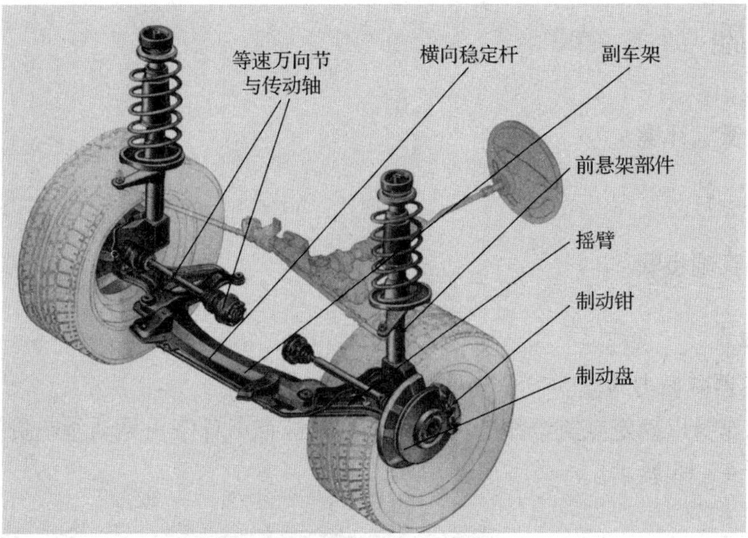

图 4－13　前悬架结构图

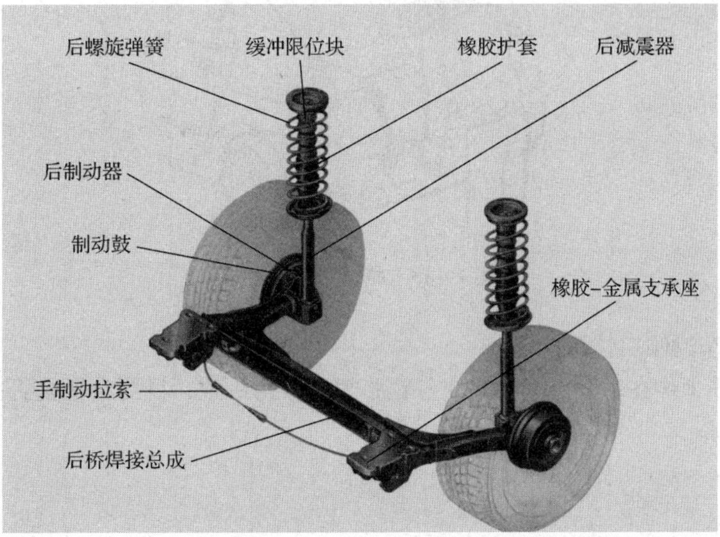

图 4－14　后悬架结构图

车架的作用是支撑连接汽车的各零部件，并承受来自汽车内外的各种载荷；车架是整个汽车的基本，汽车的绝大部分总成和部件都是通过车架来固定位置的。车架一般由纵梁和横梁组成，通过铆接或焊接的方法将纵梁和横梁连接成坚固的刚性构件。其结构形式主要有：边梁式、中梁式（或称脊骨式）、综合式和无梁式（承载式）。

汽车悬架是车架或承载车身与车轮之间的弹性传力装置。它的弹性元件和阻尼元件构成车轮到车身之间的减振环节，其作用是把车架或承载车身与车轮连接起来，以缓和吸收车轮在不平路面上行驶时所产生的冲击和振动，保证汽车行驶的平顺性。

汽车悬架可分为独立悬架（和断开式驱动桥配合）和非独立悬架（和整体式驱动桥配合）两大类。现代汽车悬架有多种不同的结构形式，但是一般都由弹性元件、减震器和导向机构组成。

项目实施

一、项目实施环境

实训汽车一台。

二、项目实施步骤

1. 悬架检查

（1）减震器减振力检查。

上下压动车身以确定减震器缓冲力的大小，并检查车身停止晃动所花费的时间，时间应尽量少，如图 4－15 所示。

图 4－15　减震器减振力检查

（2）检查车辆倾斜情况。

将车辆平稳地停在举升机上，并使各轮胎气压保持一致，目测车辆是否倾斜，如图 4－16 所示。

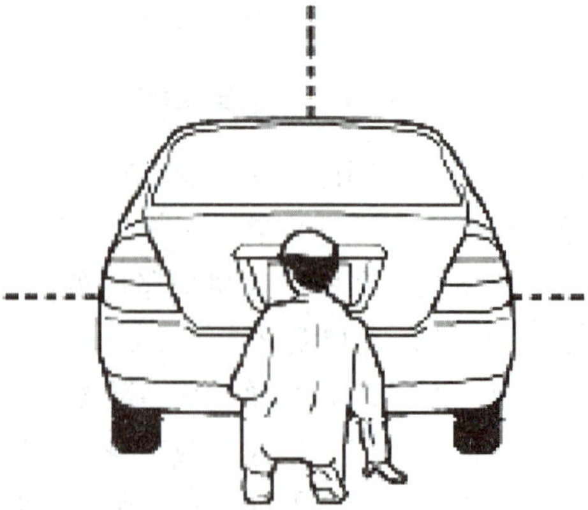

图 4－16　汽车倾斜状况检查

(3) 各悬架组件的检查。

通过目视、手摸或摇晃等方法检查减震器、螺旋弹簧、稳定杆、下臂及托臂和扭转梁有无损坏、变形等情况。

(4) 减震器的检查。

①检查减震器上是否有凹瘪，检查防尘罩上是否有裂纹或其他损坏，如图 4 - 17 所示。

图 4 - 17　减震器的检查

②检查减震器中渗漏情况。用手摸减震器，观察减震器是否存在油液渗漏情况，如图 4 - 18所示。

图 4 - 18　减震器泄漏检查

③连接摆动检查。用手摇晃悬架连接头上的连接来检查衬套是否过度磨损或有裂纹，检

查是否摆动，同时检查连接是否损坏，如图 4 – 19 所示。

④螺旋弹簧的检查。观察弹簧是否有裂纹、变形等情况，用手摇晃弹簧看是否有松动。

⑤对车辆下臂、托臂及桥梁的检查。目视及用手晃动上述部件，观察其有无损伤及松动情况，如图 4 – 20 所示。

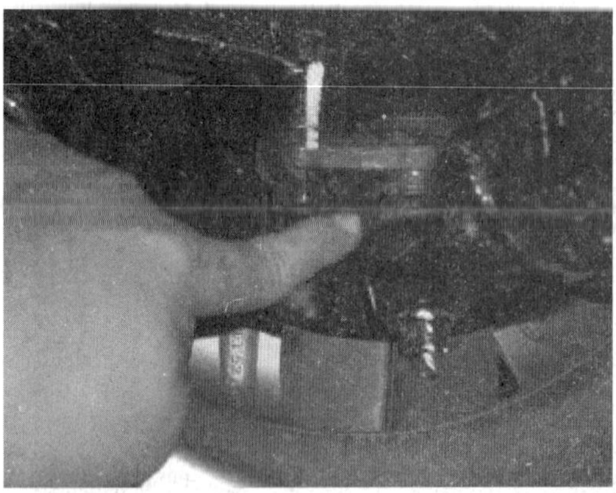

图 4 – 19　连接的检查

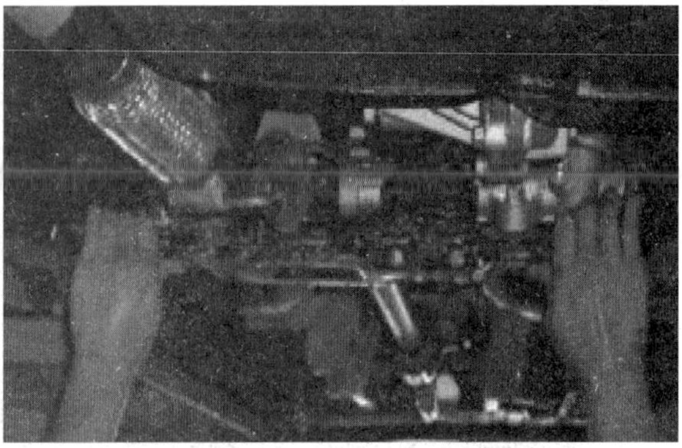

图 4 – 20　下臂、托臂及桥梁的检查

⑥左右前减震器座螺栓紧固情况检查。用扭力扳手对左右前减震器座螺栓进行紧固，拧紧扭矩：45 ~ 60 N · m，如图 4 – 21 所示。

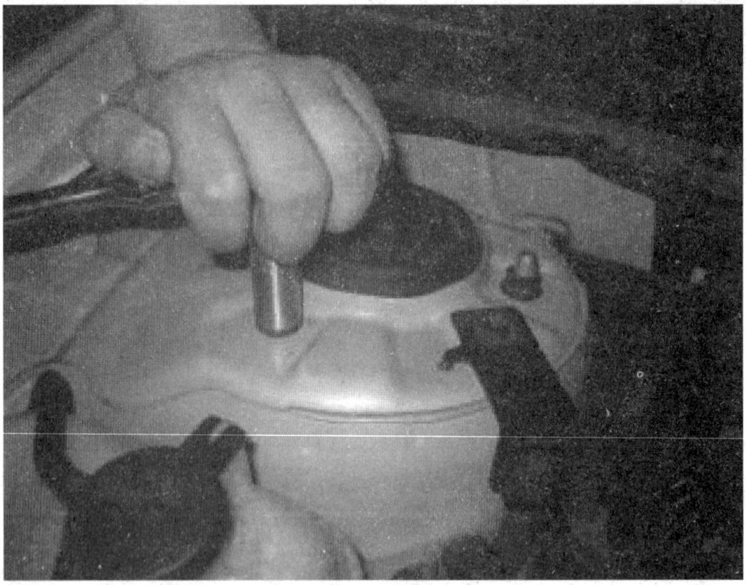

图 4 – 21　紧固螺栓

2. 底盘连接螺栓和螺母的紧固检查

（1）紧固下臂球头总成到转向节螺栓（球节至转向节），如图 4 – 22 所示。拧紧扭矩为 100 ~ 120 N · m（10 ~ 12 kgf · m，72 ~ 87 lb – ft）。

（2）紧固制动钳装配螺栓，如图 4 – 23 所示。拧紧扭矩为 78.5 ~ 98.1 N · m（8 ~ 10 kgf · m，57.9 ~ 72.3 lb – ft）。

图 4 – 22　下臂总成到转向节螺栓

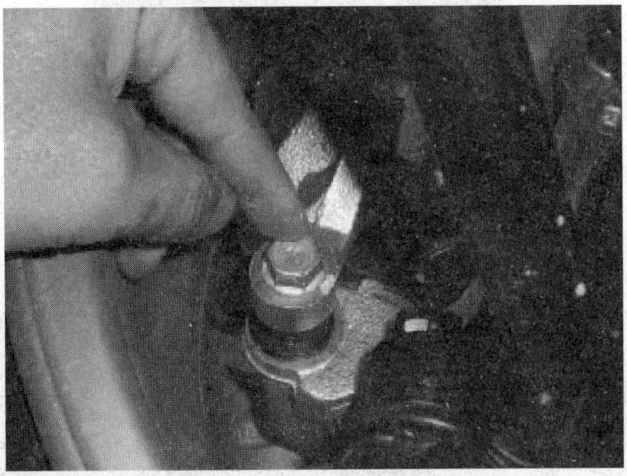

图 4 – 23　制动钳装配螺栓

（3）紧固车架装配螺栓（螺母），如图 4 – 24 所示。拧紧扭矩为 160 ~ 180 N · m（16.0 ~ 18.0 kgf · m，116 ~ 130 lb – ft）。

图 4 – 24　车架装配螺栓

（4）紧固车架支撑杆装配螺栓（螺母）。拧紧扭矩为45～55 N·m（4.5～5.5 kgf·m，33～40 lb－ft）。

（5）紧固减震器至车身螺栓，如图4－25所示。拧紧扭矩为100～120 N·m（10～12 kgf·m，72～86 lb－ft）。

图4－25　减震器至车身螺栓

（6）紧固转向机外壳至横梁的固定螺栓，如图4－26所示。

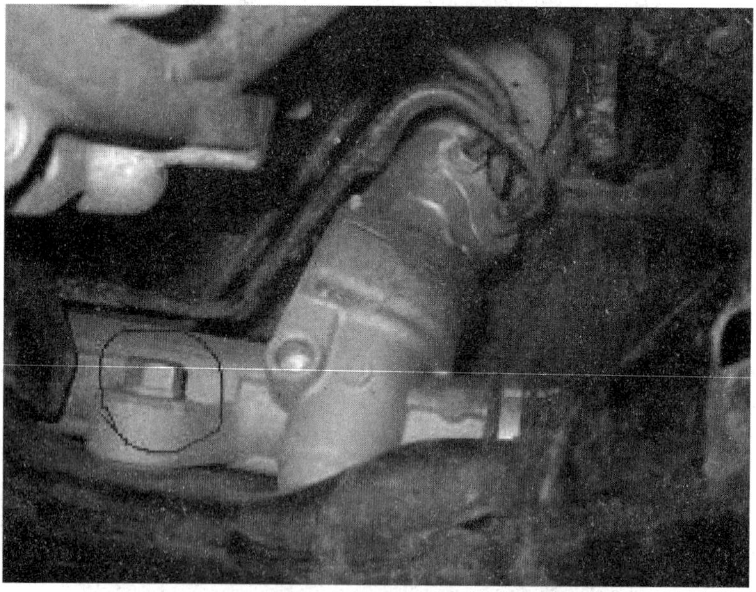

图4－26　转向机外壳至横梁的固定螺栓

拧紧扭矩为60～80 N·m（6.0～8.0 kgf·m，43～58 lb－ft）。

（7）紧固稳定杆至稳定杆连杆螺母。拧紧扭矩为100～120 N·m（10.0～12.0 kgf·m，72～87 lb－ft）。

（8）紧固制动钳固定螺栓，如图4－27所示。

图 4－27　制动钳固定螺栓

（9）紧固前支柱总成到转向节螺栓。拧紧扭矩为 137.3 ~ 156.9 N · m（14.0 ~ 16.0 kgf · m，101.3 ~ 115.7 lb－ft）。

（10）紧固稳定杆连杆到支柱总成螺母。拧紧扭矩为 100 ~ 120 N · m（10.0 ~ 12.0 kgf · m，72 ~ 87 lb－ft）。

（11）紧固支柱总成到转向节螺栓，如图 4－28 所示。拧紧扭矩为 140 ~ 160 N · m（14.0 ~ 16.0 kgf · m，101 ~ 116 lb－ft）。

图 4－28　支柱总成到转向节螺栓

4.5 转向系统的使用与维护

学习目标

1. 了解检查方向盘的重要性。
2. 掌握方向盘的检查内容。

能力要求

1. 能够进行方向盘的检查。
2. 能够对液压动力转向系统进行相关检查。
3. 能够对转向传动机构进行相关检查。

相关知识

一、概述

汽车转向系统是改变或保持汽车行驶方向的机构。其作用是使汽车在行驶过程中能够按照驾驶员的操纵要求适时地改变行驶方向，并在受到路面冲击可能使汽车意外偏离行驶方向时，能与行驶系统配合共同保持汽车直线行驶的稳定性。

图 4－29 所示为转向系统组成。一般的转向系统由方向盘、转向柱、转向传动轴、转向助力泵、储油罐、动力缸、油管、横拉杆、护罩和球头等组成。

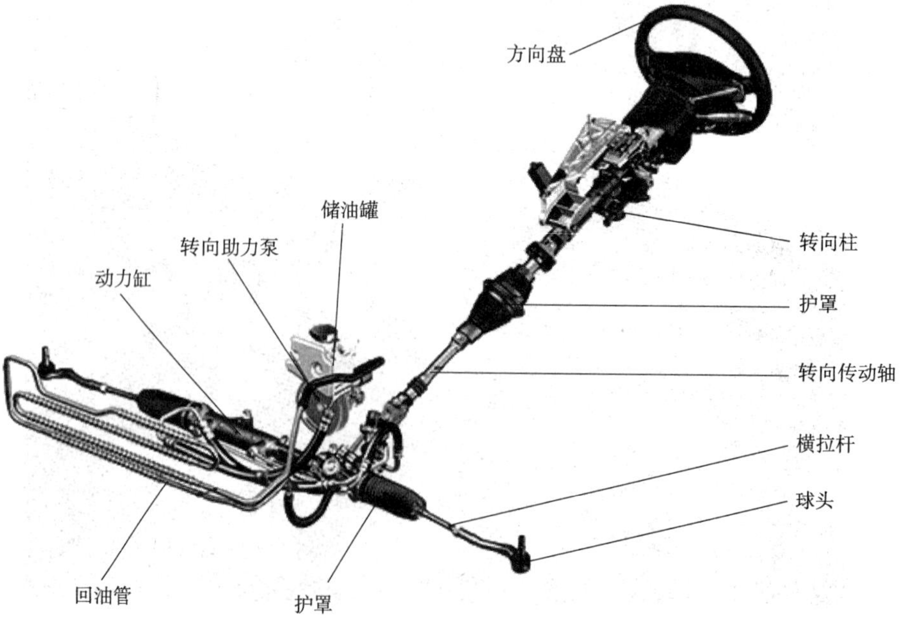

图 4－29　转向系统组成

由于机械式转向系统不能同时满足转向操作时既省力又灵敏的要求，所以，现在很多汽车上均采用转向助力装置。这种装置可以选用传动比小的转向器，保证转向的高灵敏度。同时，有动力（比如液压或者电机）协助转向，可以达到转向既省力又灵敏的目的。

转向传动机构的功用是将转向器输出的动力和运动传给转向轮，使两个转向轮偏转角按一定关系变化，以实现汽车顺利转向。转向传动机构按照悬架的不同可分为非独立悬架配用的转向传动机构和与独立悬架配用的转向传动机构两大类。

二、各项检查的必要性

（1）方向盘检查的必要性。

方向盘在汽车行驶过程中起到控制方向的作用，如果出现故障，会造成操纵失灵，极易出现危险。如果间隙过大，容易造成汽车行驶跑偏、方向盘抖振，影响汽车正常行驶。因此需对方向盘进行定期检查，及时排除故障隐患。

（2）液压动力转向装置检查的必要性。

对于液压动力转向装置而言，在使用过程中会出现动力转向油变质、有气泡、浑浊、管路渗漏或液位下降等现象，致使动力转向装置性能下降或丧失，造成转向沉重。

（3）转向传动机构检查的重要性。

随着汽车行驶里程的增加，转向系统各零部件会产生磨损、固定螺栓松动等现象，使转向系统间隙变大，传动零部件松动，导致汽车转向沉重、行驶跑偏等，影响到行驶的安全性。同时对于防尘罩、转向横拉杆及其球头等汽车转向系统重要组成部件，长时间使用后，防尘罩橡胶会老化，破裂，引起润滑脂流失与变质，影响转向器密封和润滑，加速转向器的磨损；转向横拉杆弯曲变形，使转向车轮定位角度发生变化、造成转向操纵不稳定及轮胎异常磨损等；转向球头磨损后，使球头与球碗配合松旷，造成异响，磨损过大，会造成汽车失去方向控制的危险情况。

项目实施

一、项目实施环境

实训用轿车一辆。

二、项目实施步骤

1. 检查方向盘的转动自由行程

（1）将车辆停放在举升机上，安装好底板垫、座椅套和方向盘套。

（2）操作人员进入驾驶室，在配备动力转向系统的车辆上，起动发动机，使车辆处于笔直向前状态。在前轮不动状态下，使用直尺测量方向盘可以转动的自由间隙（自由行程），如图 4－30 所示。标准值应不大于 30 mm。如果自由行程大于标准值，应检查转向轴的连接部位和横拉杆球头的间隙。

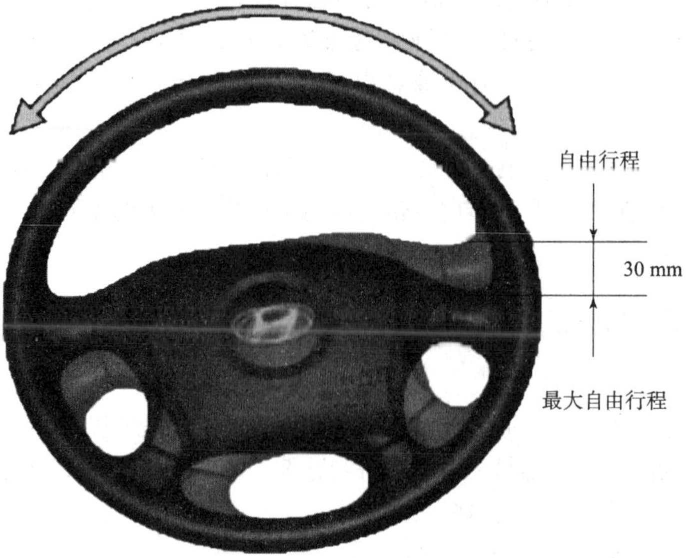

图 4－30　方向盘自由行程测量

2. 检查方向盘的松动和摆动

用双手握住方向盘，沿着轴向和垂直方向移动方向盘，应没有松动；同时双手握住方向盘并向两侧移动，应没有摆动，如图 4－31 所示。

图 4－31　方向盘松动和摆动检查

3. 检查点火开关处于 ACC 位置时的状态

将点火开关转动到 ACC 位置，方向盘不应锁定并可以自由转动，如图 4－32 所示。

4. 检查动力转向油

（1）检查动力转向油液液位。

（2）将车辆停放在平坦地面，调整方向盘角度，使前车轮处于直线行驶状态。

图 4－32　点火开关处于 ACC 位置时的状态检查

（3）起动发动机，在空挡状态下转动方向盘数次，使转向油温上升到 50 ℃～60 ℃。

（4）将发动机保持在怠速状态下，数次转动方向盘至左右极限位置。

（5）检查储油罐内的转向助力油是否有泡沫或浑浊。

（6）检查发动机起动后和停止后的储油罐液面之差，正常液位应处于上刻度线（MAX）与下标度线（MIN）之间。若液面高于 MAX 刻线，应用吸管吸出多余油液至规定位置；若液面低于 MIN 刻线，在确认系统无泄漏的前提下，添加油液至规定位置，如图 4－33 所示。

图 4－33　助力油液液面检查

5. 添加动力转向油

将车停放在水平地面上，保证前转向轮处于直线行驶位置状态，旋开动力转向油储油罐盖，在加注口周围铺好干净的抹布，添加正品转向助力油液，使液位处于规定要求位置。

6. 更换动力转向油

如果转向助力油液出现变白、浑浊或有气泡等现象，则油液已出现变质，应及时更换动力转向油。

7. 液压助力转向系统放气

将转向助力油液补充液位至储液罐 MAX 位置，将车辆举升至合适高度，快速将点火开关从“ON”位置转到“START”位置来转动发动机 1 ~2 次，但不起动发动机。从左极限位置到右极限位置转动方向盘 5 ~6 次持续 15 s 左右。然后起动发动机并保持方向盘转动从锁止至锁止位置，直到发动机怠速状态下储液罐内停止出现气泡为止，排气过程结束。如果液位低于规定要求，则应添加动力转向油。

三、液压助力转向系统泄漏检查

将车辆平稳地停在水平地面，起动发动机，保持发动机怠速运转，转动方向盘至极限位置并进行保持，此时液压转向助力系统中油压最高，便于发现泄漏部位。

（1）检查转向助力泵处是否存在渗漏，如图 4 –34 所示。

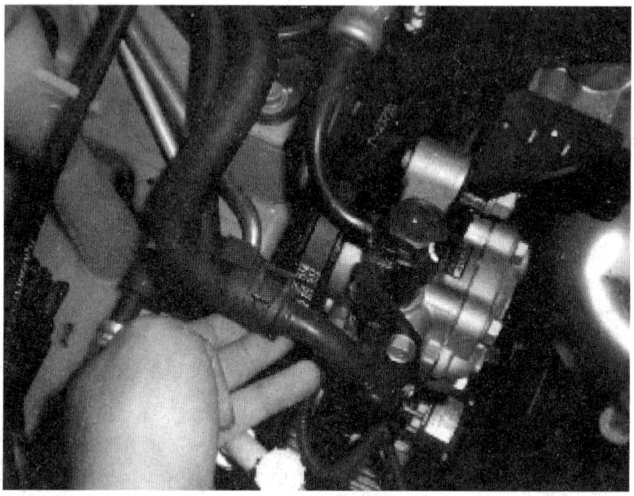

图 4 –34　转向助力泵的检查

（2）检查转向器处是否存在渗漏，如图 4 –35 所示。

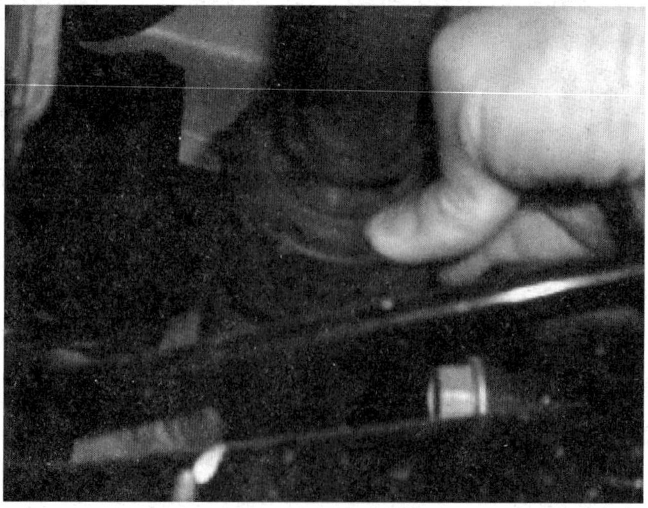

图 4 –35　转向器的检查

（3）检查液体管路和各连接点处是否存在渗漏，检查各软管是否有裂纹、老化或其他损坏，如图 4－36 所示。

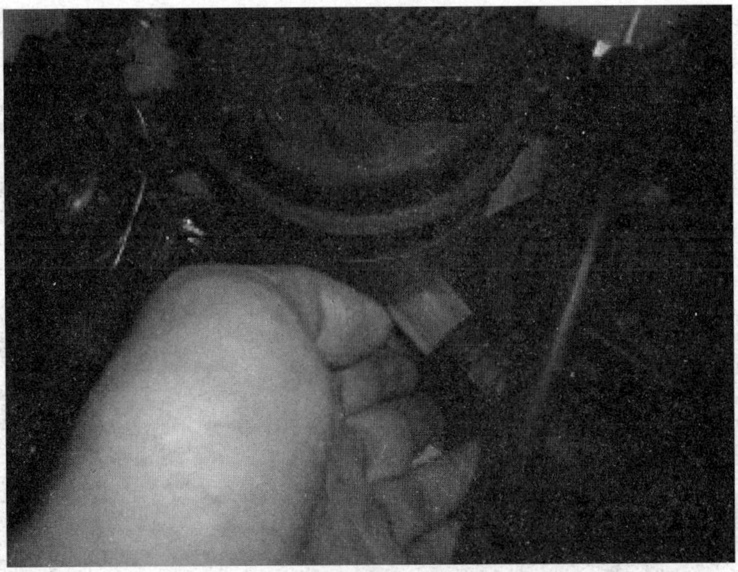

图 4－36　油液管路和连接点的检查

（4）将车辆举升至合适高度，检查动力转向器处的波纹管是否有裂纹或者破损，是否存在润滑脂或者机油渗漏。

如果上述地方存在渗漏，应更换相关零部件和密封圈。

四、转向系统的检查维护

（1）目视检查防尘罩是否有裂纹或破损，如图 4－37 所示。

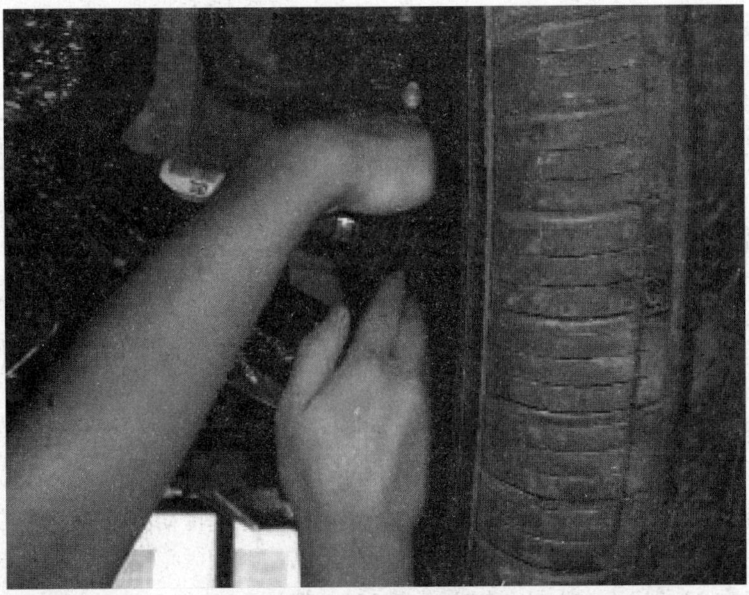

图 4－37　防尘罩的检查

（2）目视检查转向连接机构是否弯曲或者损坏，用手摇晃转向连接机构是否松动或者摆动，如图 4－38 所示。

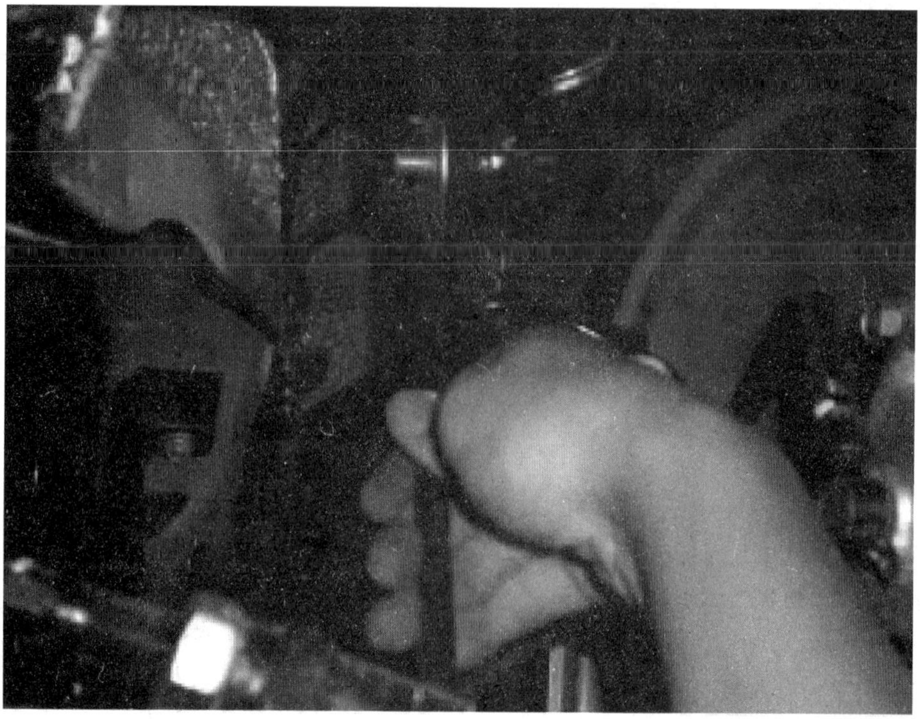

图 4－38　转向连接机构的检查

知识拓展

一、更换动力转向油的注意事项

（1）动力转向油有一定的腐蚀性。

（2）在添加或更换转向助力油液时，要使用正品的相同型号的油液。如混用了不同型号的转向助力油液，可能导致磨损加剧、低温状态转向不良等现象。

二、检查转向角度

将前轮置于转角盘上（图 4－39），检查车轮转向角，最大转向时，内侧车轮转向角标准值为 40.7°±2°，外侧车轮转向角标准值为 32.4°。若超出标准值，进行前束调整后再测量转向角。

三、检查方向盘自动回位

（1）检查方向盘回正力矩时（图 4－40），快速和慢速转动方向盘，左右两侧的回正力都应相同。

（2）车速在 23～30 km/h 时，打方向盘 90°，保持 1～2 s 后，放松方向盘应回到 70°以上位置，如果快速转动方向盘可能在瞬间感到方向盘沉重，这不属于故障。

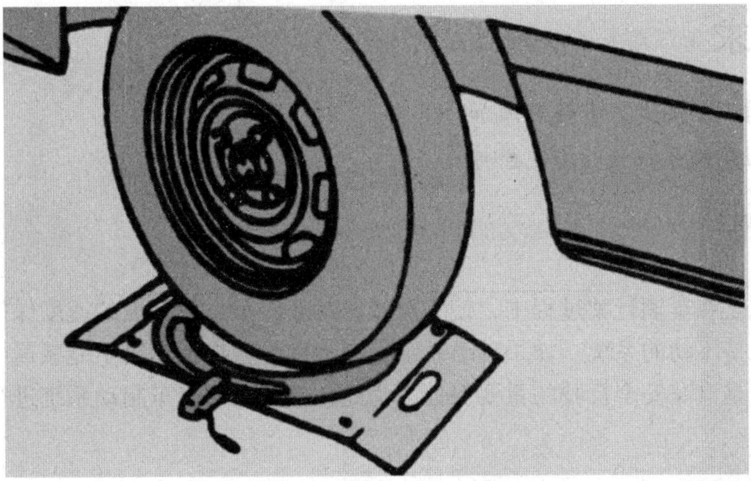

图 4-39　车轮转向角度检查

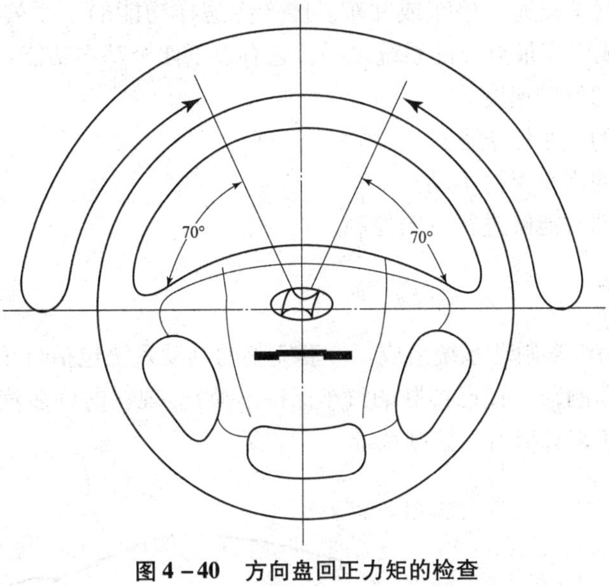

图 4-40　方向盘回正力矩的检查

4.6　制动系统的使用与维护

学习目标

1. 了解汽车制动系统的作用。
2. 掌握制动踏板的检查内容及方法。
3. 掌握驻车制动器的检查内容及方法。
4. 掌握制动管路检查的内容。
5. 掌握制动盘与制动片的检查内容。
6. 熟练掌握制动液的检查、更换及添加的方法及要求。

能力要求

1. 能够对制动液进行更换和添加。
2. 能够对制动系统进行排气操作。

相关知识

制动系统是在车辆行驶过程中，使车辆减速甚至停车，使下坡的速度保持稳定，以及使停驶的车辆保持不动的系统。如果制动系统工作不良，会出现车辆不能减速或停止的危险情况。制动性能是汽车安全行驶的重要保证，为此，应及时对汽车制动系统进行维护和检查。

一、功用

制动是指固定在与车轮或传动轴共同旋转的制成鼓或制动盘上的摩擦材料承受外压力而产生摩擦作用，使汽车减速、停车或驻车。能产生这样功能的一系列专门装置称为制动系统。制动系统是组成汽车最重要的系统之一，它有以下四个基本功能：

（1）降低汽车的行驶速度。

（2）使行驶中的汽车停止运行。

（3）使已停驶的汽车保持不动。

（4）在最大制动时能够进行方向控制。

二、组成

图4－41所示为汽车制动系统组成。一套完整的制动系统包括行车制动（可以降低汽车的行驶速度）和驻车制动（使已停驻的汽车保持不动）。现在的许多汽车还装备了防抱死制动系统，部分汽车还装有牵引力控制系统。

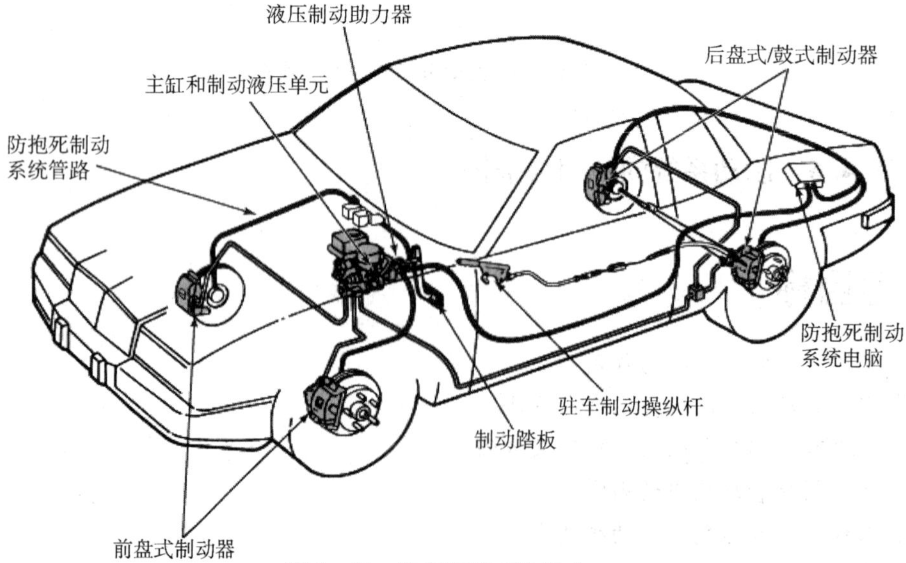

图4－41　汽车制动系统组成

每套制动装置都由产生制动作用的制动器和操纵制动器的传动结构组成。它们一般有以下四个组成部分：

供能装置：包括供给、调节制动所需能量以及改善传能介质状态的各种部件，如气压制动系统中的空气压缩机、液压制动系统中人的肌体。

控制装置：包括产生制动动作和控制制动效果的各种部件，如制动踏板等。

传动装置：将驾驶员或其他动力源的作用力传到制动器，同时控制制动器的工作，从而获得所需的制动力矩。包括将制动能量传输到制动器的各个部件，如制动主缸、制动轮缸等。

制动器：产生阻碍车辆的运动或运动趋势的力的部件。

较为完善的制动系还包括制动力调节装置以及报警装置、压力保护装置等。

三、制动原理

制动踏板工作带动制动助力器，助力器将驾驶员输入的力促使推杆移动，移向主缸或离开主缸。主缸活塞通过压缩制动液将机械运动转换成液压运动，并通过制动管路将制动力传递到车轮制动部分。主缸和车轮之间的各种阀体控制流入车轮的制动液的压力和流量。阀体不能控制制动力，但可以将制动力分配到前轮和后轮。

在车轮上，液压压力被转换成机械运动，机械运动一直持续到制动机械装置的最后一个部分。在鼓式制动器中，制动是由车轮主缸、制动蹄和制动鼓完成的。盘式制动器的制动操作是由卡钳、制动衬垫和制动转子完成的。防抱死制动系统只有当车轮有抱死拖滑倾向时才会发挥作用，防抱死制动系统可以通过调节液压压力来减少制动效力。制动系统的原理和操作很直接也很简单，但是它是汽车很重要的一个系统之一。

四、制动器

1. 鼓式制动器

鼓式制动器通过制动蹄片挤压随车轮同步旋转的制动鼓的内侧而获得制动力，所以又称为内部扩张双蹄鼓式制动器。鼓式车轮制动器按其制动蹄促动装置的形式可分为轮缸式车轮制动器和凸轮式车轮制动器。轮缸式车轮制动器如图 4－42 所示。

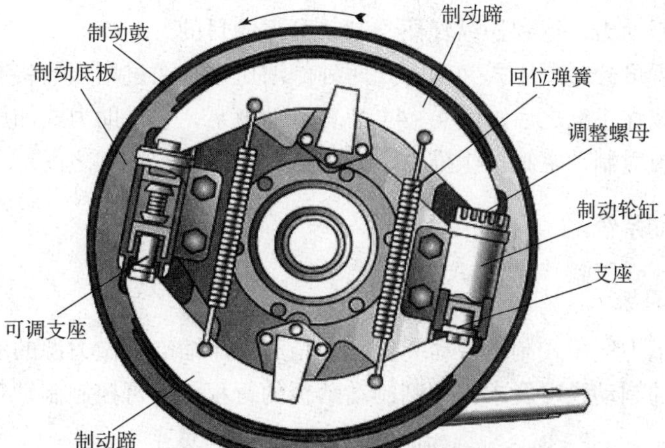

图 4－42　轮缸式车轮制动器

2. 盘式制动器

盘式制动器摩擦副中的旋转元件是以端面工作的金属圆盘，被称为制动盘。由制动盘和制动钳组成的制动器称为钳盘式制动器。汽车上使用的钳盘式制动器有两种：一种是定钳盘式制动器；另一种是浮动钳盘式制器。

图 4－43 所示为浮钳盘式制动器，它的旋转元件是制动盘，与车轮固装在一起旋转，以其端面为摩擦工作表面。其固定的摩擦元件是：摩擦块、制动钳支架和轮缸活塞，都装在跨越制动盘两侧的钳体上，总称制动钳。制动钳用螺栓与转向节或桥壳上的凸缘固装。

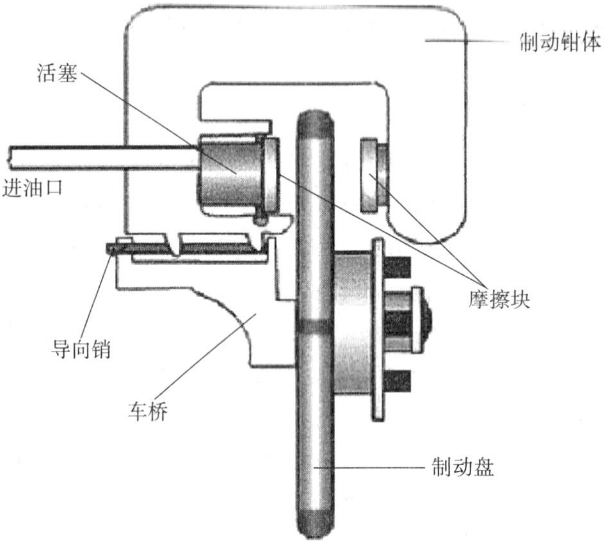

图 4－43　浮钳盘式制动器

3. 真空助力装置

汽车高速化后，采用人力液压制动的汽车，要求制动液压升高（可达 10～20 MPa）才能产生与车速相适应的制动力矩，靠人力制动是难以实现的。特别是盘式制动系统，因制动器无助势作用，更必须加大制动液压。

在普通的液压制动系统中，加装真空加力装置，可以减轻驾驶员施加于制动踏板上的力，增加车轮的制动力，达到操纵轻便、制动可靠的目的。

空气助力装置可分为增压式和助力式两种。增压式是通过增压器将制动主缸的液压进一步增加，增压器装在主缸之后；图 4－44 为真空助力泵，它是助力式加压装置，它通过助力器来帮助制动踏板对制动主缸产生推力，助力器装在踏板与主缸之间。

五、行车制动系统

1. 气压制动系统

图 4－45 所示为气压式制动传动装置，它是利用压缩空气做力源的动力式制动装置。驾驶员只需按不同的制动强度要求，控制制动踏板的行程，便可控制制动气压的大小来获得所需要的制动力。

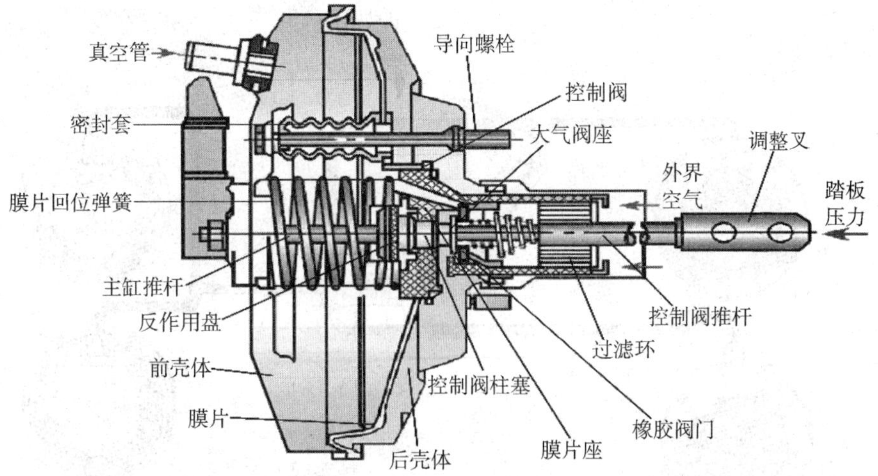

图 4-44　真空助力泵

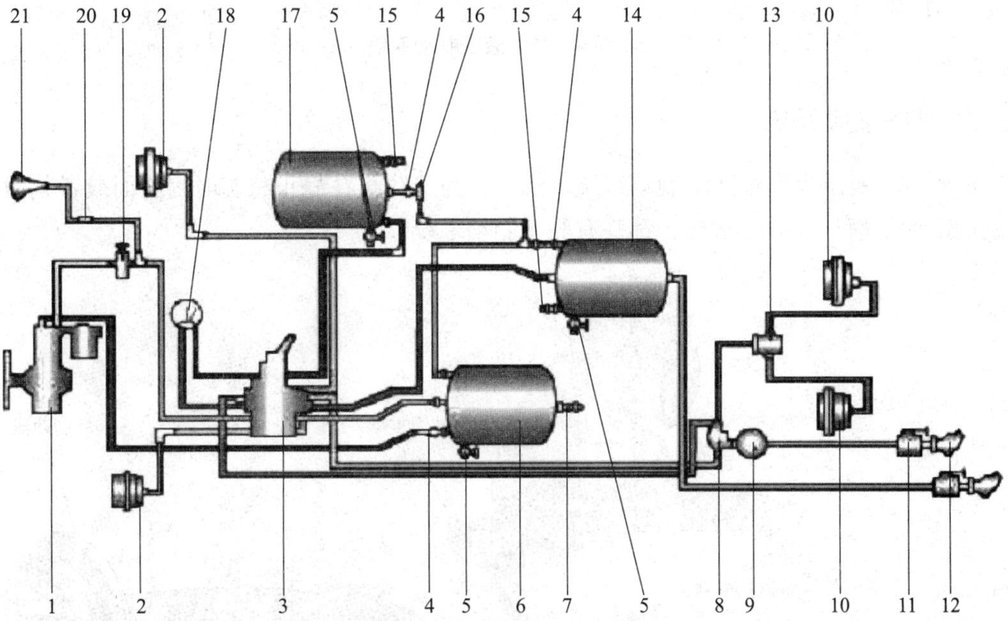

图 4-45　气压式制动传动装置

1—空气压缩机；2—前制动气室；3—双腔制动阀；4—储气罐单向阀；5—放水阀；6—湿储气罐；7—安全阀；8—梭阀；9—挂车制动阀；10—后制动气室；11—挂车分离开关；12—接头；13—快放阀；14—主储气罐（供前制动器）；15—低压报警器；16—取气阀；17—主储气罐（供后制动器）；18—双针气压表；19—调压器；20—气喇叭开关；21—气喇叭

2. 液压制动系统

液压式制动传动装置是利用制动液将制动踏板力转换为制动液压力，通过管路传至车轮制动器，再将制动液压力转变为制动蹄张开的机械推力。如图 4-46 所示，液压式制动传动装置由制动踏板、主缸推杆、制动主缸、储液罐、制动轮缸、油管、制动灯开关、指示灯等组成。

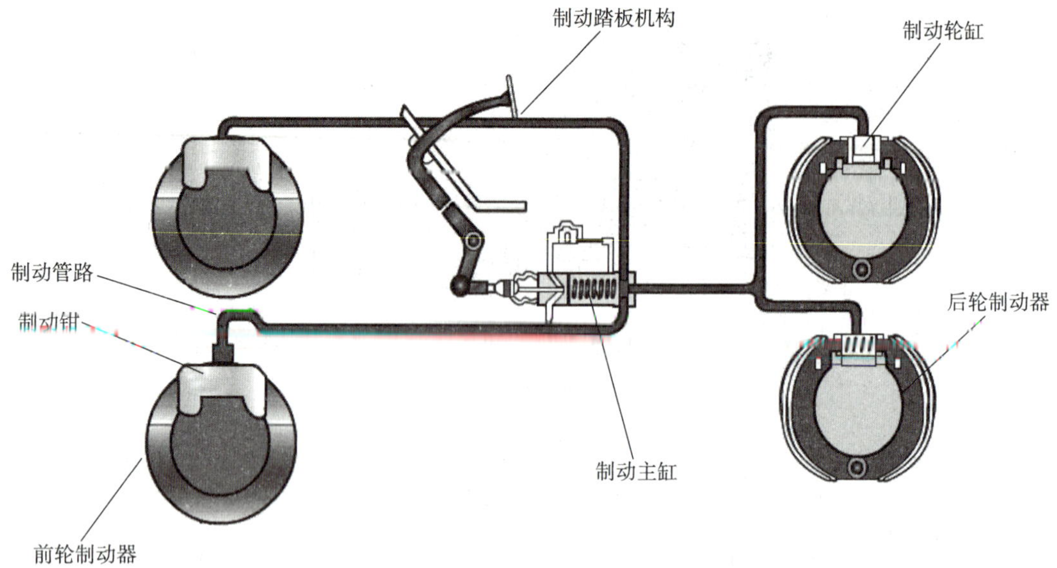

图 4－46　液压制动系统

六、驻车制动系统

图 4－47 所示为汽车驻车制动系统。汽车，为了防止在静止状态时因路面或者其他外力引起的窜动、溜车等危险状况，都装有驻车制动系统。

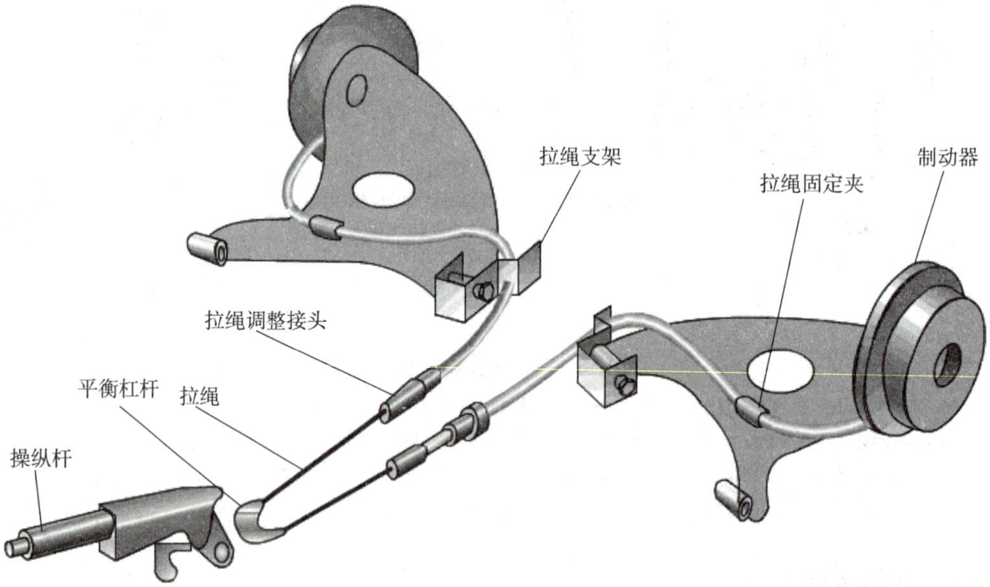

图 4－47　汽车驻车制动系统

当车辆长时间处于静止状态时或者在某些紧急状况下，可以拉起驻车制动操纵杆，保持汽车静止或者进行紧急制动。

在汽车长期的使用过程中，由于制动总泵、制动分泵及油管路自然磨损或人为损伤，会出现漏油现象，应及时进行检修。制动盘的磨损及制动液的自然消耗，会引起制动液液面下降，所以应及时补充添加制动液，保持至正常液面位置；如果制动液达到使用期限或汽车行驶里程，制动液效能便会降低，应更换制动液。只有进行必要的检查、添加或更换制动液，才能保证汽车液压制动系统的正常工作性能，提高行车安全性。

车轮制动器中的旋转元件，有制动盘和制动鼓两种。制动盘多用于前轮制动器，制动鼓多用于后轮制动器。现代悦动车型均采用盘式制动器。制动盘安装在轮毂或支撑短轴上，随车轮一起转动。制动时，制动片夹紧制动盘，产生摩擦作用，使制动盘及车轮旋转速度下降或停转，实现汽车的减速或停车。

制动片承受制动系统的液压，产生挤压动作，与制动盘强力摩擦，产生车轮制动力。制动片的磨损状况直接影响到汽车制动性能的正常发挥，可能造成制动不良或失效、制动跑偏等故障，给汽车行驶带来安全隐患。为保持或恢复汽车制动系统的工作性能，保证行车安全，必须定期检查或更换制动片。

在车轮制动器长时期使用过程中，制动盘会产生磨损、变形、螺栓孔损坏等损伤，造成制动力下降、制动抖振、行驶跑偏、行驶摇摆及轮胎磨损加剧等。为保持或恢复汽车制动性能，保证行车安全，减轻轮胎磨损，必须及时检查或更换制动盘。

项目实施

一、项目实施环境

（1）实习用轿车一辆。

（2）钢板尺。

（3）制动液。

二、制动液及行车制动踏板的检查

1. 检查制动液液面情况

检查储油罐内的制动液液面是否正常。如图 4－48 所示。制动液液面应位于储油罐上“MAX”与“MIN”刻度线之间。若液量不足，应首先对液压系统进行泄漏检查，然后再补充制动液至规定液位。

2. 行车制动踏板的检查

（1）进入驾驶室，关闭发动机踩几次制动器，检查制动踏板是否出现变形等损伤。踩下制动踏板数次，释放真空助力器中残余的真空度。制动踏板应确保反应灵敏、无异常噪声及过度松动等。

（2）取出制动踏板下方的底板垫。

（3）使用直板尺测量制动踏板高度。测量时，将直板尺垂直于地板面，观察踏板上平面在直板尺上的显示数值，该数值即为踏板高度，如图 4－49 所示。标准值是 174. 3 mm（6. 86 in）。

注意：制动踏板高度不在规定范围内，将会直接影响制动系统的制动力。

图 4－48　制动液液面检查

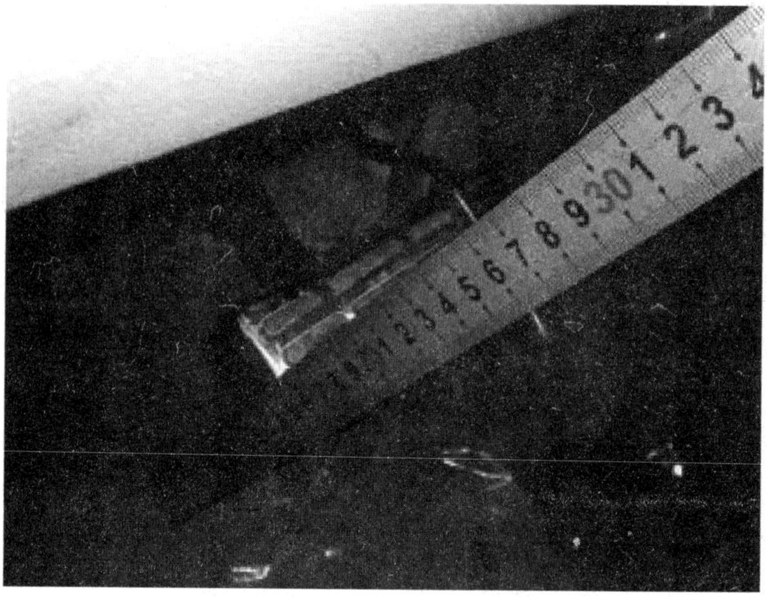

图 4－49　踏板高度测量

（4）使用直板尺测量制动踏板自由行程。测量时，将直板尺保持与地板垂直，踏板处于自然状态，确认此时的踏板高度值后，用手稍用力下压踏板，当感觉阻力增大时，停止下压，观察踏板上平面在直板尺上显示的数值，计算得出两个数据的差值，即为制动踏板自由行程，如图 4－50 所示。制动跳板自由行程的标准值为 3～8 mm（0. 11～0. 31 in）。

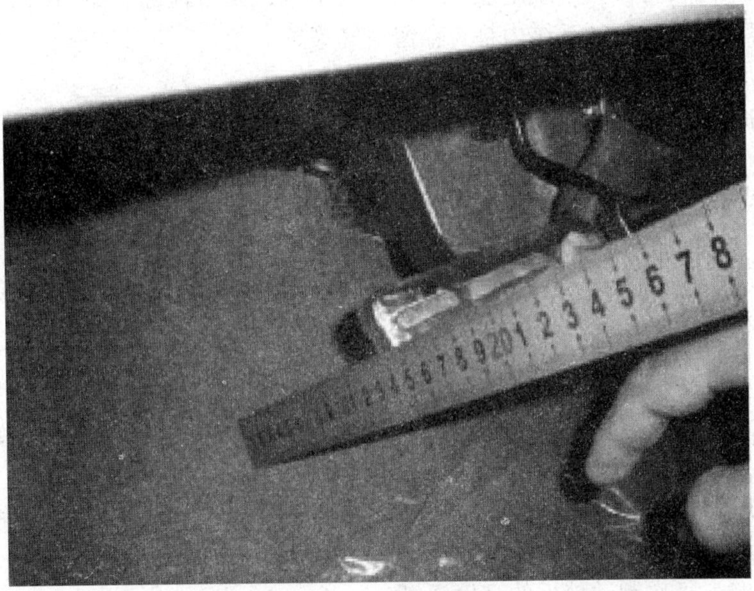

图 4-50　自由行程测量

注意：如果测量数值不在规定范围内，将会影响制动系统正常工作性能。如果测量值过大，系统产生的制动力变小，车辆制动距离增加；如果测量值过小，会出现制动拖滞，导致制动器过热，制动效能下降。

（5）使用直板尺测量制动踏板行程。起动发动机并怠速运转，测量时，首先将直板尺垂直于地板，然后确认制动踏板自由状态下的高度值，用力踩下制动踏板至止动位置，观察此时直板尺所显示的踏板高度，两高度之差，即为制动踏板行程，如图 4-51 所示。其标准值为 135 mm（5.31 in）。

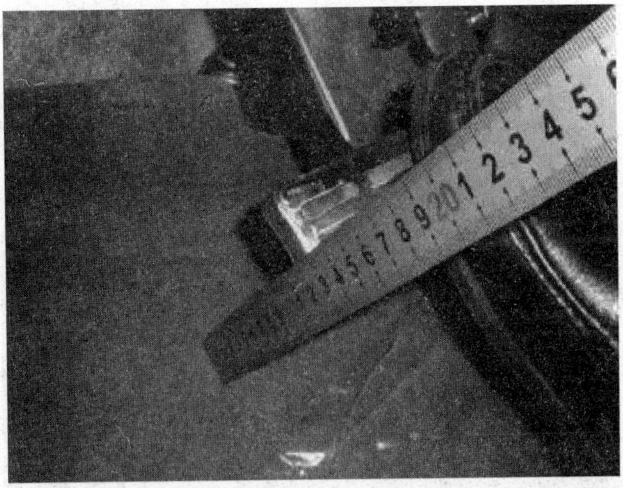

图 4-51　制动踏板行程测量

注意：如果踏板行程大于规定值，应检查制动系统是否泄漏、储油罐中液面是否正常、制动蹄是否磨损过度、制动系统内是否存留空气等。

（6）制动踏板高度调整。分离制动开关连接器，拧松制动开关锁紧螺母（A），拧松制动开关，直到它不再接触制动踏板为止。拧松推杆锁紧螺母（A），用钳子向内外扭转推杆，直到踏板距离地面的高度达到标准值为止，如图4-52所示。调整后，牢固地拧紧锁紧螺母。压下推杆时，禁止调整踏板高度。

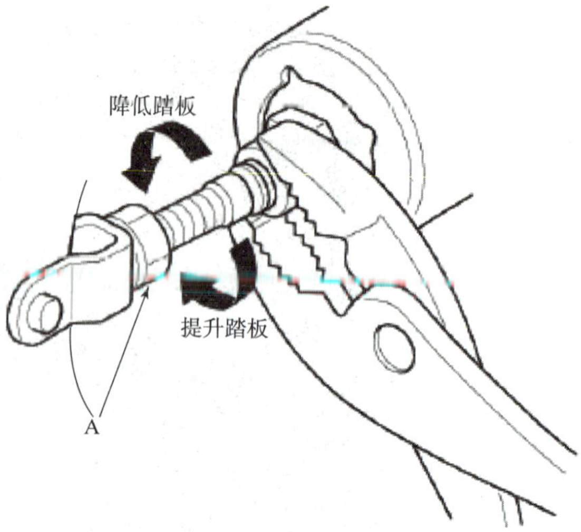

图4-52　制动踏板高度调整

三、真空助力器的检查

（1）起动发动机运转1~2 min后停止运转。如果制动踏板第一次可以完全踩下，但接下来踩下时，每次制动踏板的高度逐渐上升，说明制动助力器正常，如果踏板高度无变化，说明制动助力器已坏。

（2）在发动机停止运转状态下，数次踩动制动踏板。然后，在踩下制动踏板的状态下，起动发动机。这时，如果制动踏板稍微向下移动，说明制动助力器工作正常，如果没有变化，说明已经损坏。

（3）发动机运转状态下，踩下制动踏板后停止发动机，踩下制动踏板30 s。如果踏板高度不变化，说明助力器处于良好状态。

四、驻车制动器的检查

（1）目视检查驻车制动器操纵杆，应无变形损伤，如图4-53所示。

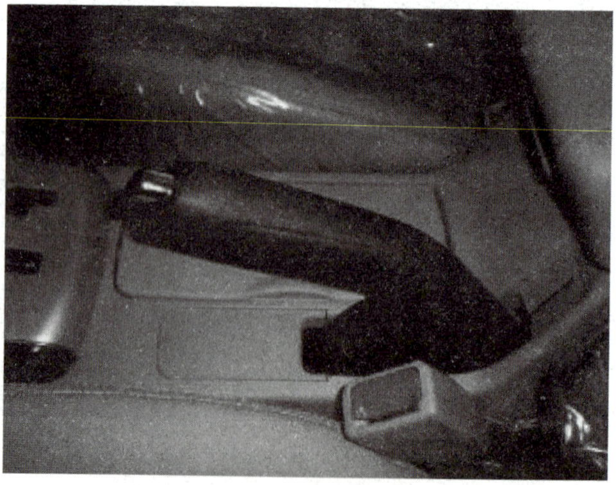
图4-53　驻车制动器操纵杆的检查

（2）将点火开关位于“ON”挡时，拉起驻车制动操纵杆，仪表板上驻车警示灯应亮起；放下驻车制动操纵杆，警示灯应熄灭，如图 4－54 所示。

图 4－54　驻车警示灯应熄灭

（3）检查驻车制动器的预定行程。用大约 197 N 的力缓慢拉起驻车制动器操纵杆，驻车制动杆行程在预定的槽数内（拉动时可以听到咔嗒声）。标准要求是 6 ~ 8 响。

（4）检查驻车制动器棘爪的锁定性能。将变速换挡杆置入空挡位置，然后将车举起离地一定的高度（不低于 20 cm），拉起驻车制动器的操纵杆，然后转动两后车轮，后车轮应无法转动，说明棘爪锁止功能可靠，如图 4－55 所示。

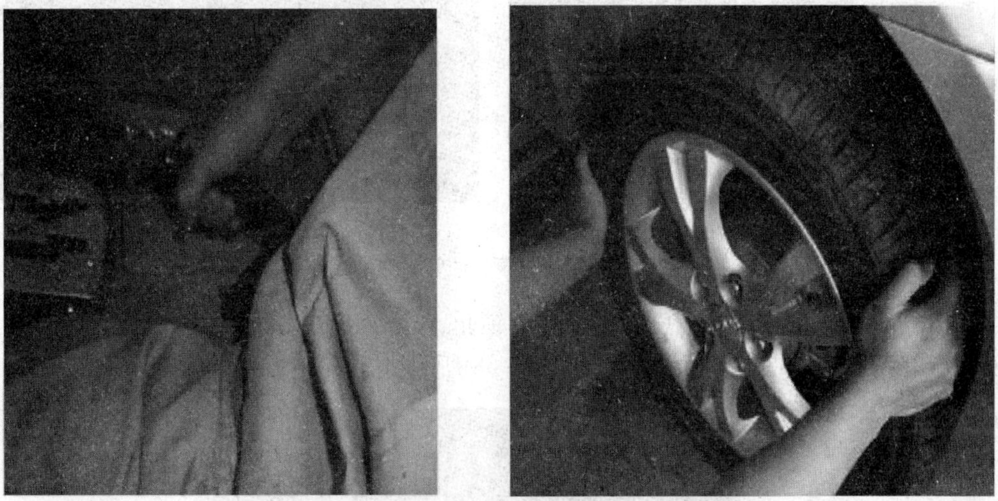

图 4－55　检查驻车制动器棘爪的锁定性能

（5）检查驻车制动器解除锁定性能。按下操纵杆前端按钮，操纵杆快速复位，证明按钮性能正常。同时转动两后车轮，后车轮应转动灵活，如图 4－56 所示。

五、制动管路的检查

（1）检查制动总泵（前端）、油管（接口处）是否泄漏，管路是否有破损；储油罐应无裂纹，如图 4－57 所示。

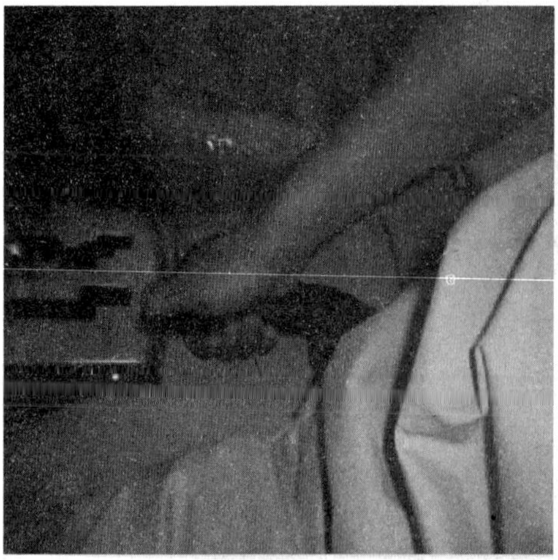

图 4-56　检查驻车制动器解除锁定性能

（a）

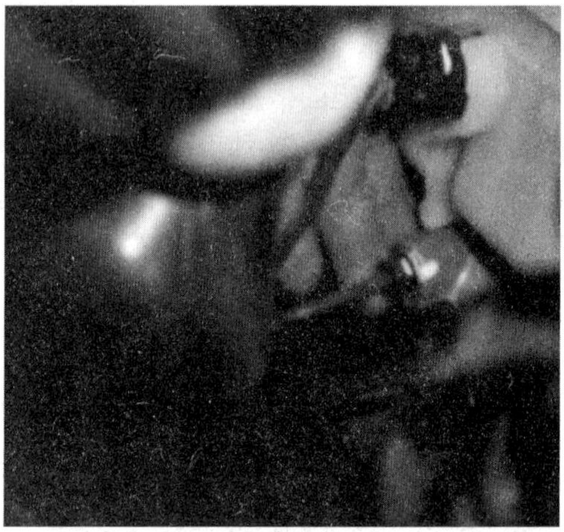

（b）

图 4-57　检查制动总泵、油管、储液罐有无破损

（2）将车辆举升至适当高度，将举升机锁止，检查各制动管路是否存在泄漏，油管与车身底板有无摩擦，是否有压痕等，如图 4-58 所示。

图 4-58　制动管路是否存在泄漏、摩擦、压痕

（3）检查制动管路软管是否存在老化、扭曲、裂纹、凸起或其他损坏，如图 4－59 所示。

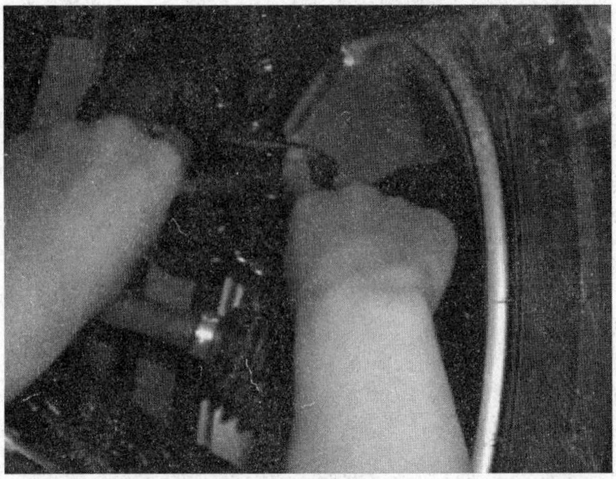

图 4－59　检查制动管路软管是否存在老化、扭曲、裂纹、凸起

（4）检查制动器管道和软管的安装是否牢固，如图 4－60 所示。

图 4－60　检查制动器管道和软管的安装是否牢固

（5）检查制动分泵处是否存在泄漏，如图 4－61 所示。

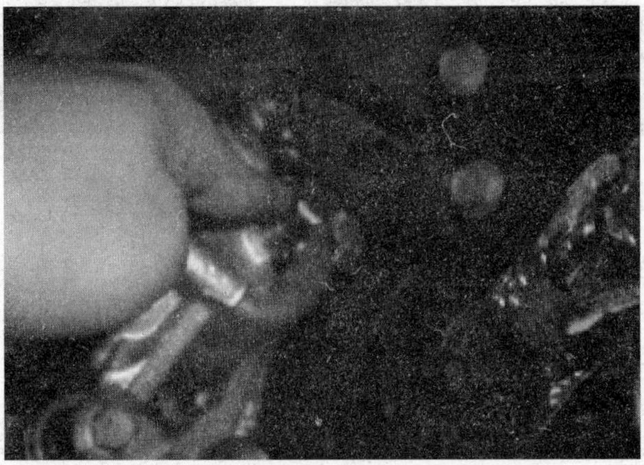

图 4－61　检查制动分泵处是否存在泄漏

（6）转动车轮，观察车轮内侧是否与制动管路发生摩擦或干涉，如图 4－62 所示。

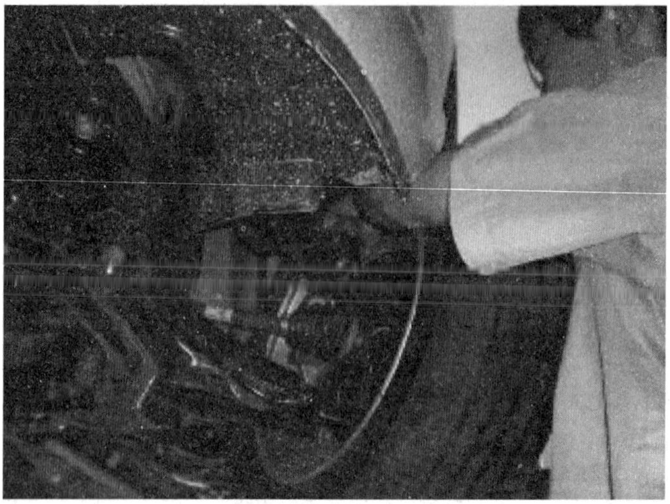

图 4－62　检查车轮内侧是否与制动管路发生摩擦

六、制动液的检查、更换与添加

（1）关闭点火开关，拔下安装在储液罐上的液位传感器的电插头，旋下储液罐盖。观察制动液的颜色，如变色应更换，如图 4－63 所示。

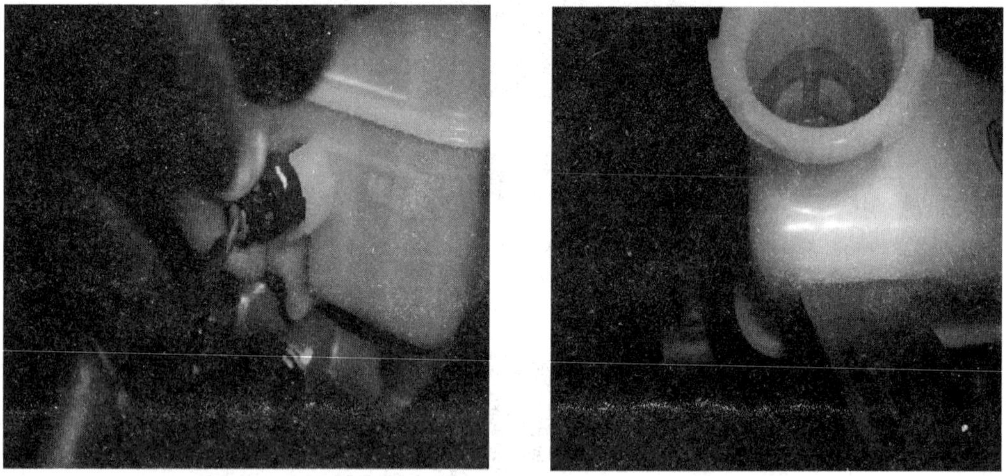

（a）　　（b）

图 4－63　检查传感器插头，观察制动液颜色

（2）观察制动液的颜色，如无变色变质，检查制动液面。检查储油罐内的制动液液面是否正常。（制动液液面应位于储油罐上“MAX”与“MIN”刻度线之间，如图 4－64 所示。若液量不足，应添加补充制动液至规定液位）。

（3）对于变质的制动液应进行更换。常规方法更换制动液，需要两人配合进行。一人踩踏制动踏板，给液压制动系统加压，另一人打开制动分泵上的放气阀，排出制动系统中的空气和制动液，如图 4－65 所示。

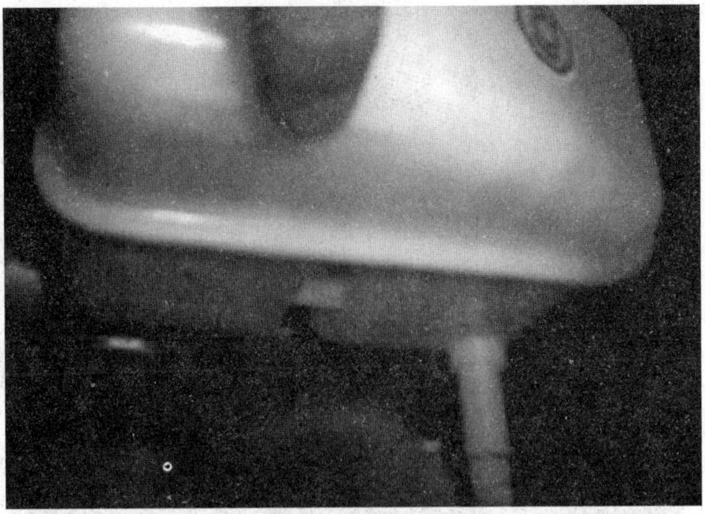

图 4-64　检查制动液液面

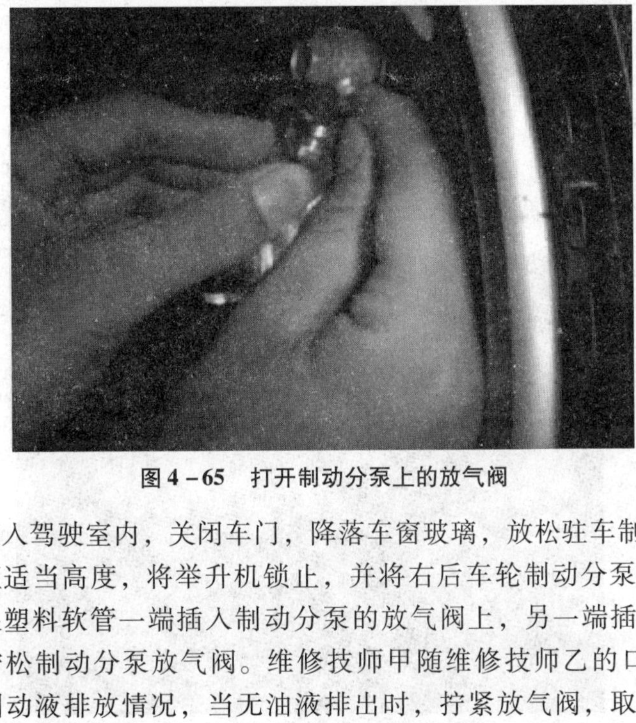

图 4-65　打开制动分泵上的放气阀

维修技师甲进入驾驶室内，关闭车门，降落车窗玻璃，放松驻车制动器操纵杆。维修技师乙将车举升至适当高度，将举升机锁止，并将右后车轮制动分泵放气阀上的防尘帽取下，同时用一根塑料软管一端插入制动分泵的放气阀上，另一端插入接油容器中，并用排气专用扳手拧松制动分泵放气阀。维修技师甲随维修技师乙的口令踩踏制动踏板，维修技师乙观察制动液排放情况，当无油液排出时，拧紧放气阀，取下塑料软管，至此右后车轮分泵内的制动液排放完毕。按此过程分别将左前、左后、右前车轮分泵内的制动液排放完毕。

制动液排放完毕后应进行必要的制动管路的清洗。将车降至地面，旋下储液罐盖，在储液罐加油口周围放好一块干净的抹布，然后将新的制动液缓慢倒入储液罐内，直到达到规定要求为止，最后旋紧储液罐盖，如图 4-66 所示。按照排放制动液的方法将该部分制动液排出，直至排出的制动液的色泽鲜亮清澈时才可以停止动作。然后再次给储液罐内加注制动液，至规定要求。

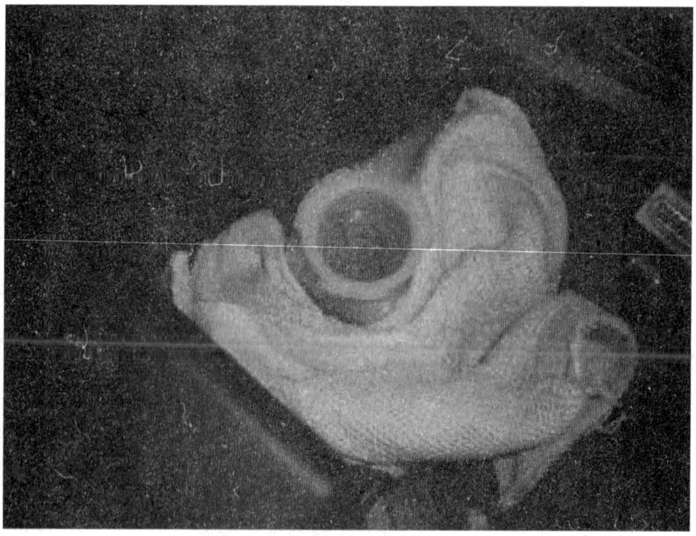

图 4-66　旋下储液罐盖，准备加入制动液

七、制动系统排气

1. 用常规方法进行制动系统排气

（1）拧下制动液罐盖，加满制动液，如图 4-67 所示。注意：勿将制动液滴在车身上，如果油漆沾上制动液应立即清洗干净，以免腐蚀油漆。

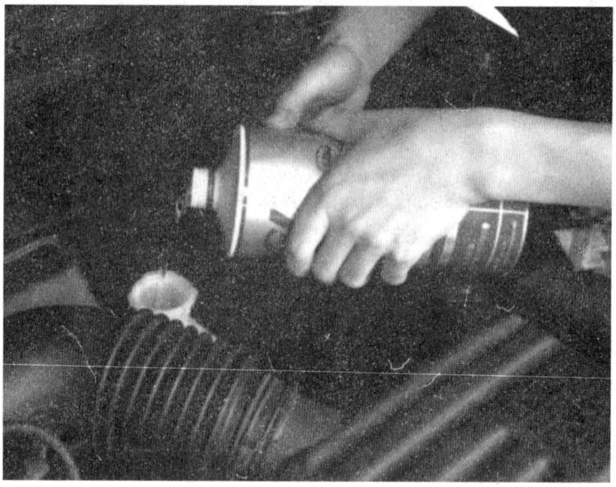

图 4-67　加注制动液

（2）按照图 4-68 所示的顺序对各车轮分泵放气。

（3）在制动分泵放气孔上插上软管，将另一端插入容器中。

（4）维修技师甲在车上踩若干次制动踏板。

（5）在踩住制动踏板的情况下，维修技师乙拧松放气螺塞，当发现塑料管中制动液的流动速度变慢时，维修技师乙拧紧制动分泵上的放气阀，并通知维修技师甲继续踩踏制动踏板。

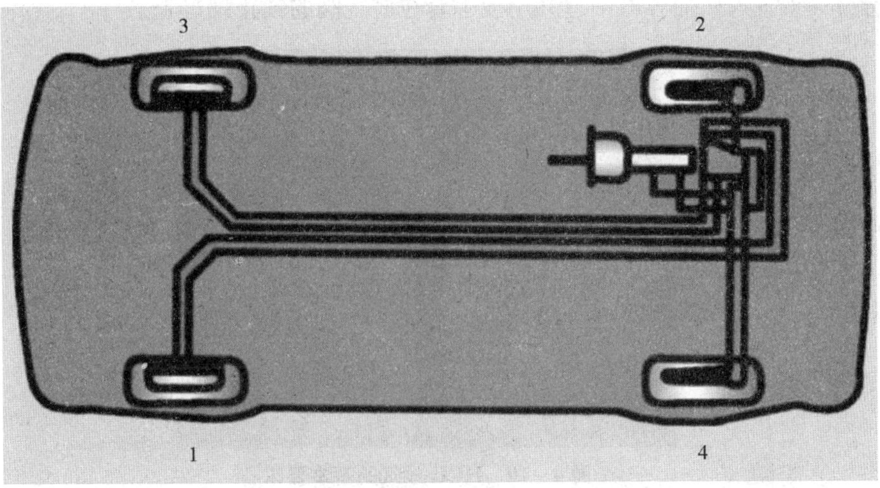

图 4－68　按顺序对各车轮分泵放气

（6）按第（4）、（5）步骤重复进行，直到放气孔中无气泡流出，按规定扭矩 7～13 N·m 拧紧放气螺塞。取下放气软管，擦净油迹。至此，右后车轮制动管路排气结束。完毕后，观察储液罐中的制动液，如少于规定要求则应添加。

2. 利用解码仪进行制动系统排气

（1）关闭点火开关，将解码仪与车辆诊断插座连接好。

（2）将车辆举升至离地约 30 cm 处，将车轮拆卸下来。

（3）打开点火开关，置于“ON”挡位置，开启解码仪，进入相应的操作界面。选择“制动控制”项目，选定后按下确认键，进入该项目后，再选择“给 HCU 放气”项目，如图 4－69 所示。

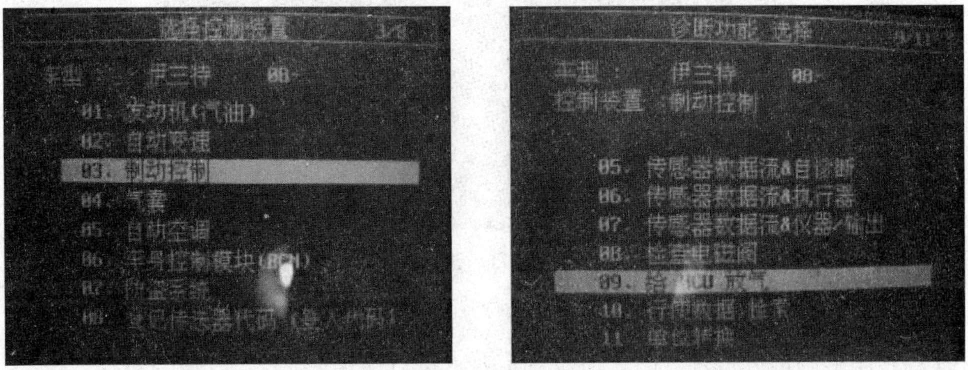

（a）　　（b）

图 4－69　选择给 HCU 放气

（4）选定“给 HCU 放气”项目后，按下确认键。此时，界面弹出做该项目的基本要求，如图 4－70 所示。

（5）维修技师甲坐在车内，关好车门，摇下车窗；同时维修技师乙将车辆举升至适当高度，将举升机安全锁止后，进入车下。

（6）维修技师乙同时分离制动分泵的放气阀与防尘帽，并在放气阀上接入一段塑料软管，软管另一头置入接油容器中，并用扳手套在放气阀的锁止螺母上。

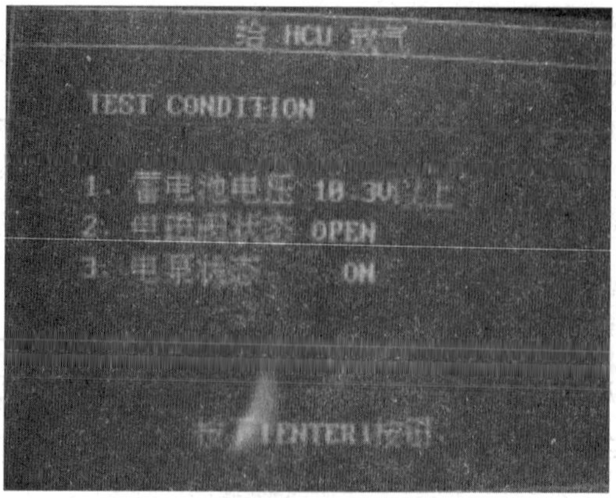

图 4－70　HCU 放气的基本要求

（7）当维修技师甲踩下制动踏板时（踩到底，不放），同时按下解码仪的确认键［接操作步骤（4）］，此时，利用解码仪开始排气。当制动踏板踩到底时，维修技师甲就让车下的维修技师乙放气，维修技师乙便拧松放气阀上的锁止螺母，进行放气。当 3 s 左右，维修技师甲感到制动踏板会有向上顶的感觉，此时，应让维修技师乙停止放气，维修技师乙接到命令后，迅速拧紧放气阀上的锁止螺母。如此反复进行。直到接油容器中不再有气泡生成，同时有制动液排出即可，排气顺序按右后、左前、左后、右前车轮进行，如图 4－71 所示。

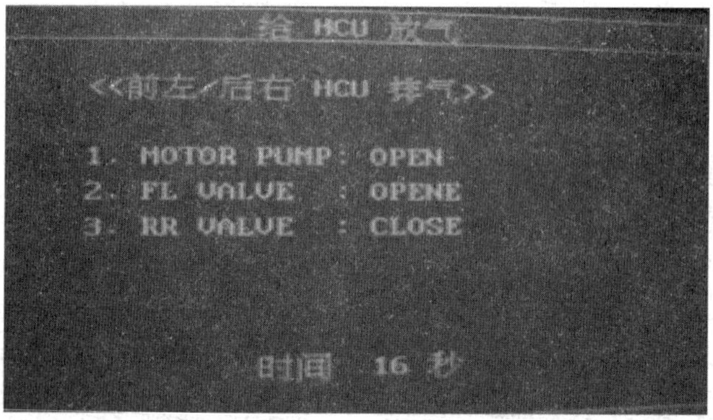

图 4－71　进行排气

注意：

（1）利用解码仪进行排气时，应按规定要求进行操作。

（2）每次选定“给 HCU 放气”项目后，按下确认键，解码仪反复驱动 HCU 的电机约 1 min。当需要多次选择“给 HCU 放气”项目时，应在每次之间，适当等待一段时间，以防止 HCU 的电机过热损坏。

八、拆卸前轮制动器

（1）做好必要的准备，将车辆停在举升机上，并将车辆举升至一定高度，使用冲击扳手，按照交叉顺序拆卸车轮螺母，松下车轮螺栓，并拆下轮胎。

（2）拆卸卡钳总成，如图 4 - 72 所示。

图 4 - 72　拆卸卡钳总成

（3）从卡钳支架上拆卸制动块。

九、对制动盘和制动块的检查

（1）目视检查制动块是否有裂纹、油渍或脱胶现象，如图 4 - 73 所示。

（2）目视检查制动块的表面与制动盘的接触面积和接触位置，是否存在不均匀磨损。制动盘上不应有刻痕、不均匀或者异常磨损以及裂纹和其他损坏，如图 4 - 74 所示。

图 4 - 73　检查制动块是否有裂纹、油渍或脱胶

图 4 - 74　检查制动盘上有无刻痕、不均匀或者异常磨损

（3）对制动盘和制动块表面进行清洁工作。

（4）用钢片直尺检查制动块（外侧）厚度，如图 4 - 75 所示。前制动块厚度标准值为 11.0 mm，维修界限为 2.0 mm，如低于规定要求应进行更换；后制动块厚度规定值为 10.0 mm，维修界限为 2.0 mm，低于规定要求应进行更换。

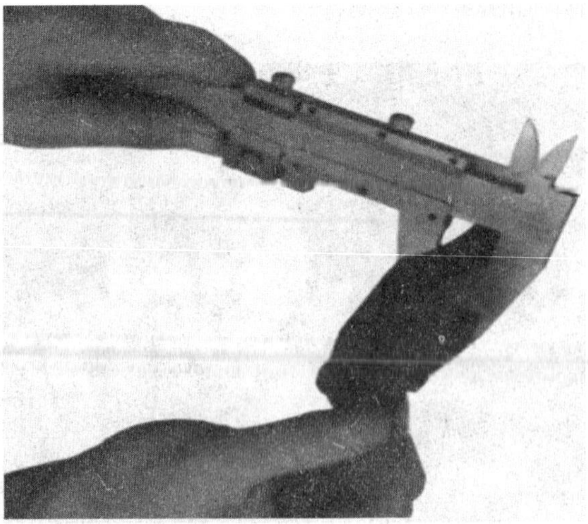

图 4－75　检查制动块厚度

（5）制动盘厚度检查。清除制动盘表面上的锈迹及污染物，至少取 8 个点测量制动盘厚度，如图 4－76 所示。前制动盘厚度规定值为 26.0 mm，极限值为 24.0 mm。任意位置，厚度差不能超过 0.005 mm。如果磨损超过规定要求则应更换。后制动盘厚度规定值为 10.0 mm，极限值为 8.4 mm，超过规定值应进行更换。任意位置，厚度差不能超过 0.01 mm。如果磨损过度，更换车辆左右两侧的圆盘和衬块。

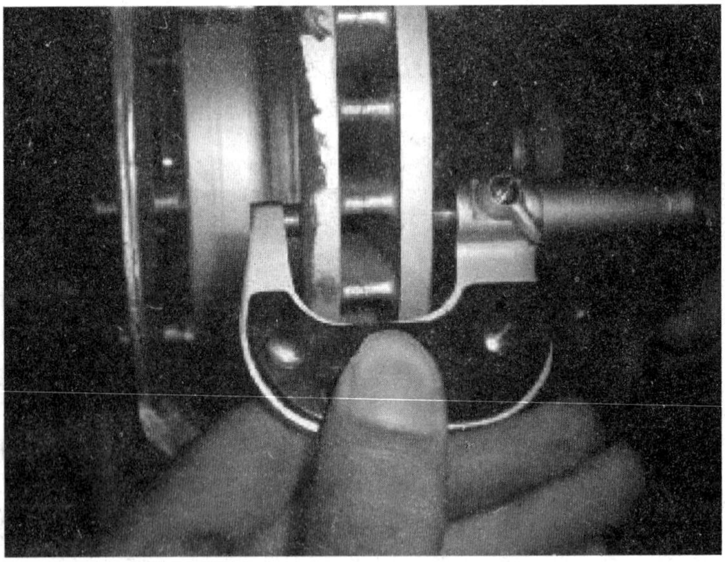

图 4－76　检查制动盘厚度

（6）前后制动盘跳动量检查。

在距制动盘外缘约 5 mm 处设置百分表，测量制动盘的径向跳动量，如图 4－77 所示。制动盘跳动量极限值为 0.05 mm，超过极限值则更换。如果径向跳动量不超过极限值，将其转动 180°安装，再次检查径向跳动量。如果改变制动盘的位置，跳动量不正确，可以光盘处理。

图 4－77　检查制动盘跳动量

（7）目视检查制动卡钳及连接管路是否有液体渗漏，如果有渗漏，应进行更换，如图 4－78所示。

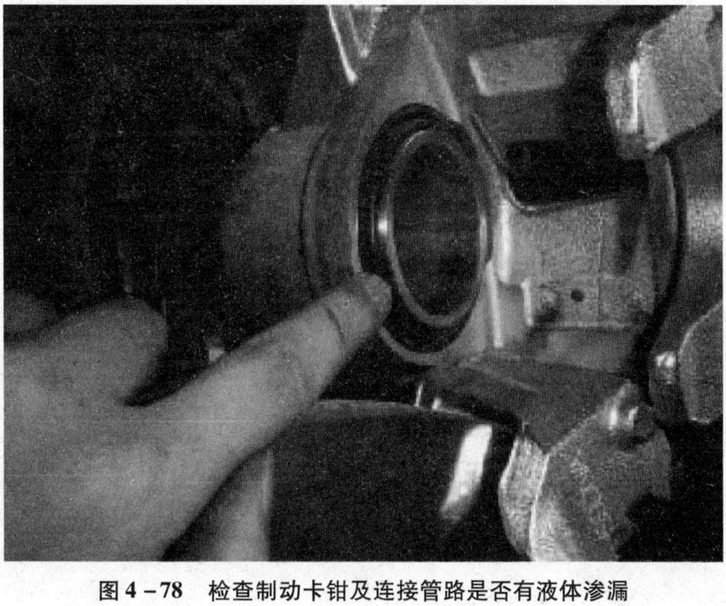

图 4－78　检查制动卡钳及连接管路是否有液体渗漏

知识拓展

车轮转速传感器输出电压的检查方法如下：

（1）检查车轮转速传感器与齿圈之间的间隙是否合乎标准值（图 4－79）。前轮：1.10～1.97 mm；后轮：0.42～0.80 mm。

图 4－79 检查车轮转速传感器与齿圈之间的间隙

（2）将车辆升起使轮胎离地，松开手制动器。

（3）拆下 ABS 车轮转速传感器线束插头，并测量。

（4）以 0.5 r/min 的速度转动车轮，用万用表测量输出电压：前轮：70～310 mV，后轮：>260 mV。

项目五

汽车电器的使用与维护

5.1 蓄电池的使用与维护

学习目标

1. 掌握蓄电池的定期检查与维护。
2. 掌握使用条件对蓄电池容量的影响。
3. 掌握蓄电池充电设备的使用。
4. 掌握蓄电池的充电方法。

能力要求

1. 能进行蓄电池的定期检查与维护。
2. 能使用不同的充电方法对蓄电池充电。
3. 能正确使用蓄电池充电设备。

相关知识

蓄电池是汽车的主要电源。在发动机起动时，为起动机提供起动电流；发动机正常工作后，用来储存发电机的电能；当发动机转速较低或用电量过大时，蓄电池协助发电机向全车用电设备供电。蓄电池按是否需要维护，可分普通蓄电池和免维护蓄电池两类。

普通蓄电池一般由正极板、负极板、隔板、壳体和电解液（由纯硫酸和蒸馏水按一定比例配制而成）等组成，为了使蓄电池经常处于完好状态，延长其使用寿命，应经常对普通蓄电池进行维护。免维护蓄电池是指在使用寿命期内无须日常维护的蓄电池，其突出优点是在汽车合理使用过程中无须添加蒸馏水，蓄电池自放电小，在使用期内一般无须进行补充充电；正负极接线柱腐蚀小，使用寿命长，内阻小，起动性能好。

一、蓄电池的检测与维护

蓄电池技术状况的检测包括电解液液面高度的检查、电解液相对密度的检查、蓄电池端电压的检查等。

1. 电解液液面高度的检查

液面高度可用玻璃管测量，即用一内径为6～8 mm，长约150 mm的玻璃管，垂直插入加液口内，直到极板上缘为止，然后用拇指压紧管的上口，取出玻璃管，玻璃管中的电解液高度即为蓄电池内电解液平面高出极板的高度，应为10～15 mm，如图5-1所示。

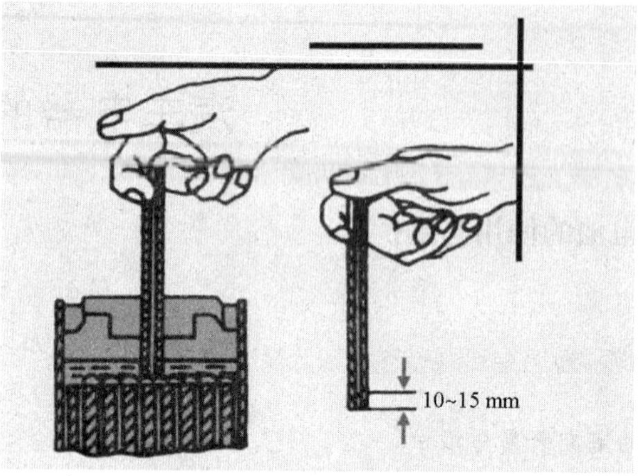

图5-1　检查蓄电池液面高度

使用半透明塑料容器的蓄电池，可以直接观察到液面高度，正常液面高度应在外壳平面的“MAX”和“MIN”两条高度指示线之间。

电解液不足时应加注蒸馏水。注意：除非确知液面降低是由于电解液溅出所致，否则一般不允许加入硫酸溶液。

2. 蓄电池电解液相对密度的检查

电解液相对密度的高低是随蓄电池充放电程度的不同而变化的。电解液密度的下降程度是蓄电池放电程度的一种表现。测量每个单格内的电解液密度，可以了解蓄电池的放电程度。用密度计测量电解液密度的步骤如下：

（1）打开蓄电池的加液盖。

（2）把密度计下端的橡胶管伸入单格电池的加液口内，如图5-2所示。

（3）用手将橡胶球捏一下，再慢慢放开，电解液就会被吸到玻璃管中。

（4）注意控制吸入时电解液不要过多或过少，以将密度计处于浮起而不会顶住为宜。

（5）使管内的浮子浮在玻璃管中央（不要相互接触），读密度计的读数，要求读数时，使密度计刻度线与眼睛平齐。然后将所测的密度值换算成25 ℃时的相对密度值。

（6）将所测量的密度值与上次充电终了的电解液密度值进行对比，根据密度下降的程度来判断蓄电池的放电程度。实践证明，充足电的蓄电池到放电终了，电解液相对密度大约下降了0.16，这样就可以概略认为，相对密度每下降0.01相当于蓄电池放电6%。根据这个比例关系，就可以通过测量电解液的相对密度，对

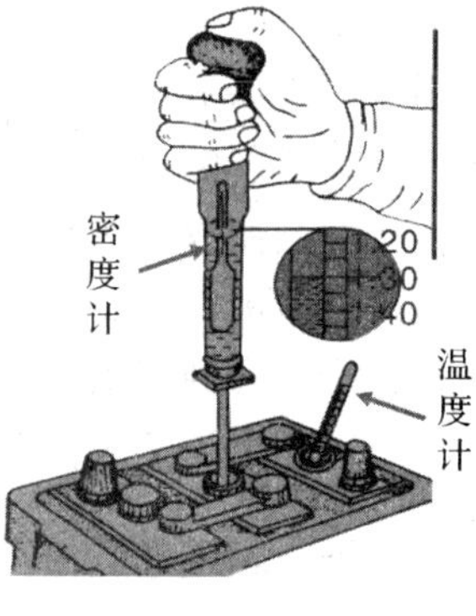

图5-2　蓄电池电解液密度和温度检查

蓄电池的放电程度做出判断。

蓄电池所有单元格电解液的相对密度应在 1.250 ~ 1.280，应确保各单元格之间的相对密度偏差低于 0.025。当蓄电池相对密度低于 1.230 时，应对蓄电池进行充电。

注意：对于刚进行过大电流放电（如起动发动机）或刚加过蒸馏水后的蓄电池，不宜马上进行电解液密度测量；否则会因电解液混合不均而使测量结果不准。电解液密度应根据地区、季节不同进行选择，因为密度过高、过低都将影响蓄电池的容量。

3. 蓄电池电压的检查

蓄电池电压检查可用高率放电计（图 5－3）测量其放电电压，目前采用的高率放电计有两种：一种用来检测蓄电池单格电压；另一种用来检测整个蓄电池（6 个单格）的电压。测量方法如下：

（1）将放电计的两触针紧压在蓄电池单格（或蓄电池）的正、负极桩上（图 5－4）。

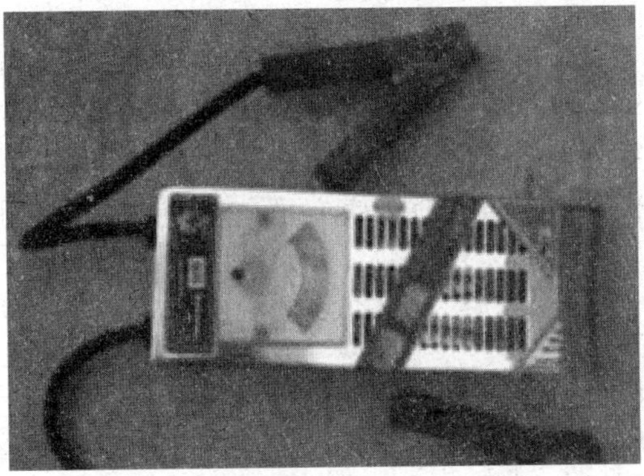

图 5－3　高率放电计

图 5－4　放电计接法

（2）每次测量时间不超过 5 s，观察放电计的电压，记录电压值。

对于检测整个蓄电池（6 个单格）的高率放电计，观察指针移动情况，指针在绿色区域说明蓄电池电量足够，如指针在红色区域，说明蓄电池需充电或损坏。例如，桑塔纳 2000 系列轿车，若负载电流为 110 A，则最小电压不得低于 9.6 V。在测试 5 ~ 10 s 过程中，若电压低于规定的数值，可能为蓄电池已放完电或损坏。

对于检测蓄电池单格电压的高率放电计，应分别测得 6 个单格的电压。蓄电池在大电流放电情况下各单格的端电压应在 1.5 V（整个蓄电池为 12 V）以上，且能稳定 5 s。

如果各单格的电压低于 1.5 V，但 5 s 内尚能稳定者则为放电过多，应及时进行充电恢复。单格电压低于 1.5 V，且 5 s 内电压迅速下降，则表示有故障。某单格无电压指示，说明内部有短路、断路或严重硫化故障。

4. 蓄电池的维护

对使用中的蓄电池需经常进行下列维护工作：

（1）检查损坏，观察蓄电池外壳表面有无电解液漏出。

（2）检查蓄电池在车上安装是否牢靠，导线接头与电桩的连接是否紧固，蓄电池电桩是否被腐蚀。

（3）经常清除蓄电池盖上的灰尘泥土，擦去电池顶上的电液，通透加液孔盖上的气孔，清除导线接头上的氧化物。

（4）定期检查和调整电解液的相对密度及液面高度。

（5）对于免维护蓄电池，经常检查蓄电池放电程度，观察蓄电池电眼检视孔，绿色为正常，无色为电解液不足，需更换；黑色为需充电。

5. 蓄电池的储存

暂不使用的蓄电池，进行湿储存的方法是先将电池充足电，相对密度达 1.285，液面在正常高度，密封加液塞通气孔后放置室内暗处。储存的时间不宜超过 6 个月，其间应定期检查电解液相对密度和用高率放电计检查容量，如低于 25% 应立即充电。交付使用前也要先充足电。

存放期长的蓄电池，最好以干储法储存。先将电池以 20 h 放电率完全放电，倒出电解液，用蒸馏水多次冲洗至水中无酸性，倒尽水滴，晾干后旋紧加液塞后密封储存。启用前的准备和新电池相同。

二、蓄电池的充电

使用中的蓄电池，如果放电超过规定，应进行补充充电。另外，车用蓄电池因长期定电压充电（车上的充电方式为定电压充电），不可能使蓄电池彻底充足，为了防止蓄电池硫化或消除蓄电池轻微的硫化，应定期对蓄电池进行补充充电。

1. 蓄电池充电方法

首先用蒸馏水或蓄电池专用补充液将蓄电池的液面调整到规定的高度。

充电前按照充电设备的额定电压和额定电流将需要充电的蓄电池连接起来。根据蓄电池的充电特性，蓄电池充足电时，单格电压可达 2.7 V 左右，为了可靠起见，一般单格充电电压按 2.75 V 计算，这样 3 个单格的 6 V 蓄电池所需要的充电电压为 8.25 V；6 个单格的 2 V 蓄电池所需要的充电电压为 16.5 V。串联在一路的蓄电池的总电压不能大于充电设备的额定电压。

如果并联多个蓄电池同时充电，各并联支路内的蓄电池的总电压应相等；如果在一个支路中所串联的蓄电池的容量不等，所需充电电流大小不等，则充电电流应按最小的蓄电池计算，原来需要充电电流大的蓄电池，充电时间就要长一些。

充电时，各并联支路蓄电池的正极接充电设备的正极，蓄电池的负极接充电设备的负极，绝对不得接反。

定电流充电的充电电流是根据蓄电池的容量来选择的。定电流充电分两个阶段进行，第一阶段的充电电流为蓄电池额定容量数值的 1/10，第二阶段的充电电流为蓄电池额定容量数值的 1/20。

2. 蓄电池充电的基本要求

在充电过程中，为了及时了解情况，应每隔 2 ~ 3 h 测量记录一次单格电压、电解液相对密度和温度的变化情况。如果单格电压达到 2.4 V，应及时转入第二阶段。最后当电解液出现大量均匀细密的气泡，单格电压稳定在 2.5 ~ 2.7 V，并在 2 ~ 3 h 内电解液相对密度和端电压都不再继续上升，则说明蓄电池已充足电，可以停止充电。

蓄电池充电终了时，应检查调整蓄电池的电解液相对密度。如果电解液相对密度不符合要求，可先将原格内的电解液抽出一些，如果原相对密度过小，可加入相对密度1.40的浓电解液调整；如果原来相对密度过大，可加入蒸馏水进行稀释。调整后的各单格电解液相对密度相差不应超过0.01，液面高度应符合规定。相对密度调整后再以小电流继续充电0.5 h，使电解液混合均匀，再复查电解液相对密度，必要时进行调整。最后把蓄电池擦拭干净，装车使用。

3. 蓄电池充电操作步骤

（1）打开蓄电池加液孔盖。若蓄电池已冻结，应先融化。

（2）检查电解液液面高度，如电解液不足，应先补充蒸馏水。

（3）将红色线夹按蓄电池的需要接到12 V或24 V接线柱上。红、黑夹分别接电源“+”“-”极。

（4）将蓄电池的正、负极与充电机的正、负极对应连接，如图5-5所示。

图5-5　蓄电池与充电机的连接

（5）将充电机电源线正确连接到电源插座上。调节充电电流调节开关0~6挡旋钮，如图5-6所示。观察电流表指示，充电时电流应在10~15 A，过大会损坏电池。工作时绿色指示灯亮，电流表的指示随着电池的充满逐步减少，如图5-7所示。

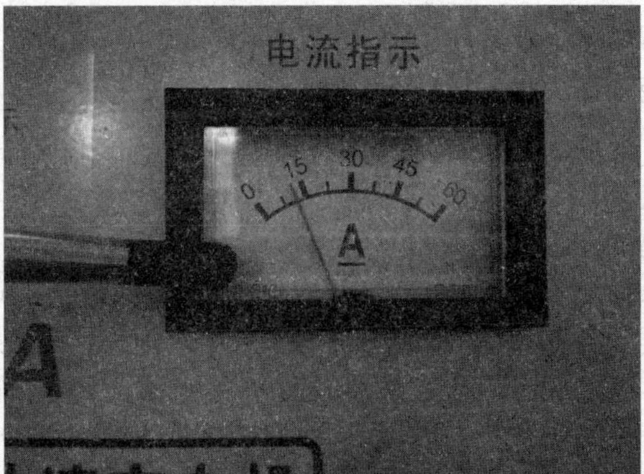

图5-6　电流调节

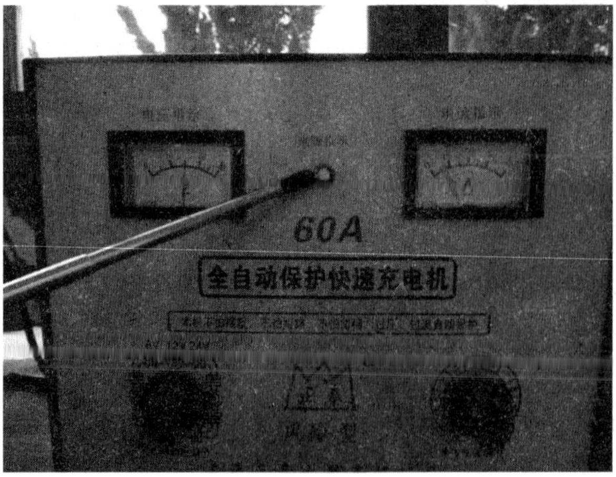

图 5-7　工作指示灯

4. 蓄电池充电的安全注意事项

（1）在蓄电池充电室内不能有明火和火花，不得吸烟，室内禁止存放精密仪器。

（2）在充电过程中应随时测量电解液温度。若温度超过 40 ℃，应停止充电或者减小充电电流，直到温度降低到 40 ℃以下。

（3）充电区应通风（排除氢氧爆炸气体，防止爆炸危险）。

（4）正、负极不能接反。

三、蓄电池的更换

1. 蓄电池的拆卸和安装

拆卸蓄电池时，点火开关打到“OFF”挡。

（1）先拆下蓄电池的搭铁线，再拆正极接线。

（2）拆下蓄电池压板，从支架中取出蓄电池。

安装蓄电池时：

（1）将固定压板压在蓄电池底部凸缘上。

（2）先将蓄电池正极接线接上，然后连接上搭铁线。

2. 汽车蓄电池拆装的注意事项

对于现代汽车，蓄电池及连接线的拆装操作正确与否，将会直接影响汽车电控系统的工况，甚至使之受到损害。

（1）盲目拆装造成 ECU 信息丢失。

如果在读取故障码之前，拆下了蓄电池或蓄电池连接线（或者拔掉电源的熔丝），就相当于中断了 ECU 的电源，储存其内的故障代码便会自动消失。若再想获取故障信息及故障代码，就必须重复再现故障发生时的工作状况和环境条件（比如，特定条件下的发动机转速及负荷、发动机的某种冷却液温度、某种进气温度以及有关传感器的某种工况等）。显而易见，这是非常麻烦和费时的，因此，千万不可随意拆下蓄电池连接线。在维修电控汽车之前应先读取系统的故障代码，然后才能进行蓄电池的拆装和其他的维修作业。

（2）点火开关接通时禁拆蓄电池。

对电控汽车而言，无论汽车发动机是否正在运转，只要点火开关在接通位置，就绝对不可以拆下蓄电池及连接线或者熔丝。因为突然断电将会使电路中的线圈产生自感电动势而出现很高的瞬时电压，有时高达近万伏，从而使 ECU 及相关传感器等微电子器件严重受损。

必须引起注意的是，除了蓄电池连接线外，其他凡与蓄电池电压相同的电气装置的导线，在点火开关处于接通位置时，也都不能拆除，否则，也会造成同样的损害。

项目实施

一、项目实施环境

（1）实训汽车，蓄电池，玻璃管，密度计，高率放电计，温度计，蓄电池充电机。
（2）毛刷、砂纸、干净棉纱和手套。
（3）常用手动工具、专业拆装工具。

二、项目实施步骤

1. 蓄电池的检查与维护

（1）检查蓄电池型号。
（2）拆下蓄电池防尘罩，检查蓄电池及各极柱导线夹头的紧固情况。
（3）检查蓄电池壳体的损坏情况。
（4）检查、清洁蓄电池极柱的腐蚀。
（5）检查蓄电池电解液液位高度。
（6）测量蓄电池电解液密度。
（7）检查各单元的通风孔塞是否堵塞。
（8）用高率放电计检查蓄电池容量，检查是否要充电。
（9）根据实操过程填表 5－1。

表 5－1　蓄电池的检查结果表

序号	项目	结果
1	蓄电池规格型号	
2	蓄电池壳体是否损坏	
3	是否需要充电	
4	各单元的电解液液面高度	
5	各单元的电解液相对密度	
6	各单元的通风孔塞是否堵塞	
7	正、负极柱是否腐蚀	
8	正、负极柱端子的紧固情况	

2. 蓄电池的充电

（1）打开蓄电池加液孔盖。

（2）检查电解液液面高度，如电解液不足，应先补充蒸馏水。

（3）将蓄电池充电机上红色线夹按蓄电池的需要接到 12 V 或 24 V 接线柱上。

（4）按照要求连接蓄电池充电机与蓄电池的接线。

（5）按照要求选择充电电流，然后接通充电机电源。

5.2 灯光信号装置的使用与维护

学习目标

1. 了解照明系统的作用及检查的重要性。
2. 熟悉照明系统的检查内容。
3. 掌握照明系统检查的操作技能。

能力目标

1. 能进行汽车各种灯光、信号装置的检查与维护。
2. 能对各种灯光的灯泡进行更换。

相关知识

按照安装位置和用途的不同，汽车照明系统可分为车内照明系统和车外照明系统两大部分。车内照明系统指顶灯、仪表灯、行李箱灯等。分别用于夜间车内、观察仪表和取放行李物品的照明。车外照明系统指前照灯、雾灯和牌照灯，如图 5－8、图 5－9 所示。车外照明系统（除牌照灯外）的主要作用是为本车驾驶员提供路面照明，在一定情况下也可以起信号作用，例如超车时闪烁大灯以示对方注意。车外照明系统是行车安全的关键部件，属于强制性检验的灯光。而前照灯在所有的照明设备中具有特殊的光学性质，其照明效果直接关系着夜间行车的安全。

外部车灯的及时维护十分重要，因为这不仅影响到行车的舒适性，而且还直接关系到行车的安全性。通常情况下车主自己很难意识到前大灯、尾灯、转向灯或刹车灯是否仍在正常进行工作。大多情况下，车灯的故障绝不仅仅是烧灯泡、插座锈蚀或插头损坏这一类的小毛病，经常是“病理”比较复杂，往往需要采取专业的诊断技术来分析故障发生的根本原因。即使是那些低价位的汽车，其内部和外部灯具也是由电脑进行控制的；而那些豪华汽车，仅其前大灯就由多台电脑进行控制。如果前大灯损坏，通常采用类似的灯具进行更换。有些汽车装备了高强度放电前大灯（HID），该设备通过其预先设计的电子系统产生的高压电弧放电生成高密度光源。

图 5-8　前部车灯位置图

图 5-9　后部车灯位置图

项目实施

有些车灯是为了夜间行驶照明，使驾驶员了解周围环境以及确保安全而安装的。有些车灯用于内部照明。在车身内部装有组合仪表。起动汽车前，汽车驾驶员可以通过组合仪表上的仪表、报警指示灯及时获取汽车各系统工作状态的信息，从而提高驾驶员行车的安全性，需进行必要的检查。

一、车内照明检查（将换挡杆置入“P”挡，点火开关置于“ON”挡）

(1) 检查仪表上的所有警示灯是否亮起及挂挡指示灯是否正常；起动发动机后，各警示灯应熄灭，如图 5-10 所示。

(a)

(b)

图 5-10 指示灯

(a) 起动时指示灯全亮；(b) 起动后部分指示灯熄灭

(2) 检查空调及音响指示灯是否正常，如图 5-11 所示。

(3) 开启和关闭车门，看车门灯是否亮和灭，如图 5-12 所示。

图 5-11 检查音响

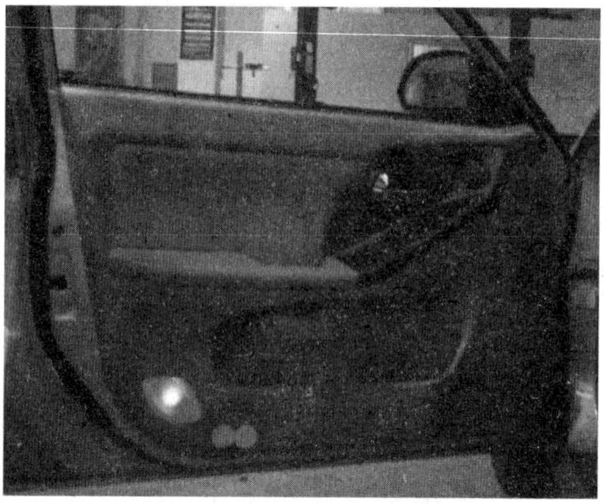

图 5-12 检查车门灯

（4）变换室内灯开关至“ON”和“OFF”挡，检查室内灯是否亮起和熄灭，如图5-13所示。

图5-13 室内灯工作情况检查

二、车外灯的检查

1. 车灯外观检查

（1）检查前侧灯光、后侧灯光的灯罩是否变色、损伤及破损；同时检查灯内是否有污物或者水进入，如图5-14所示。

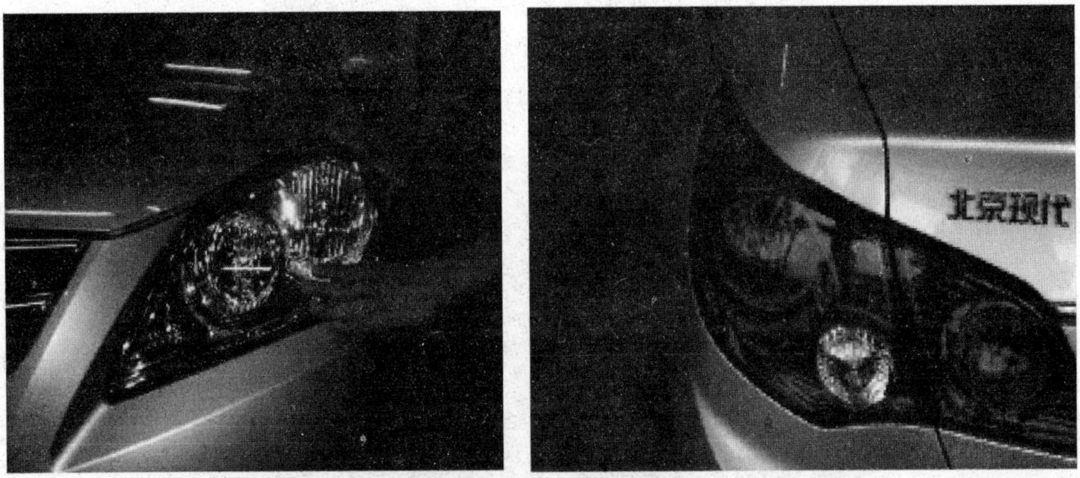

图5-14 车灯的外观检查

（2）用手检查车灯是否松动，安装是否牢靠。

2. 灯光检查（将换挡杆置于“P”挡，起动发动机）

（1）将灯光控制开关旋动一挡，然后检查一下车灯是否亮起。示宽灯、牌照灯、尾灯应亮起，如图5-15所示。

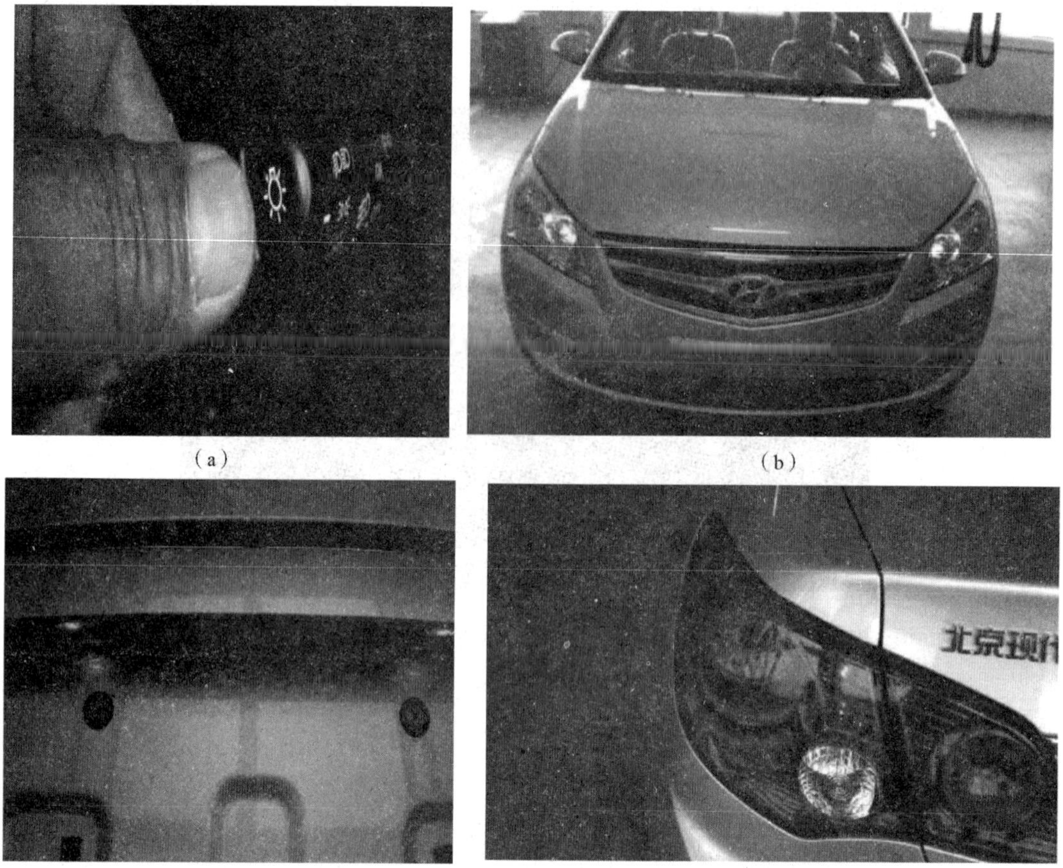

(a) (b) (c) (d)

图 5－15　灯光控制开关置于一档进行的灯光检查

(a) 变光灯检查；(b) 示宽灯检查；(c) 牌照灯检查；(d) 尾灯检查

(2) 将灯光控制开关旋转两挡后，检查大灯（近光灯）是否发光，如图 5－16 所示。

图 5－16　灯光控制开关置两挡后大灯（近光灯）工作情况

(3) 将灯光控制开关置于大灯（远光灯）位置，然后将变光器开关推开，检查大灯

（远光灯）是否发光，并检查远灯指示灯是否亮起，如图 5－17 所示。

图 5－17　灯光控制开关置于远光灯位置的远光灯工作情况

（4）把变光器开光向前拉，检查大灯闪光器是否工作，指示灯是否亮起，如图 5－18 所示。

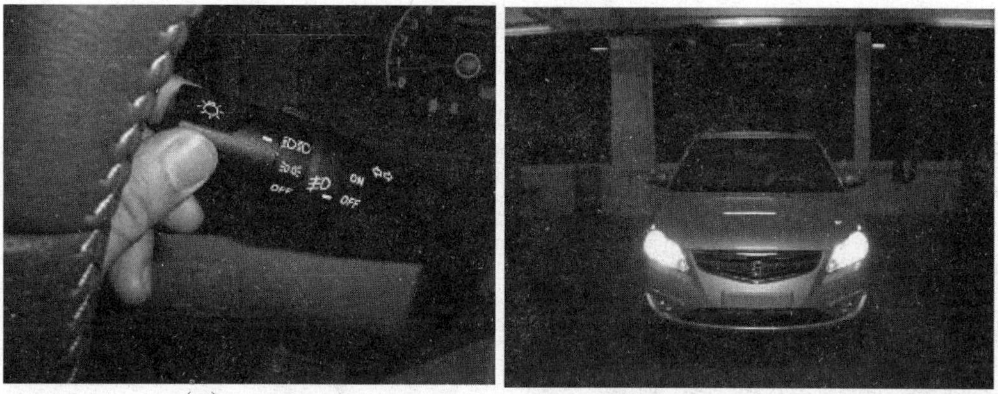

（a）　　　　　　（b）

图 5－18　闪光器工作情况检查

（a）变光器开关；（b）闪光器工作

（5）将车辆放正，向上移动信号转换开关，这时右转信号灯（右前、右后）均工作，右转向指示灯点亮；同时转动方向盘，检查信号转换开关回位情况，如图 5－19 所示。

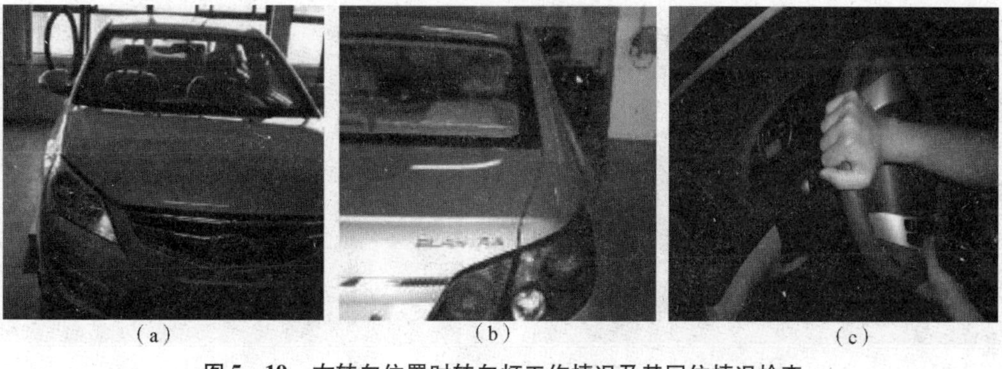

（a）　　　　　　（b）　　　　　　（c）

图 5－19　右转向位置时转向灯工作情况及其回位情况检查

（a）右前转向灯；（b）右后转向灯；（c）转向灯回位情况

（6）将车辆放正，向下移动信号转换开关，这时左转信号灯（左前、左后）均工作，左转向指示灯点亮；同时转动方向盘，检查转换开关回位情况，如图 5－20 所示。

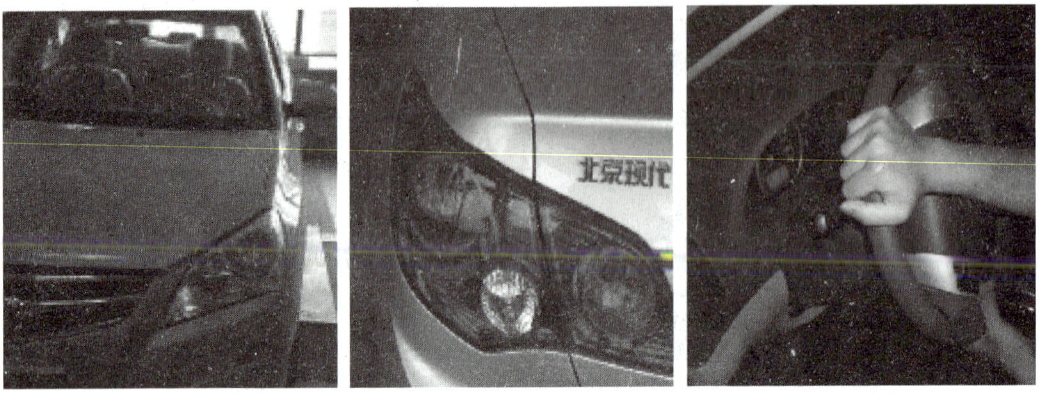

（a）　　（b）　　（c）

图 5－20　左转向位置时转向灯工作情况及其回位情况检查

（a）左前转向灯；（b）左后转向灯；（c）转向灯回位情况

（7）按下危险警告灯开关，检查危险警告灯是否工作，指示灯是否点亮，如图 5－21 所示。

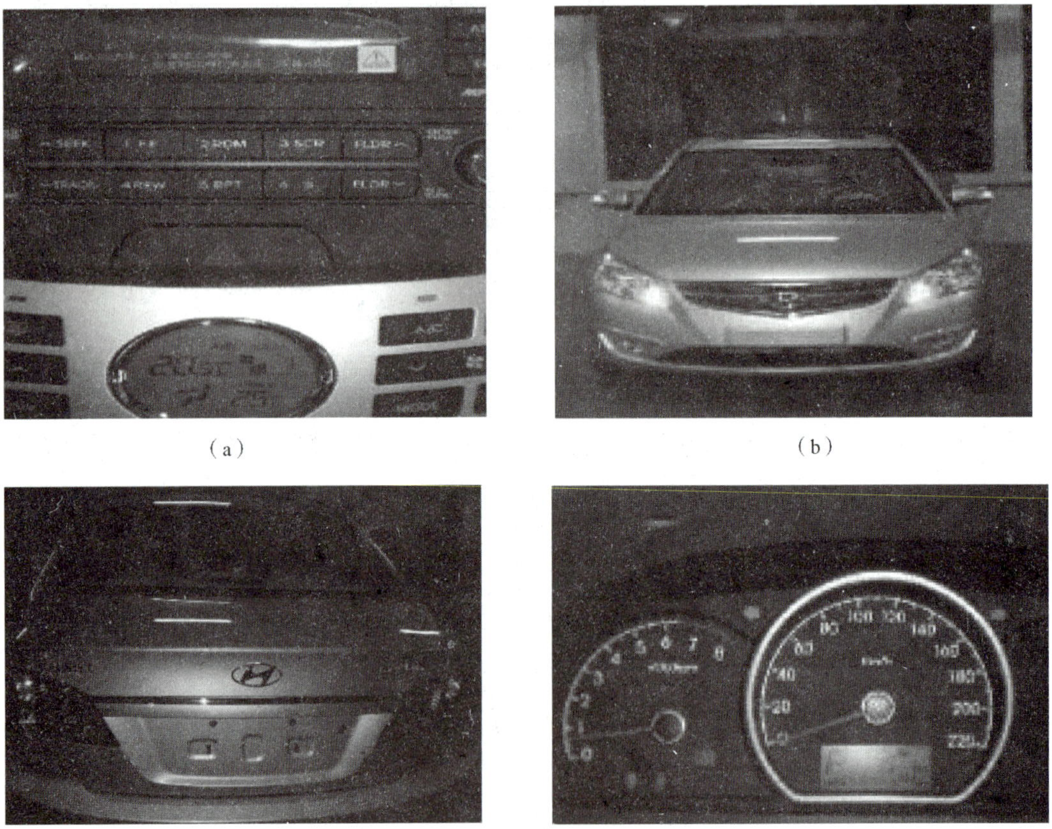

（a）　　（b）

（d）　　（c）

图 5－21　检查危险警告灯工作情况

（a）危险警告灯开关;；（b）前警告灯点亮（c）后警告灯点亮；（d）警告指示灯点亮

（8）踩下制动踏板，制动灯应点亮；拉起驻车制动，检查指示灯是否亮起，如图 5－22 所示。

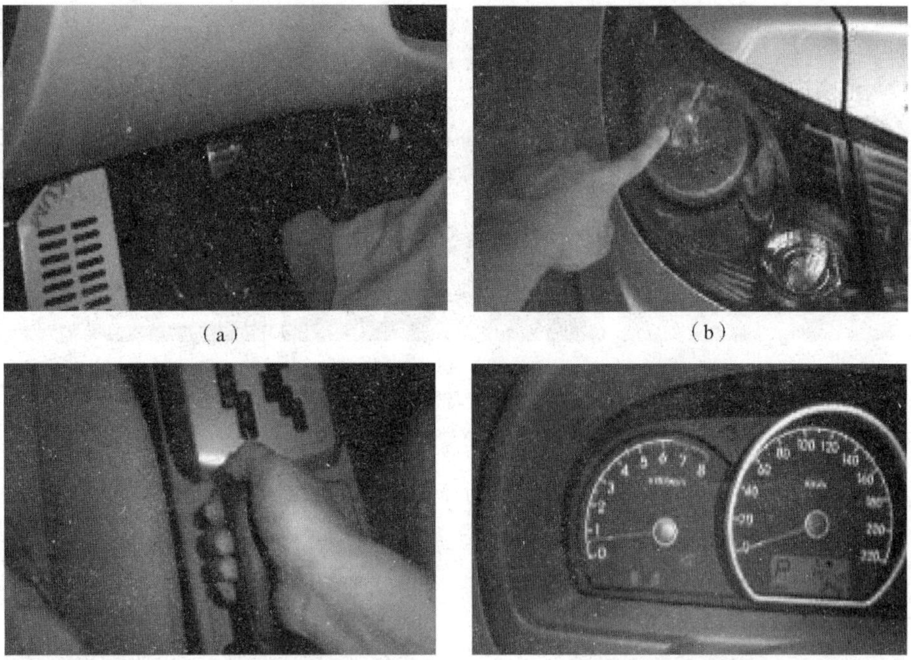

（a）　（b）　（c）　（d）

图 5－22　检查在制动状态时与其相对应的指示灯的工作情况

（a）踩下制动踏板；（b）制动灯点亮；（c）拉起驻车制动；（d）驻车指示灯点亮

（9）起动发动机，踩下制动踏板，将换挡杆从 P 挡挂入 R 挡，检查倒车灯是否工作，仪表指示是否显示在 R 挡位置，如图 5－23 所示。

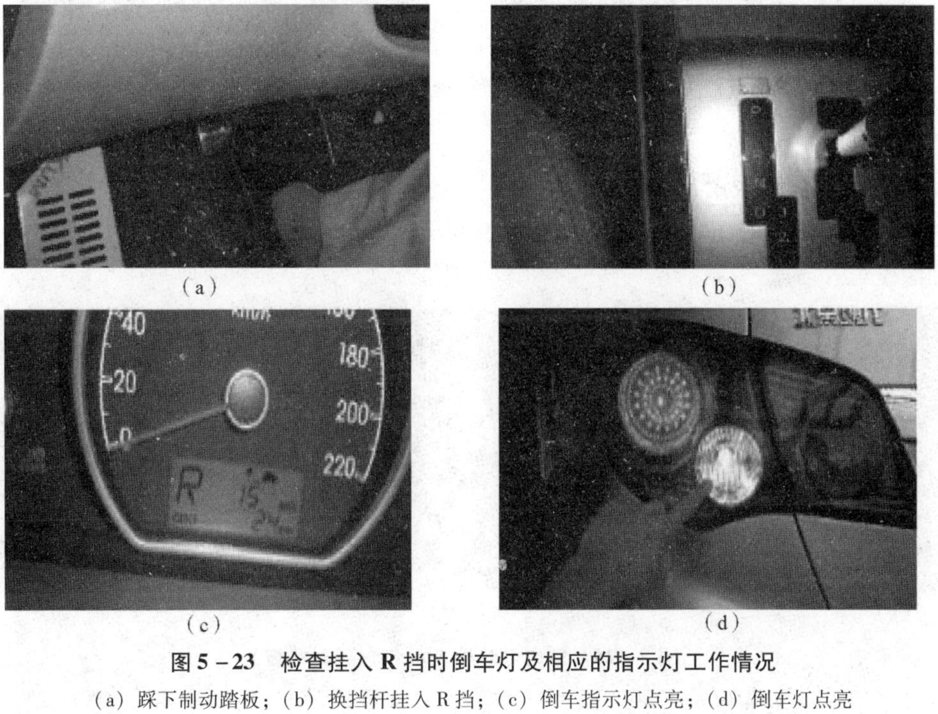

（a）　（b）　（c）　（d）

图 5－23　检查挂入 R 挡时倒车灯及相应的指示灯工作情况

（a）踩下制动踏板；（b）换挡杆挂入 R 挡；（c）倒车指示灯点亮；（d）倒车灯点亮

（10）打开雾灯开关，检查雾灯指示灯及雾灯是否点亮，如图 5－24 所示。

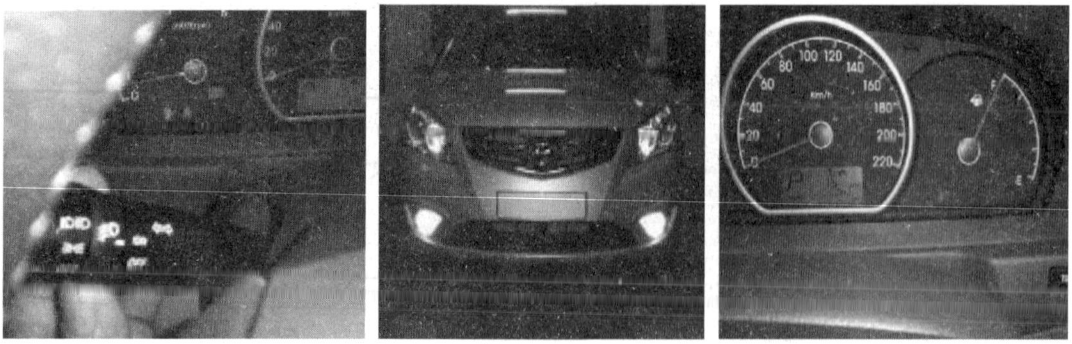

（a）　　（b）　　（c）

图 5－24　检查雾灯及雾灯指示灯工作情况

（a）打开雾灯开关；（b）雾灯点亮；（c）雾灯指示灯点亮

（11）拉起行李箱盖释放杆开关，检查行李箱灯是否点亮，如图 5－25 所示。

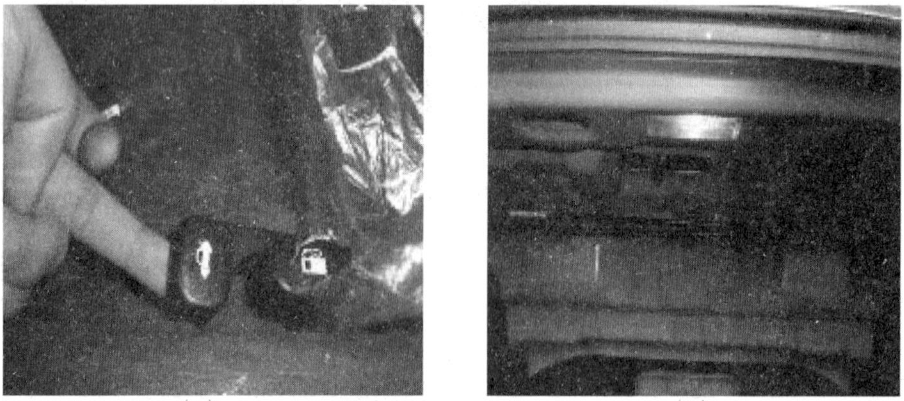

（a）　　（b）

图 5－25　检查行李箱灯工作情况

（a）打开行李箱开关；（b）行李箱灯点亮

3. 室内延时灯的检查

检查当开关位于“ON”时灯是否亮，当开关位于“DOOR”时灯随着门的关闭逐渐熄灭，如图 5－26 所示。

（a）　　（b）　　（c）　　（d）

图 5－26　室内灯的检查（包含延时检查）

（a）“ON”时灯点亮；（b）“DOOR”时灯点亮；（c）门打开时灯亮；（d）门关时灯（缓慢）熄灭

三、灯泡的更换

灯泡的检查一般每 1 000 km 或 6 个月进行一次，以确保汽车的行驶安全。

1. 前照灯灯泡的更换

（1）将点火开关置于“OFF”位置，打开发动机盖。

（2）灯泡冷却后拧下前照灯固定螺栓，如图 5－27 所示。

（3）分离导线连接器。

（4）拆下防尘盖。

（5）按下安全弹簧，拆下灯泡，如图 5－28 所示，用同功率灯泡更换。

（6）按拆卸的相反顺序安装。

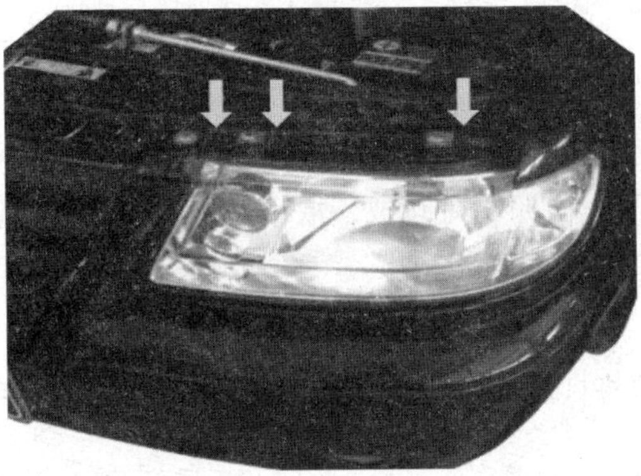

图 5－27 拆前照灯固定螺栓

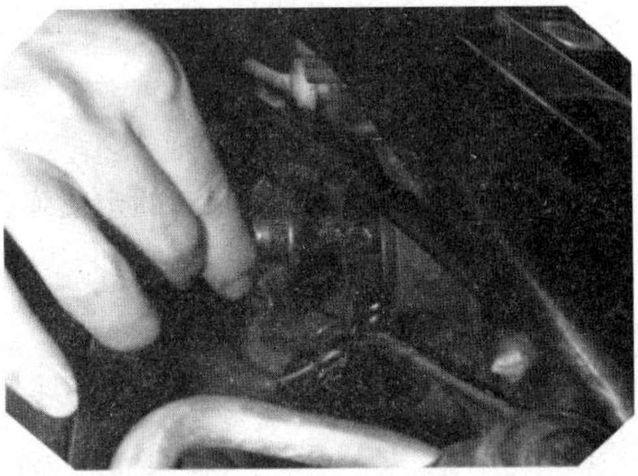

图 5－28 拆灯泡

2. 制动灯灯泡的更换

制动灯灯泡安装在前照灯反光镜中，因此更换时应打开发动机罩。更换右侧制动灯时，应先拆去灯罩（见前照灯灯泡的更换），向左旋转灯座，从反光镜中取出灯座，向灯座内推压灯泡并向左旋转，取出坏灯泡。插入新灯泡，并将装有新灯泡的灯座装回反光镜中向右旋转。最后安装好灯罩。

3. 前转向灯的更换

用螺钉旋具拧出转向灯罩固定螺钉，用平头螺钉旋具把转向灯罩从螺钉孔一侧小心地向前撬开，将灯座向左旋，取出灯座。向灯座中推压灯泡，左旋拉出坏灯泡。装入新灯泡向右转，将其卡住。装上灯座，向右转卡住灯座。然后把螺钉卡口压入车身上的螺钉孔中，拧上转向灯罩固定螺钉，如图 5－29 所示。

图 5－29 转向灯

4. 尾灯的更换

打开行李箱盖，向灯座内推压两个定位片，取出灯架。向灯座内推压灯泡，向左转取出坏灯泡。装入新灯泡，向右旋将其卡牢。插入灯架，确保定位片到位，如图 5－30 所示。

图 5－30　后尾灯

5. 牌照灯的更换

拆下灯罩，拉出牌照灯总成，拆下坏灯泡。装入新灯泡，将灯座和灯罩装在一起（灯泡上的定位点必须与灯座上的定位点对正），然后与橡胶密封圈一起装入，拧紧灯罩固定螺钉，但不能拧得太紧。

6. 车内照明灯的更换

向灯的中心推压与灯相对的定位弹簧，拆下车内照明灯总成，取出灯泡，换上新灯泡后，先将车内照明灯总成带开关的一侧装上，再将定位弹簧卡牢。

7. 行李箱灯的更换

从行李箱灯前面的凹坑中插入旋具，小心地将灯撬下来。换上新灯泡，并将其从有导线接头一侧装上。

8. 卤素灯泡更换注意事项

卤素灯泡主要用于保险杆外部车灯，如图 5－31、图 5－32 所示，在更换灯泡时应注意以下几点：

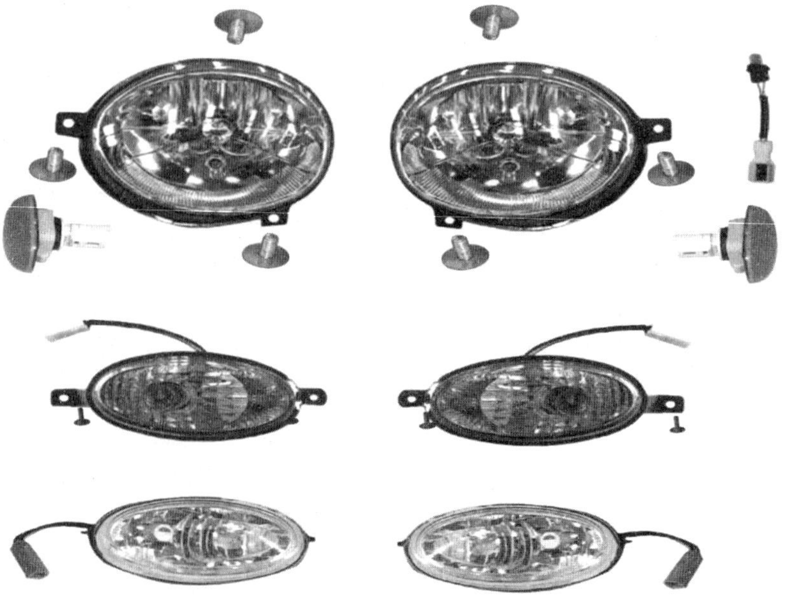

图 5－31　前保险杆外部车灯

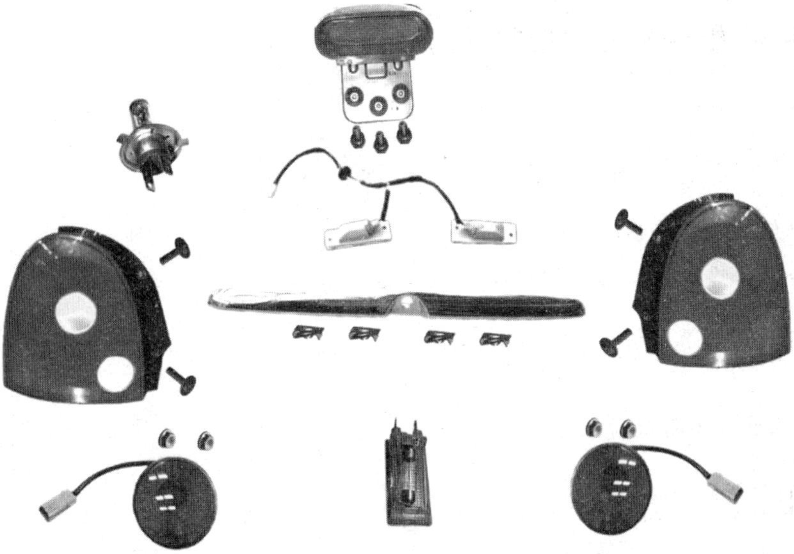

图 5-32　后保险杆外部车灯

（1）灯泡冷却后更换。

（2）不要用手触摸玻璃部分。

（3）要防止碰剐或摩擦。

（4）在灯泡亮的状态下，要防止液体喷洒。

（5）灯泡只有安装到前照灯上时才能亮。

（6）更换灯泡时，请戴上保护镜。

注意：如果灯泡上黏附油液，则在灯泡过热或亮时，可能导致损坏。

四、车灯小毛病的处理方法

车灯是汽车的眼睛，除了美观以外，对行车安全也尤为重要。如果出现以下小毛病，也完全可以自行修理。卤素灯泡主要的小毛病是灯光发红而暗淡，主要原因为蓄电池充电不足，或连接线接触不良。另外，以下原因也会导致灯光暗淡：

（1）搭铁不良。

（2）散光玻璃或反光镜上积有尘垢。

（3）灯泡玻璃表面发黑，灯泡光度低于规定要求，灯泡灯丝不位于反射焦点上而引起散光。

（4）导线过细，电阻增大，导线过热，影响导电等。

处理方法如下：

（1）检查蓄电池存电是否充足，如存电不足应充电。

（2）检查连接线和搭铁线接头是否松动，如松动应清除锈蚀，用砂纸磨光后固定牢靠。

（3）如前照灯导线过细，应更换标准导线。

（4）检查灯光玻璃和反射镜尘垢，并用绒布或镜头纸擦拭干净。

（5）灯丝不在反射镜焦点上，应更换灯泡。如果车灯有更严重的失灵情况，最好还是去维修店进行保养和维修。

5.3 组合仪表的使用与维护

学习目标

1. 了解仪表及各指示灯的作用。
2. 掌握组合仪表检查的操作技能。

能力目标

能够对仪表指示灯进行检查。

相关知识

为了使汽车驾驶员及时获取汽车各系统工作状态的信息，在汽车驾驶员易于观察的转向盘前方台板上都装有仪表、报警指示灯及电子装置。

为了警示汽车、发动机或某一系统处于不良或特殊状态，引起汽车驾驶员的注意，保证汽车可靠工作和安全行驶，防止事故发生，在仪表板上还有多种报警装置。常见的有发动机温度警告灯、ABS 警告灯、安全带警告灯、转向信号指示灯、发动机机油压力警告灯、充电警告灯、远光信号指示灯、车门为关闭警告灯、故障警告灯等。

项目实施

1. 各系统自检

当点火开关置于“ON”挡时，检查仪表上所有警示灯是否亮起，各系统进行自检。当过几秒钟以后，如系统无故障，则各警示灯熄灭。然后将挡位挂入“P”挡，检查挡位指示是否在“P”挡，如图 5－33 所示。

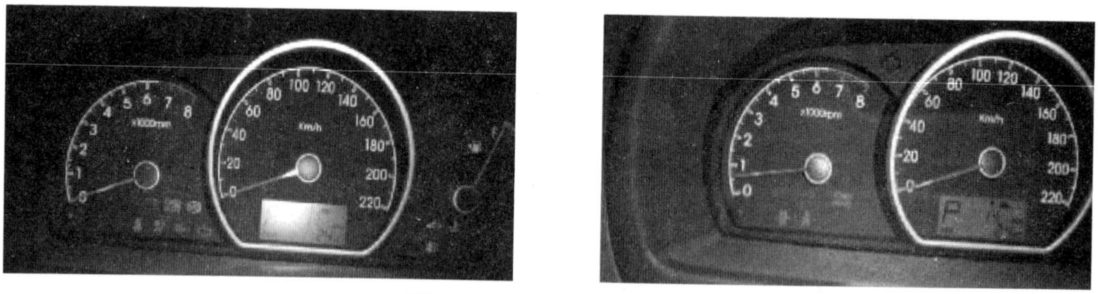

图 5－33　各系统进行自检

2. SRS 警告灯的检查

将点火开关置于“ON”挡时，所有警告灯都会亮起。如系统无故障，SRS 警告灯在亮起几秒钟后就自动熄灭。如果 SRS 警告灯在点火开关至“ON”挡时或起动发动机时不亮，或者亮起后不熄灭，则说明系统有故障，应进行维修，如图 5－34 所示。

图 5－34　SRS 警告灯的检查

3. 安全带警告灯的检查

如果点火开关置于“ON”挡没有佩戴驾驶席安全带，或者点火开关在“ON”挡时分离驾驶席安全带，安全带警告灯根据车速来描述亮或闪烁，直到戴好安全带。没有佩戴安全带且低于 6 km/h 的速度，灯亮；高于 9 km/h 的速度，警告灯闪烁；高于 20 km/h 的速度，警告灯闪烁，并且蜂鸣器响约 100 s，如图 5－35 所示。

图 5－35　安全带警告灯的检查

4. 车门未关闭警告灯的检查

无论点火开关在何位置，车门没有完全关闭时，警告灯亮，如图 5－36 所示。

图 5－36　车门未关闭警告灯的检查

5. 发动机机油压力警告灯的检查

警告灯亮表示机油压力低，如图 5－37 所示。当点火开关在“ON”挡时，检查该警告灯是否常亮，如果常亮说明机油压力过低，应及时加注机油。如果不缺少机油，该警告灯会自行熄灭。

图 5-37　发动机机油压力警告灯的检查

6. 发动机故障警告灯的检查

点火开关置于“ON”挡时发动机故障警告灯亮，并在发动机起动后几秒内熄灭，如图 5-38 所示。

图 5-38　发动机故障警告灯的检查

如果点火开关置于“ON”挡时警告灯不亮或者在行驶过程中警告灯亮，说明系统存在故障。

7. ABS 警告灯的检查

该警告灯在点火开关置于“ON”挡时亮，如果系统正常，3 s 后熄灭，如图 5-39 所示。如果警告灯持续亮、在行驶中亮或在将点火开关转至“ON”挡不亮，表明 ABS 有故障。

图 5-39　ABS 警告灯的检查

8. 充电警告灯的检查

当点火开关在“ON”挡时，充电警告灯亮，当起动发动机以后，系统无故障时警告灯熄灭。如果充电系统在某处存在故障时，警告灯变亮，如图5－40所示。

图5－40　充电警告灯的检查

9. 驻车制动与制动油位低警告灯的检查

无论点火开关在“START”位置还是“ON”位置，当驻车制动器拉起时，此警告灯亮起，表明警告灯工作正常；释放驻车制动器时，此警告灯熄灭。检查制动油位低警告灯是否亮起，如果该警告灯持续亮起，则表示制动液储油罐中的制动油位低，应及时添加，如图5－41所示。

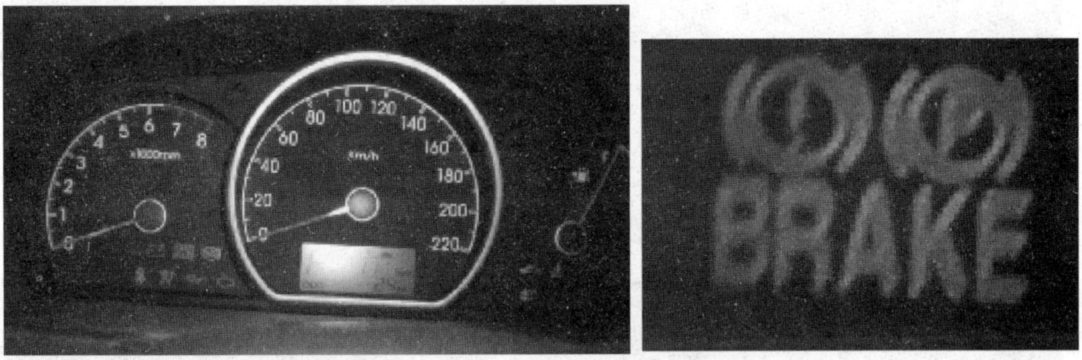

图5－41　驻车制动与制动油位低警告灯的检查

10. 发动机温度警告灯的检查

此警告灯指示点火开关位于“ON”挡时的发动机冷却水温度。当水温正常时，起动发动机后，该警告灯熄灭。如果发动机水温很高，超出正常范围，警告灯亮起，如图5－42所示。

11. 低燃油位警告灯的检查

检查低燃油位警告灯，如果燃油箱内燃油量接近空时，该警告灯亮起，应尽快添加燃油，如图5－43所示。燃油量应在燃油表“F”和“E”字母之间。

图 5－42　发动机温度警告灯的检查

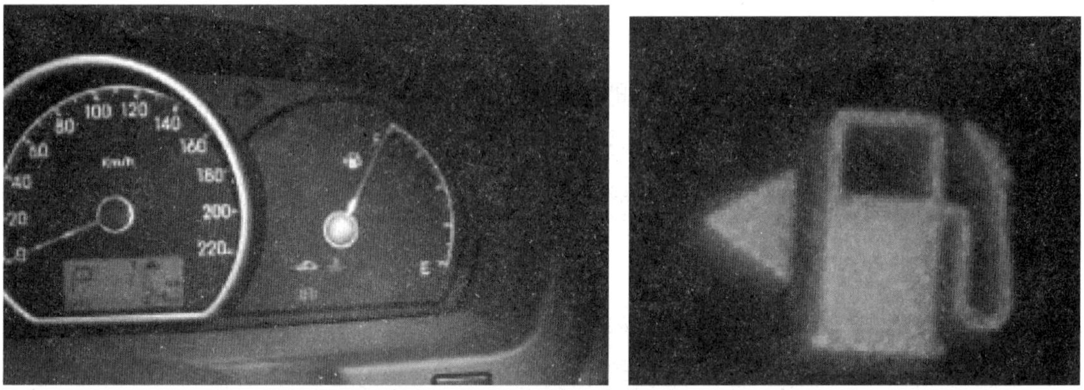

图 5－43　低燃油位警告灯的检查

12. 危险报警灯指示灯的检查

按下危险报警灯开关，检查危险报警灯指示灯工作情况，如图 5－44 所示。

图 5－44　危险报警灯指示灯的检查

二、各种指示灯的检查

1. 钥匙防盗系统指示灯的检查

插入汽车钥匙，并将点火开关转到“ON”挡时，指示灯亮起。此时，可以起动发动机，发动机运转后此指示灯应熄灭，如图 5－45 所示。

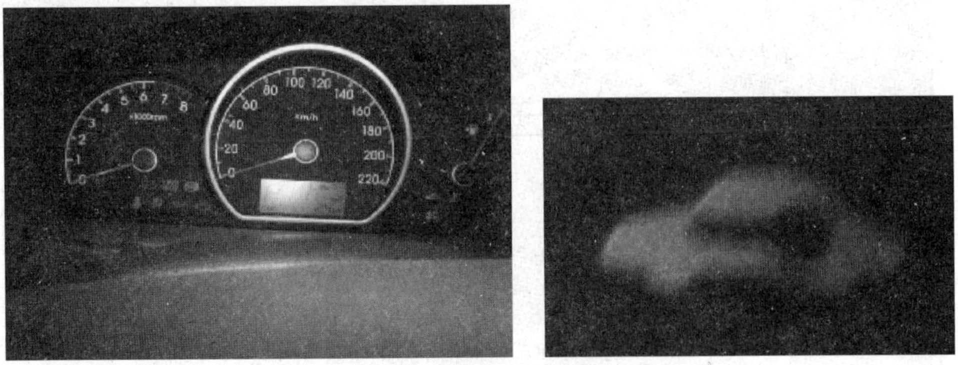

图 5－45　钥匙防盗系统指示灯的检查

2. 发动机转速表与车速表的检查

起动发动机，将换挡杆置于“P”挡位置，踩下油门踏板，观察发动机转速表指针摆动情况，指针应摆动灵活。将换挡杆从“P”挡挂入前进挡位，随着车速的上升，车速表指针也随之摆动，如图 5－46 所示。

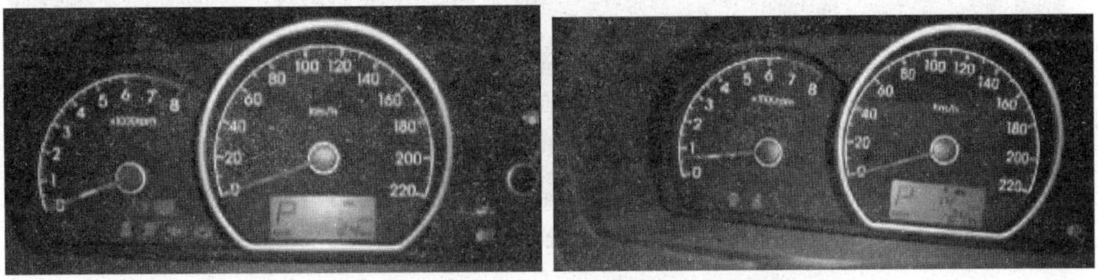

图 5－46　发动机转速表与车速表的检查

3. 挡位指示灯的检查

起动发动机，挡位从“P”挡逐步换挡，观察挡位指示灯的情况，应与所换挡位相对应，如图 5－47 所示。

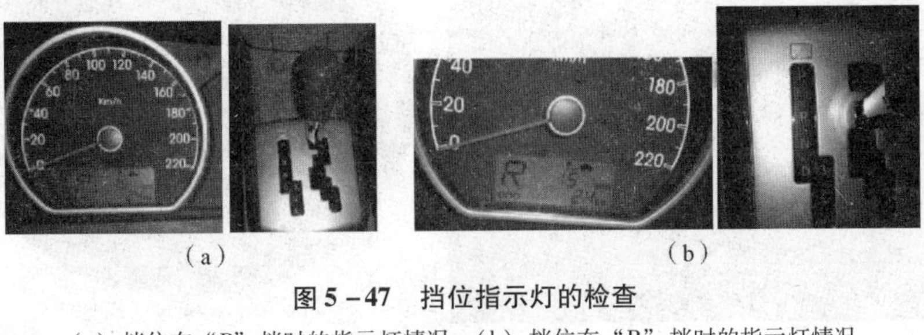

（a）　　　　　　（b）

图 5－47　挡位指示灯的检查

（a）挡位在“P”挡时的指示灯情况；（b）挡位在“R”挡时的指示灯情况

4. 转向指示灯的检查

将车辆放正，向下移动信号转换开关，这时左转信号灯（左前、左后）均工作，左转向指示灯点亮；然后将信号转换开关置于中间位置，向上移动信号转换开关，这时右转信号灯（右前、右后）均工作，右转向指示灯点亮，如图 5－48 所示。

图 5－48　转向指示灯的检查

5. 前后雾灯指示灯的检查

打开雾灯开关，检查雾灯指示灯工作情况，指示灯应点亮，如图 5－49 所示。

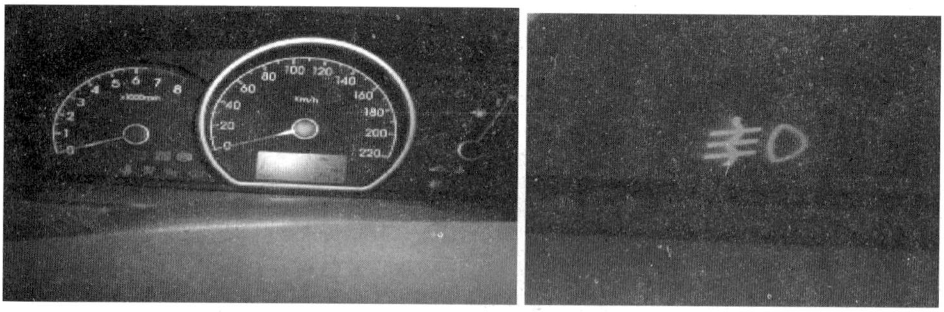

图 5－49　前后雾灯指示灯的检查

6. 远光信号指示灯的检查

当大灯亮且处于远光状态或灯光操纵杆置于闪烁超车位置时该指示灯亮，如图 5－50 所示。

图 5－50　远光信号指示灯的检查

5.4 空调系统的使用与维护

学习目标

1. 掌握汽车空调系统的日常使用与维护。
2. 掌握汽车空调制冷剂的检查与排放。
3. 掌握汽车空调系统抽真空的方法。
4. 掌握汽车空调制冷剂的加注方法。

能力要求

1. 能实施汽车空调的日常使用与维护。
2. 能进行汽车空调制冷剂的检查与排放。
3. 能实施汽车空调系统抽真空。
4. 能实施汽车空调制冷剂的重新加注。

相关知识

汽车空调系统按其功能可分为制冷系统、加热系统、通风与空气净化系统和控制系统等几个主要组成部分，如图 5－51 所示。

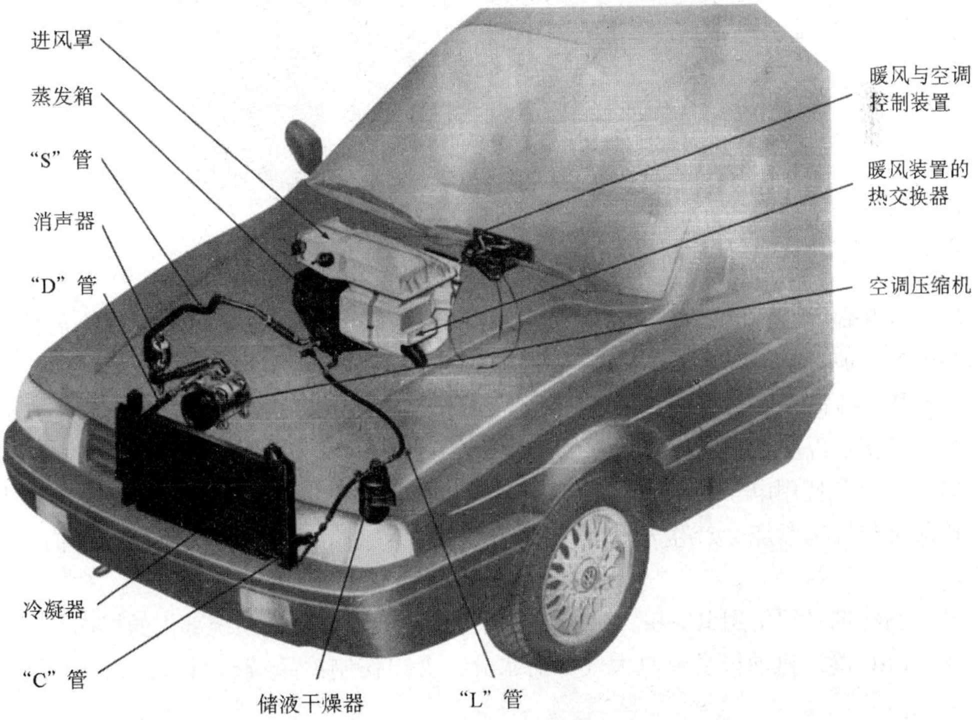

图 5－51　空调系统在车上的布置图

一、汽车空调系统维护注意事项

汽车空调系统一定要保证定期检查、保养、清洗。清洗是保养空调的重要步骤，不仅可增强制冷效果，同时可保护管道，减少各器件的损耗。通常由于冷凝器处在车头最前面，脏堵情况比较严重，用水枪仪只能冲去浮土，只有把冷凝器取下来，反向吹洗方能除净。而蒸发器的脏堵情况会相对轻些，但由于内循环时灰尘会附着在蒸发器表面凝结出的水分上而变成泥，既影响风量又影响换热效果。所以一般（原装）空调的蒸发器至少每 3 年要拆下彻底清洗一次。汽车空调系统维护时的注意事项如下：

（1）R134a 制冷剂（图 5－52）具有很强的挥发性，制冷剂黏附在皮肤上可能会造成冻伤，因此，进行制冷剂排放工作时，必须戴上手套。

图 5－52　R134a 制冷剂

（2）如果制冷剂进入眼睛，应立即用清水清洗。为了保护眼睛，进行制冷剂排放工作时，必须戴上护目镜。

（3）R134a 储存容器为高压容器。因此，严禁储存在温度高的地方。随时检查制冷剂储存场所温度是否在 52 ℃以下。

（4）要经常使用电子检漏仪检查制冷剂的渗漏状态，R134a 制冷剂与检漏仪的火花接触（检漏仪与丙烷燃烧会产生小火焰）会产生有害气体，因此，进行检漏工作时应小心谨慎。

（5）制冷剂必须使用 R134a。如果使用其他制冷剂，会造成系统部件的损伤。

（6）PAG 冷冻机油极易吸收大气中的水分，会损伤制冷系统，因此，必须采取下列防护措施：

①拆下制冷系统部件后，应立即堵上管口，防止湿气进入制冷系统。

②各部件安装准备工作就绪之前，应立即堵上各管口堵盖。

③连接制冷系统各部件的导管时，要快速进行，防止湿气进入制冷系统中。

④要使用规定型号的润滑油。

⑤制冷剂发生泄漏后，进行维修工作之前，要对作业区进行通风换气。

二、空调系统的维护

为了确保空调系统部件（图 5－53）良好运转，要经常进行空调装置的维护。因为一旦出现故障，空调装置的修理成本将大大超过维护的费用；空调装置维护水平的高低，直接影响其故障发生率的高低。如果能按规定进行维护，就能使空调装置在其使用寿命期内不出故障或将故障发生率降低到最低限度。

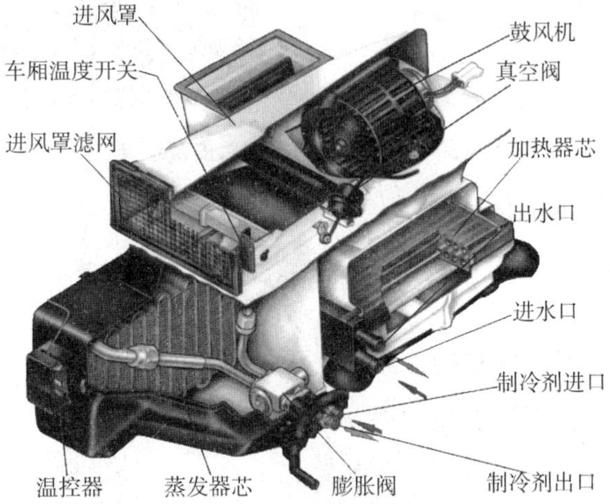

图 5－53　空调系统部件

1. 日常的使用与维护

（1）从窥视孔（图 5－54）观察制冷剂的气泡是否正常，避免制冷剂过多或者漏完。

图 5－54　干燥瓶窥视孔位置图

（2）每一个月检查一次压缩机传动带、风机传动带的松紧度和传动带质量。发现松紧度不当应进行调整，如果传动带龟裂应予以更换。传动带松紧度的标准是：用拇指全力压下传动带中点，其松紧读数为 8 mm 时最佳，如图 5－55 所示。

（3）要经常检查紧固件，不应松动。

（4）不管是否使用空调，每周必须使空调工作 5 ~ 10 min，以便润滑空调装置，延长压缩机寿命。

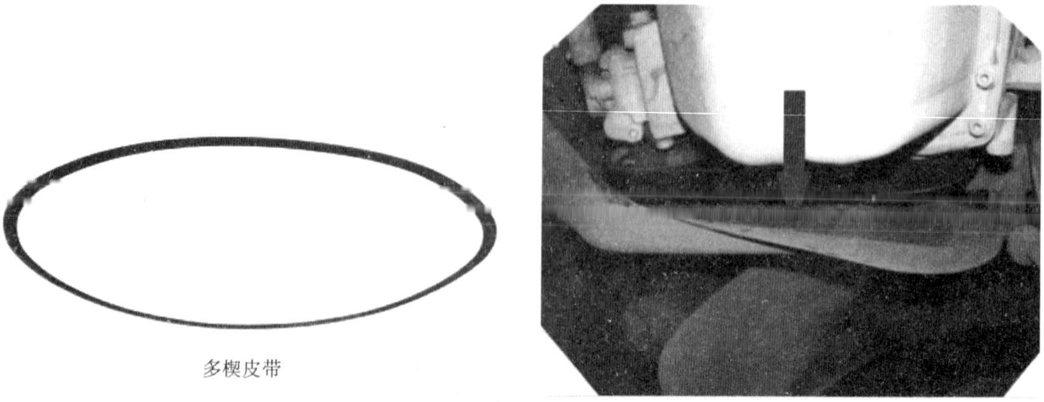

图 5 – 55　空调压缩机皮带检查

2. 使用季节前的检查和维护

（1）检查冷凝器、蒸发器（图 5 – 56）的表面清洁度，如积灰太多应予清洗，然后用压缩空气吹干。

（2）检查各开关、控制元件的性能是否可靠。

（3）开机运转，检查空调装置工作是否可靠。

（a）　（b）　（c）

图 5 – 56　空调开关及冷凝器、蒸发器

（a）空调开关控制面板；（b）冷凝器；（c）蒸发器

3. 使用季节结束时的检查和维护

（1）用检漏仪检漏，如泄漏应进行修理。

（2）检查离合器带轮的轴承是否有异响。

（3）严禁在使用季节结束后，将压缩机传动带拆下，也可以稍稍地松弛传动带。

（4）检查压缩机的油量，必要时给予补充。

（5）若感觉制冷量不足，可用以下方法检查。

①门窗关闭，打开中央出风口，其余出风口关闭，鼓风机开到最高挡，保持发动机转速

在 2 000 r/min，冷热拨杆拨在最冷位置。

②打开 A/C 开关，记录右出风口降至 10 ℃的时间及压缩机第 1 次停转的时间。再查看温度下降曲线图（图 5－57），若时间与温度的交点落在阴影区内就属正常。

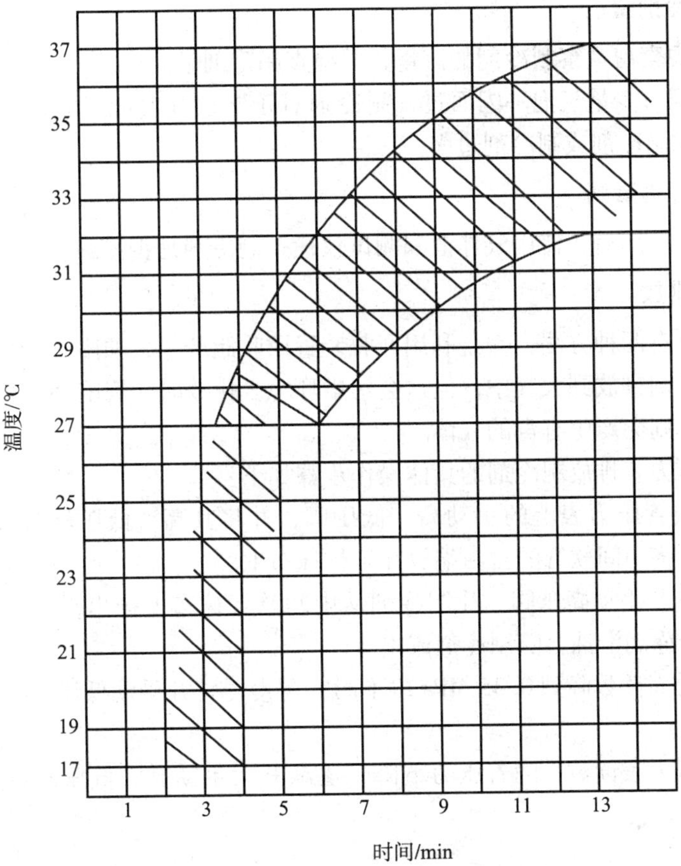

图 5－57　温度下降曲线图

项目实施

一、项目实施环境

（1）带空调的实训车辆。

（2）常用手动工具、汽车泄漏测试仪、制冷剂、压力表、真空泵、数字式万用表、保护套及维修工具等。

二、项目实施步骤

1. 准备工作

（1）完全打开所有车门。

（2）起动发动机。

（3）使发动机转速为 1 500 r/min。

（4）鼓风机速度控制开关处于“高”位置。

（5）温度控制设为“最冷”。

（6）将 A/C 开关置于“ON”位置。

2. 检查制冷剂量

（1）通过观察窗观察制冷剂的流量，并检查制冷剂量。

（2）观察窗有少量气泡一闪而过，制冷剂量正常；有大量气泡，说明制冷剂不足；若无气泡，说明无制冷剂或制冷剂过多。

3. 检查制冷剂渗漏

将点火开关关闭后，使用气体泄漏测试仪检查制冷剂是否渗漏。

4. 制冷剂排放

制冷剂排放有两种方法：一是利用回收装置回收制冷剂，如图 5－58 所示；二是利用歧管压力表将制冷剂排放到大气中，但这会污染环境。排放时，周围环境一定要通风良好，不能接近明火，否则会产生有毒的气体。

利用歧管压力表排放制冷剂的具体操作步骤如下：

（1）关闭歧管压力表上的手动高、低压阀，并将其高、低压软管分别接在压缩机高、低压检修阀上，将中间软管的自由端放在工作抹布上。

（2）慢慢打开手动高压阀，让制冷剂从中间软管抹布上排出，阀门不能开得太大，否则压缩机内的冷冻润滑油会随制冷剂流出。

（3）当压力表读数降到 0.35 MPa 以下时，再慢慢打开手动低压阀，使制冷剂从高、低压两侧同时排出。

（4）观察压力表读数，随着压力下降，逐渐开大手动高、低压阀，直至高、低压表的读数指到零为止。

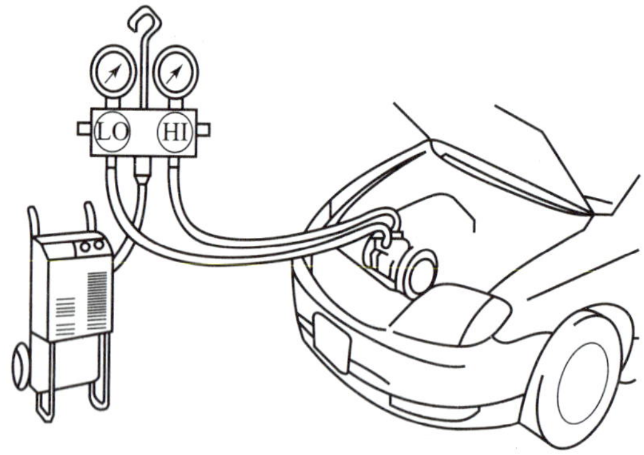

图 5－58　制冷剂的回收

5. 抽真空

系统抽真空如图 5－59 所示，抽真空的目的是排除制冷系统内的空气和水汽，是空调维修中一项重要的工序。因为在维修空调系统、更换制冷零件时，必然要让空气和水汽进入制冷系统，而空气和水汽又会严重影响制冷系统的工作。

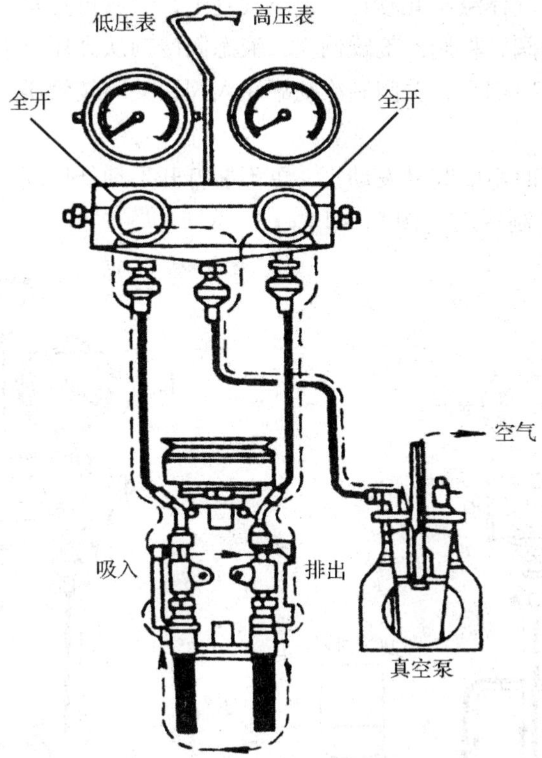

图 5－59　系统抽真空

（1）把歧管压力表的高、低压软管分别与制冷管路上的高、低压检测接口相连，中间软管与真空泵相连。

（2）打开歧管压力表的手动高、低压阀，起动真空泵，观察低压表，把系统抽真空至 0.1 MPa。

（3）关闭歧管压力表的手动高、低压阀，观察歧管压力表，看真空度是否下降，如果真空度下降，说明系统泄漏，应该查找漏点并进行维修。如果系统不泄漏，应该再打开手动高、低压阀，继续抽真空 15～20 min。

（4）关闭歧管压力表的手动高、低压阀。

（5）关闭真空泵。先关手动高、低压阀，后关真空泵，可以防止空气和水汽进入系统。

6. 加注制冷剂

在确定系统无泄漏、抽完真空之后，就可以加注制冷剂。加注制冷剂的方法有两种。一种是从高压侧加注，加注的是液态制冷剂，加注速度快，适合于第一次加注，即检查泄漏、抽完真空的加注。加注时要注意不要起动压缩机，制冷剂罐要倒立。另一种是从低压侧加注，加注的是气态制冷剂，加注速度慢，适合于补充加注。加注时要起动压缩机，制冷剂罐要正立。

（1）从高压侧加注制冷剂（图 5－60）。

①发动机处于熄火状态，检查泄漏、抽完真空后，关闭手动高、低压阀。

②把中间软管与制冷剂罐注入阀的接头接好，打开制冷剂罐注入阀，拧开歧管压力表中

间软管一端的螺母，让气体溢出几秒钟，把空气赶走，然后再拧紧螺母。

③拧开高压侧手动阀，将制冷剂罐倒立，液态制冷剂从高压侧进入制冷回路。

④加入规定量的制冷剂后，关闭制冷剂罐注入阀，关闭歧管压力表的手动高压阀，取下歧管压力表。

要特别注意：加注时不能起动发动机，更不能打开手动低压阀，以防止产生液击现象。

（2）从低压侧加注制冷剂（图5－61）。

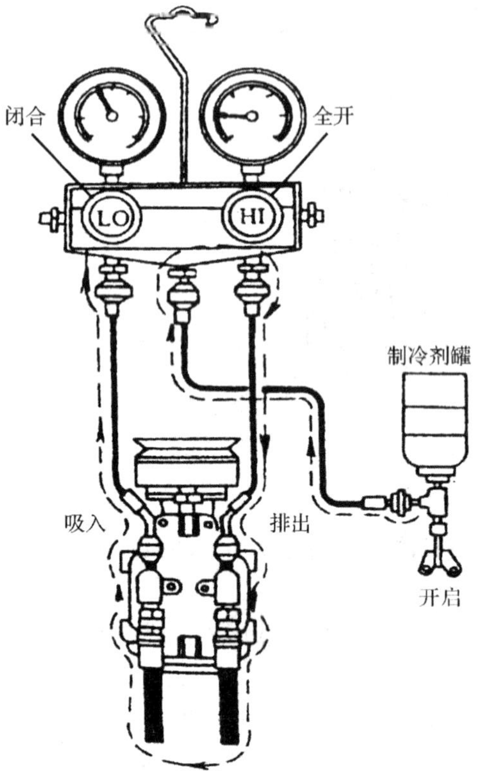

图5－60　从高压侧加注制冷剂

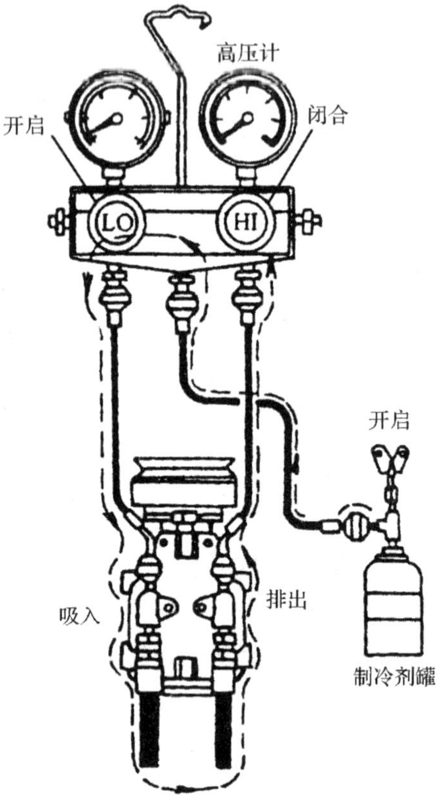

图5－61　从低压侧加注制冷剂

①检查泄漏、抽完真空后，关闭手动高、低压阀。

②把中间软管与制冷剂罐注入阀的接头接好，打开制冷剂罐注入阀，拧开歧管压力表中间软管一端的螺母，让气体溢出几秒钟，把空气赶走，然后再拧紧螺母。

③拧开低压侧手动阀，正立制冷剂罐，让气态制冷剂进入制冷系统，系统压力达到0.4 MPa时关闭手动低压阀。

④起动发动机，打开空调，鼓风机开关、调温开关打到最大挡。

⑤打开手动低压阀，让气态制冷剂继续流入制冷回路，一直加到规定量。

⑥观察储液干燥过滤器的观察窗，确认没有气泡，然后把发动机转速提高到2 000 r/min，检查歧管压力表的高、低压表是否达到正常值。

⑦关闭制冷剂罐注入阀，关闭歧管压力表的手动高压阀，关闭发动机，取下歧管压力表。

（3）根据检查结果填写表5－2。

表5－2　加注制冷剂检查结果表

序号	项目	结果
1	制冷剂量	
2	制冷剂泄漏部位	

知识拓展

1. 汽车空调的功能

汽车空调即汽车室内空气调节的简称，它用以调节车内的温度、湿度、气流速度、空气洁净度等，从而为乘员创造清新舒适的车内环境。

（1）调节车内的温度。

汽车空调在冬季利用其采暖装置升高车室内的温度。轿车和中小型汽车一般以发动机冷却循环水作为暖气的热源，而大型客车则采用独立式加热器作为暖气的热源。在夏季，车内降温则由制冷装置完成，我国大多数汽车空调只具有这种单一功能。

（2）调节车内的湿度。

普通汽车空调一般不具备这种功能，只有高级豪华汽车采用冷暖一体化空调器，才能对车内的湿度进行适量调节。它通过制冷装置冷却、去除空气中的水分再由取暖装置升温以降低空气的相对湿度。但在汽车上目前还没有安装加湿装置，只能通过打开车窗或通风设施，靠车外新风来调节。

（3）调节车内的空气流速。

空气的流速和方向对人体舒适性影响很大。夏季，气流速度稍大，有利于人体散热降温；但过大的风速直接吹到人体上，也会使人感到不舒服。舒适的气流速度一般为0.25 m/s左右。冬季，风速太大会影响人体保温，因而冬季采暖时气流速度应尽量小一些，一般为0.15～0.20 m/s。根据人体生理结构特点，头部对冷比较敏感，脚部对热比较敏感，因此在布置空调出风口时，应采取上冷下暖的方式，即让冷风吹到乘员头部，暖风吹到乘员脚部。

（4）过滤、净化车内的空气。

由于车内空间小，乘员密度大，车内极易出现缺氧和二氧化碳浓度过高的情况；汽车发动机废气中的一氧化碳和道路上的粉尘、野外有毒的花粉都容易进入车内，造成车内空气污浊，影响乘员的身体健康，因此必须要求汽车空调具有补充车外新鲜空气、过滤和净化车内空气的功能。一般汽车空调装置上都设有进风门、排风门、空气过滤装置和空气净化装置。

2. 汽车空调的特点

汽车空调是以消耗发动机的动力来调节控制车内的环境的。了解汽车空调的特点，有利于汽车空调的使用和维修。汽车空调主要有以下特点：

（1）抗冲击能力强。

汽车空调安装在运动中的车辆上，承受剧烈、频繁的振动和冲击，因此汽车空调的各个零部件应有足够的强度和抗震能力，接头牢固并防漏。汽车空调制冷系统极容易发生制冷剂的泄漏，破坏整个空调系统的工作条件，甚至破坏制冷系统的部件，如压缩机。所以，各部件的连接要牢固，要经常检查系统内制冷剂的量。统计表明，汽车空调因制冷剂泄漏而引起空调故障的约占全部故障的80%，而且泄漏频率很高。

（2）动力源多样。

空调系统所需的动力来自发动机。轿车、轻型汽车、中小型客车及工程机械，其空调所需的动力和驱动汽车的动力都来自同一发动机，这种空调系统叫非独立空调系统；对于大型客车和豪华型大中型客车，由于所需制冷量和暖气量大，一般采用专用发动机驱动制冷压缩机和设置独立的采暖设备，故称之为独立式空调系统。非独立空调系统，会影响汽车的动力性能，但比独立式的在设备成本和运行成本上都经济。汽车安装了非独立式空调后，耗油量增加10%～20%（和汽车的速度有关），发动机的输出功率减少10%～12%。非独立式汽车空调的采暖系统一般利用发动机的冷却水。独立式空调系统则采用独立采暖燃烧器。

（3）制冷制热能力强。

汽车的制冷制热能力必须强，其原因在于以下几点：

①车内乘员密度大，产生热量多，热负荷大，而冬天人体所需的热量也大。

②汽车为了减轻自重，隔热层薄；汽车的门窗多、面积大，所以汽车隔热性能差，热量流失严重。

③汽车都在户外工作，直接接受太阳的热、霜雪的冷、风雨的潮湿，环境险恶，千变万化。要使汽车空调能迅速地降温，在最短的时间里达到舒适的环境，要求制冷量特别大。非独立式空调系统，由于汽车发动机的工况变化频繁，所以制冷系统的制冷剂流量变化大。例如，汽车高速运动时，发动机的转速高达6 000 r/min，而在怠速时才600～700 r/min。两者相差10倍之多，这导致压缩机输送的制冷剂变化大。制冷剂流量变化大，导致汽车空调设计困难，制冷效果不佳，而且会引起压力过高或者压缩机的液击现象而发生事故。

（4）结构紧凑、质量小。

由于汽车本身的特点，要求汽车空调结构紧凑，能在有限的空间进行安装，而且安装了空调后，不至于使汽车增重太多，影响其他性能。现代汽车空调的总质量已经比20世纪60年代下降了50%，是原始汽车空调装置质量的1/4，而制冷能力却比20世纪60年代增加了50%。

3. 汽车空调系统的组成

汽车安装空调系统的目的是调节车内空气的温度、湿度，改善车内空气的流动性，提高空气的清洁度，因此，汽车空调系统主要由以下几部分组成：

（1）制冷装置。

制冷装置对车内空气或由外部进入车内的新鲜空气进行冷却或除湿，使车内空气变得凉爽舒适。制冷装置由压缩机、冷凝器、储液干燥器、膨胀阀、蒸发器、冷凝器散热风扇、制冷管道、制冷剂等组成，如图5-62所示。

（2）暖风装置。

暖风装置主要用于取暖，对车内空气或由外部进入车内的新鲜空气进行加热，达到取暖除霜的目的。其由加热器、水阀、水管、发动机冷却液组成。暖风装置供水管路如图 5－63 所示。

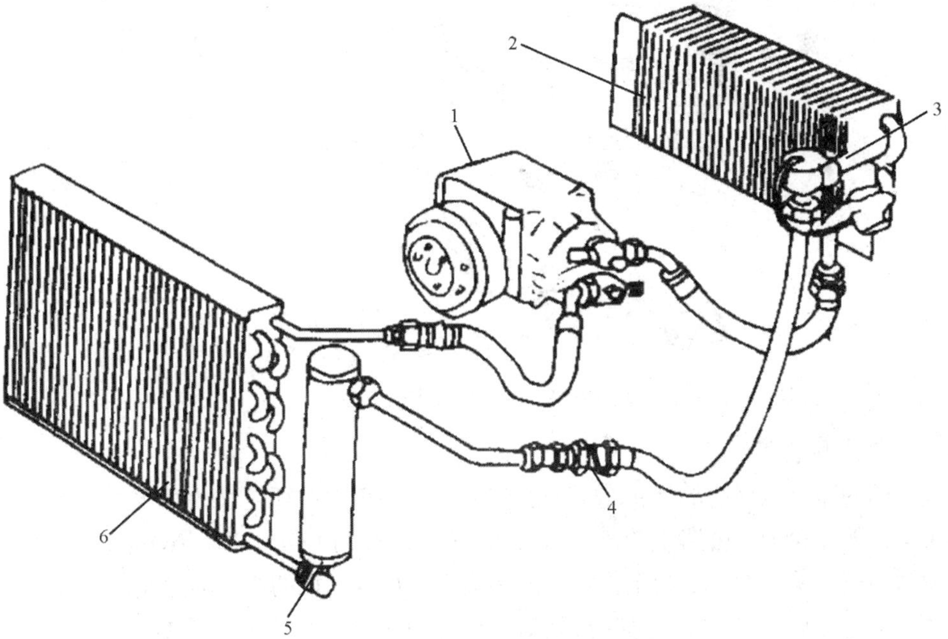

图 5－62　汽车制冷装置结构

1—空调压缩机；2—蒸发器；3—节流减压元件（孔管或膨胀阀）；4—视窗；5—储液干燥器；6—冷凝器

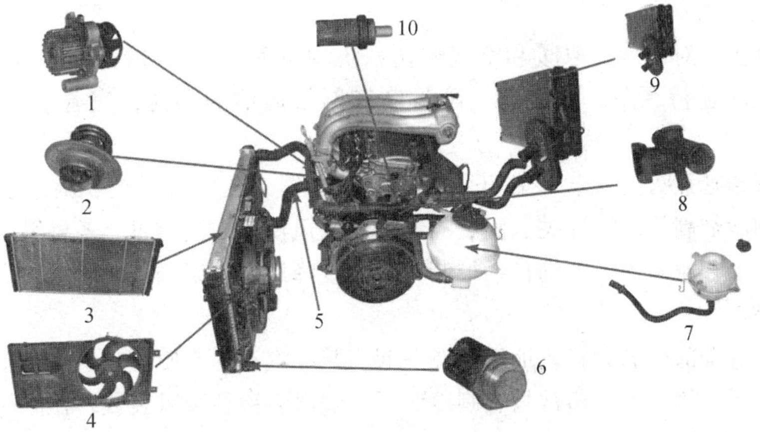

图 5－63　水暖式暖风装置

1—离心式水泵；2—蜡式节温器；3—管带式散热器；
4—冷却风扇；5—冷却液进水管；6—热敏开关；7—冷却液膨胀箱；
8—冷却液出水口分水喉管；9—加热器芯；10—冷却液温度传感器

（3）通风装置。

通风装置将外部新鲜空气吸进车内，起通风和换气作用。同时，通风对防止风窗玻璃起雾也有良好的作用。其由进气模式风门、鼓风机、混合气模式风门、气流模式风门、导风管等组成。通风装置风门布置如图 5－64 所示。

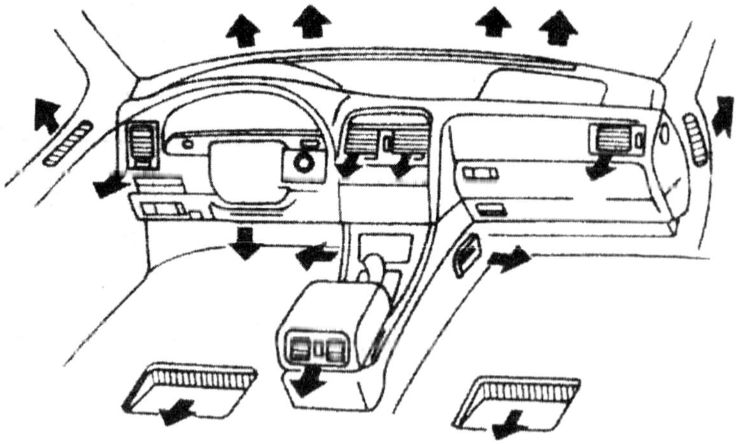

图 5-64　通风装置风门布置

（4）空气净化装置。

汽车空调的净化包括两部分：车室外空气的净化和车内循环空气的净化。车外空气受到环境的污染，例如粉尘，公路上汽车排出的废气中含有的 CO_2、CO、NO_x、SO_2、HC 和烟雾；车内循环空气受人的活动和工作过程的污染，例如发动机的废气通过车底的裂缝进入车内，人体发出的汗臭、CO_2 等，这些污染对人体健康都会造成不利的影响，使人精神疲倦，容易造成行车事故。这些污染极大地降低了乘车舒适性能，所以，必须对汽车空调的空气进行净化处理。

（5）控制装置。

控制装置主要对制冷、取暖和空气配送系统的温度、压力进行控制，同时对车内的温度、风量、流向进行调节，并配有故障诊断和网络通信的功能，完善了控制系统的自动程度。

控制装置包括点火开关、A/C 开关、电磁离合器、鼓风机开关、调速电阻器、各种温度传感器、制冷剂高低压力开关、温度控制器、送风模式控制装置、各种继电器。近几年来不少高级轿车上普遍采用了电脑自动控制，大幅度降低了人工调节的麻烦，提高了空调经济性和空调效果。

将上述装置全部或部分有机地组合在一起安装在汽车上，便组成了汽车空调系统。在一般的轿车和客车、货车上，通常只有制冷装置、暖风装置和通风装置，在高级轿车和高级大中型客车上，还有加湿装置和空气净化装置。

4. 汽车空调系统的分类

（1）按功能分类。

汽车空调系统按功能可分为单一功能和组合式两种。

①单一功能是指冷风、暖风各自独立，自成系统，一般用于大中型客车上。

②组合式是指冷风、暖风合用一个鼓风机、一套操纵机构。这种结构又分为冷风、暖风分别工作和冷风、暖风同时工作两种方式，多用于轿车上。

（2）按驱动方式分类。

汽车空调系统按驱动方式可分为非独立式汽车空调系统和独立式汽车空调系统两种。

①非独立式汽车空调系统。空调制冷压缩机由汽车本身的发动机驱动，汽车空调系统的制冷性能受汽车发动机工况的影响较大，工作稳定性较差，尤其是低速时制冷量不足，而在高速时制冷量过剩，并且消耗功率较大，影响发动机动力性。这种类型的汽车空调系统一般多用于制冷量相对较小的中小型汽车上。

②独立式汽车空调系统。空调制冷压缩机由专用的空调发动机（也称副发动机）驱动，故汽车空调系统的制冷性能不受汽车主发动机工况的影响，工作稳定，制冷量大，但由于加装了一台发动机，不仅成本增加，而且体积和质量也增加。这种类型的汽车空调系统多用于大中型客车。

（3）按控制方式分类。

汽车空调系统按控制方式可分为手动、半自动和全自动（智能）空调系统三种。

①手动空调系统。这类系统不具备车内温度和空气配送自动调节功能，制冷、采暖和风量的调节需要使用者按照需要调节，控制电路简单，通常使用在普及型轿车和中大型货车上。

②半自动空调系统。这类系统虽然具备车内温度和空气配送调节功能，但制冷、采暖和送风量等部分功能仍然需要使用者调节，它配有电子控制和保护电路，通常使用在普及型或者部分中档轿车上。

③全自动（智能）空调系统。这类系统具有自动调节和控制车内温度、风量以及空气配送方式的功能，保护系统完善，并具有故障诊断和网络通信功能，工作稳定可靠，目前广泛应用在中高档轿车和大型豪华客车上。

5.5 其他电器设备的使用与维护

学习目标

1. 了解雨刷器和喷水器的作用及检查的重要性。
2. 熟悉雨刷器和喷水器的检查项目。
3. 熟悉其他电器设备的检查与维护项目。

能力目标

1. 掌握检查或调整雨刷器或喷水器的操作技能。
2. 掌握其他电器设备检查与维护的操作技能。

相关知识

汽车上除了汽车照明系统、组合仪表、雨刮喷洗器及空调之外，还有很多的电器设备需要进行检查，如喇叭、电动门窗、电动后视镜和电动天窗及防盗系统等，这些设备在一定程度上也直接影响了汽车行驶的安全性、工作的可靠性及乘坐的舒适性，本节将对其他相关电器设备的检查维护进行讲解。

为保证行车时驾驶员具有良好的视线，通常在汽车的前挡风玻璃上安装有雨刷器，用于刮除黏附于挡风玻璃上的雨水、积雪或灰尘等，以确保行车安全。一般汽车的挡风玻璃上安装有两个刮水片。汽车上采用的雨刷器根据动力源不同可分为真空式、气动式和电动式三种。由于电动式雨刷器具有动力大、工作可靠、容易控制、不受发动机工况影响等优点，目前在汽车上得到广泛应用。

汽车在灰尘较多的环境中行驶时，会有一些灰尘飘落在挡风玻璃上，遮挡驾驶员的视线。汽车挡风玻璃洗涤装置的作用为：在需要的情况下向挡风玻璃表面喷洒专用清洗液或水，在雨刷片配合工作下，保持挡风玻璃表面的清洁。

项目实施

一、雨刷器和喷水器的检查与维护

1. 挡风玻璃洗涤装置的检查

（1）清洗液液位的检查。

目视检查清洗液液位的位置，应在规定的范围内，如果缺少应添加，如图 5 – 65 所示。

图 5 – 65　清洗液液位的检查

（2）检查喷水器喷嘴堵塞情况。

在保证清洗液足够的情况下，拨动喷水器喷射开关，观察有无清洗液喷出，检查喷嘴是否堵塞，如图 5 – 66 所示。

（3）检查喷水器的喷洒压力。

拨动喷水器喷射开关，观察所喷洒出的清洗液的高度，高度位于挡风玻璃高度的 2/3 处为合格，如图 5 – 67、图 5 – 68 所示。

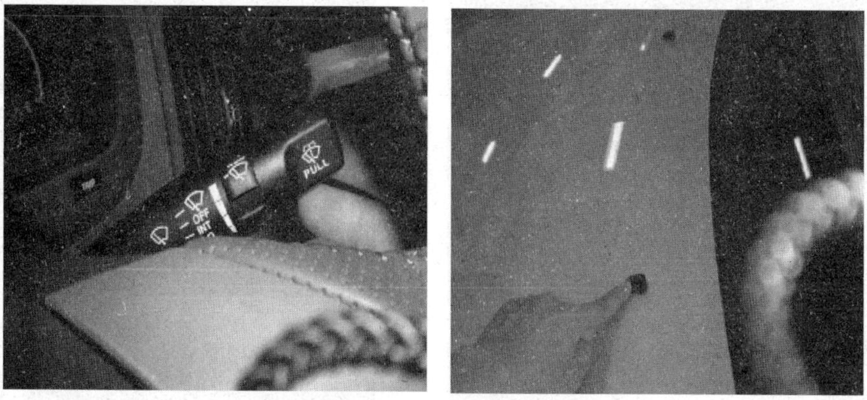

图 5-66 检查喷水器喷嘴堵塞情况

图 5-67 检查喷水器的喷洒压力

图 5-68 检查喷水器喷洒位置

2. 挡风玻璃洗涤装置的检查

(1) 检查喷水联动雨刷功能的工作情况。

工作情况应良好，工作时应平顺，无卡滞现象，如图 5-69 所示。

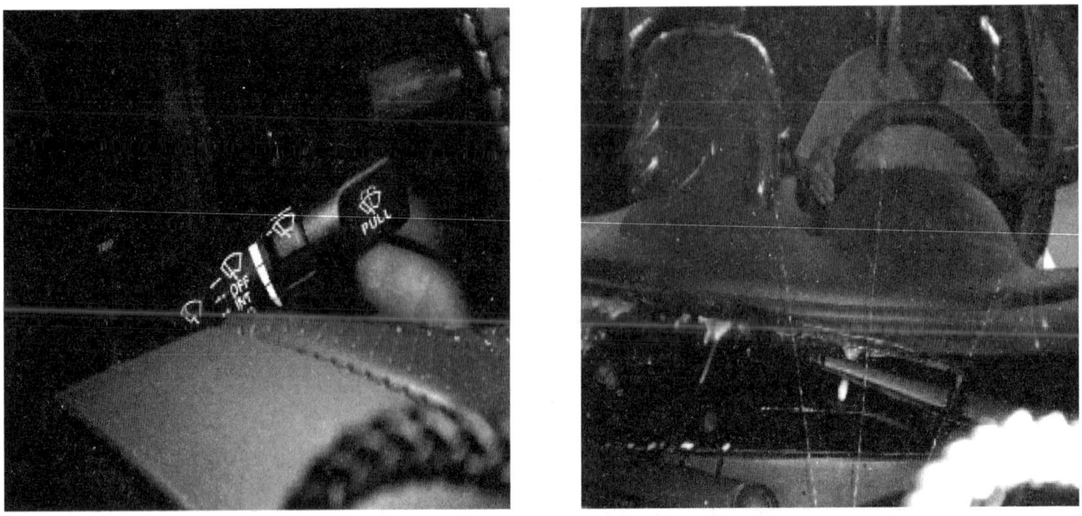

图 5－69　检查喷水联动雨刷功能的工作情况

（2）检查雨刷在停止位置时的情况。

目视检查，当雨刷开关关闭时，雨刷应自动停止在其停止位置，如图 5－70 所示。

图 5－70　检查雨刷在停止位置时的情况

（3）检查雨刷在间歇挡时的工作情况。

目视检查，当雨刷开关处于间歇挡时，雨刷应有规律地进行工作。

（4）检查雨刷在低速挡时的工作情况。

目视检查，当雨刷开关处于低速挡时，雨刷应以较慢的速度进行工作。

（5）检查雨刷在高速挡时的工作情况。

目视检查，当雨刷开关处于高速挡时，雨刷应以较快的速度进行工作，且速度是所有挡位中最快的。

（6）检查雨刷片的刮拭状况。

目视检查刮拭状况，不应产生条纹式的刮水痕迹，玻璃上不应有水珠，刮水效果应比较好。

3. 挡风玻璃洗涤装置喷射位置调整

在喷嘴内插入一根与挡风玻璃洗涤器喷嘴相匹配的钢丝，以便调整喷洒的方向。对准喷嘴，以便喷水器喷洒的水大都落在雨刷片的刮水范围的中间，如图 5－71 所示。

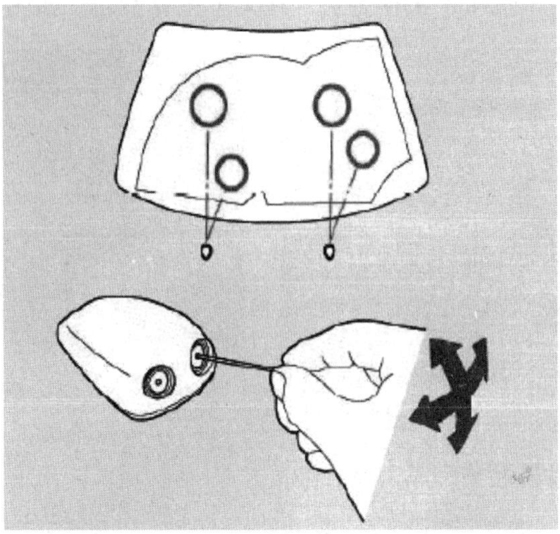

图 5－71　挡风玻璃洗涤装置喷射位置调整

二、电喇叭的检查与维护

（1）按下喇叭，检查其音量、音质是否正常。

（2）转动方向盘，同时在任何位置按下喇叭开关，听喇叭的音量、音质是否都正常，如图 5－72 所示。

（3）检查音量和音调是否稳定。

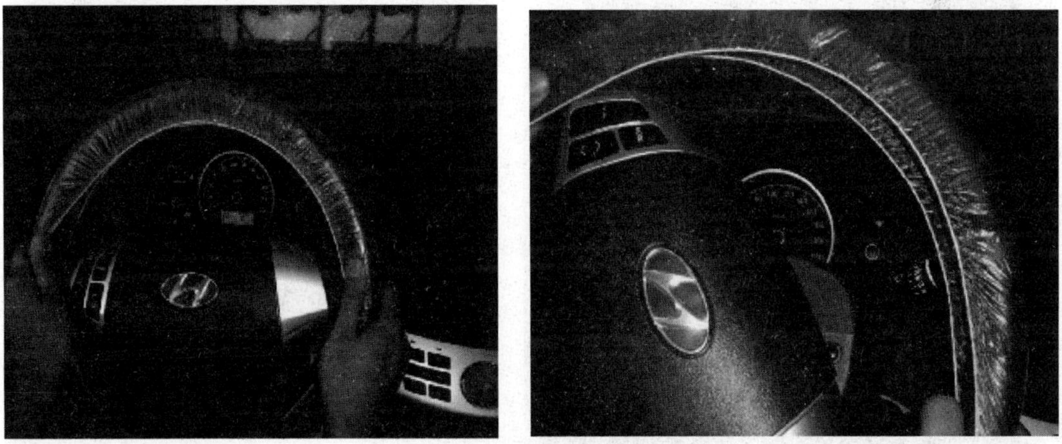

图 5－72　电喇叭的检查与维护

三、电动天窗的检查与维护

在点火开关处于“ON”位置时可以对天窗进行如下操作：滑动、倾斜打开、关闭天窗。“SLIDE OPEN”为滑动打开按钮，“TILT UP”为倾斜打开按钮，“CLOSE”为关闭按钮。

1. 天窗滑动检查

将点火开关置于“ON”位置，打开滑动天窗（自动滑动功能），按下车顶控制台上的“SLIDE OPEN”按钮1 s以上，天窗是否一致滑动打开。按“CLOSE”按钮，看天窗是否一致滑动关闭。按任意一个按钮，天窗是否停在某个位置不动，如图5－73所示。

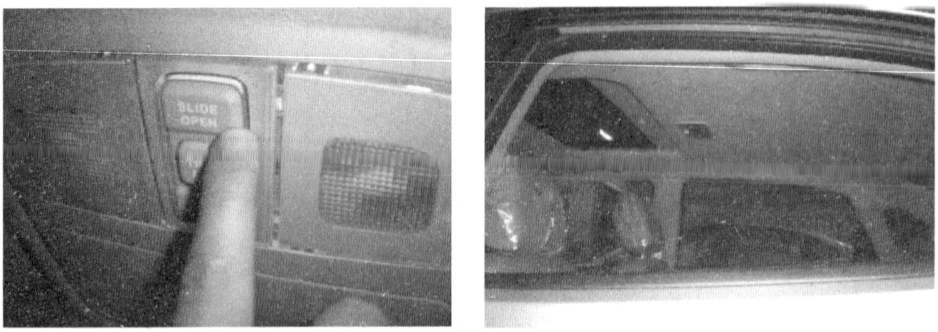

图5－73　天窗滑动检查

2. 天窗自动防夹功能检查

将点火开关置于“ON”位置，在天窗自动关闭期间，把物体放在滑动玻璃和天窗窗框之间，观察自动防夹功能是否正常工作。

3. 天窗倾斜功能检查

将点火开关置于“ON”位置，打开倾斜天窗（自动倾斜功能），按下车顶控制台上的“TILT UP”按钮1 s以上，看天窗是否一直倾斜打开，如图5－74所示。按“CLOSE”按钮，看天窗是否关闭。按任意一个按钮，天窗是否停在某个位置不动。

注意：在做完检查后应在天窗各铰链连接处进行必要的润滑。

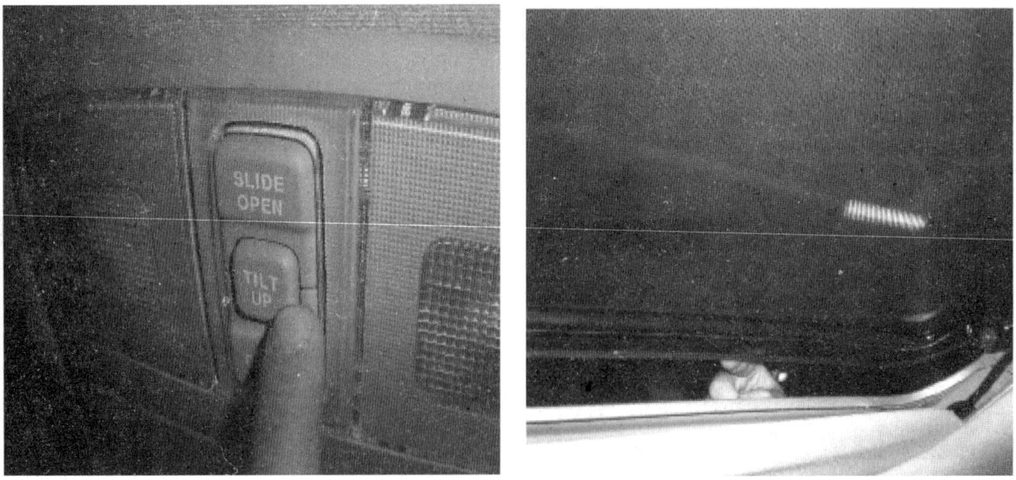

图5－74　天窗倾斜功能检查

4. 遮阳板检查

将点火开关置于“ON”位置，玻璃板滑动打开时，观察遮阳板是否自动随着玻璃板打开。天窗关闭后，如果要关闭遮阳板，可以手动关闭，如图5－75所示。

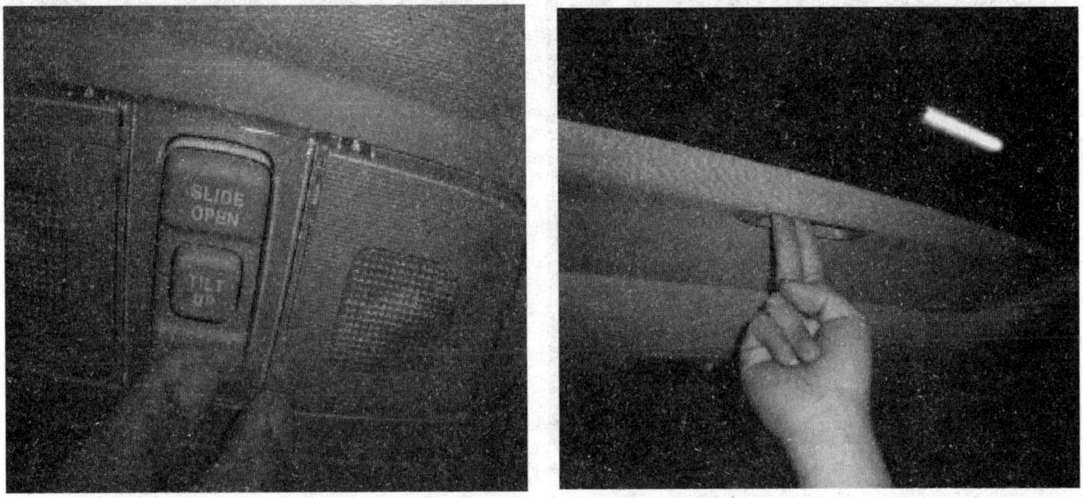

图 5－75　遮阳板检查

四、电动后视镜的检查

1. 室内后视镜的检查

检查后视镜是否处于中央位置（后视镜到后窗视野的中央位置），检查镜片是否破裂、有污垢等，如图 5－76 所示。

图 5－76　室内后视镜的检查

2. 室外后视镜的检查

检查镜片是否破裂、有污垢等；打开点火开关，用电动后视镜的开关调整左、右室外后视镜的位置，如图 5－77 所示。

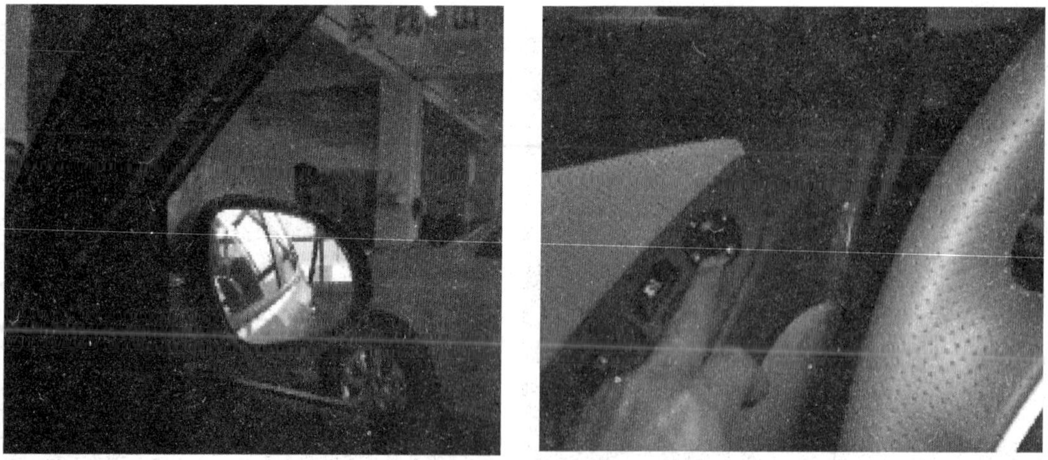

图 5－77　室外后视镜的检查

五、电动车窗检查

将点火开关置于“ON”位置，按下电动门窗开关，观察门窗是否升起或下降，如图 5－78所示。

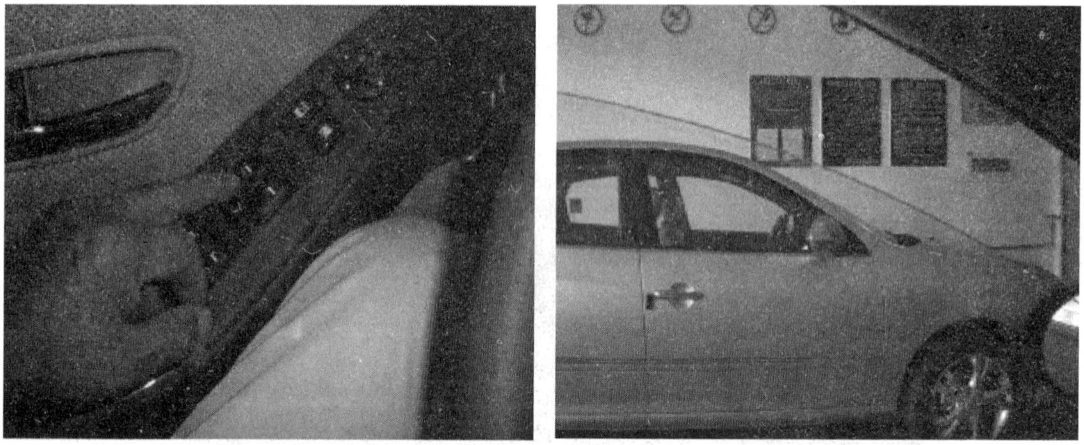

图 5－78　电动车窗功能检查

当拔出钥匙或钥匙处于“ACC/LOCK”位置后，电动门窗工作时间是否在 30 s 停止工作。

电动车窗有自动防夹功能，如果驾驶席门窗在自动上升操作中受到物体或身体某部分的阻碍，门窗会检测到阻力并停止上升操作，同时反向下降，以便清除障碍物。

六、遥控器的检查

防盗系统与遥控系统相结合。遥控系统允许用遥控器开锁和闭锁车辆。当按下“LOCK”按钮时，所有门锁闭锁。当按下“UNLOCK”按钮时，所有门锁开锁。当按下遥控器锁止按钮时，汽车的闪烁灯应亮一下，车门处发出“咔”的声音，表明车门已锁，如图 5－79 所示。

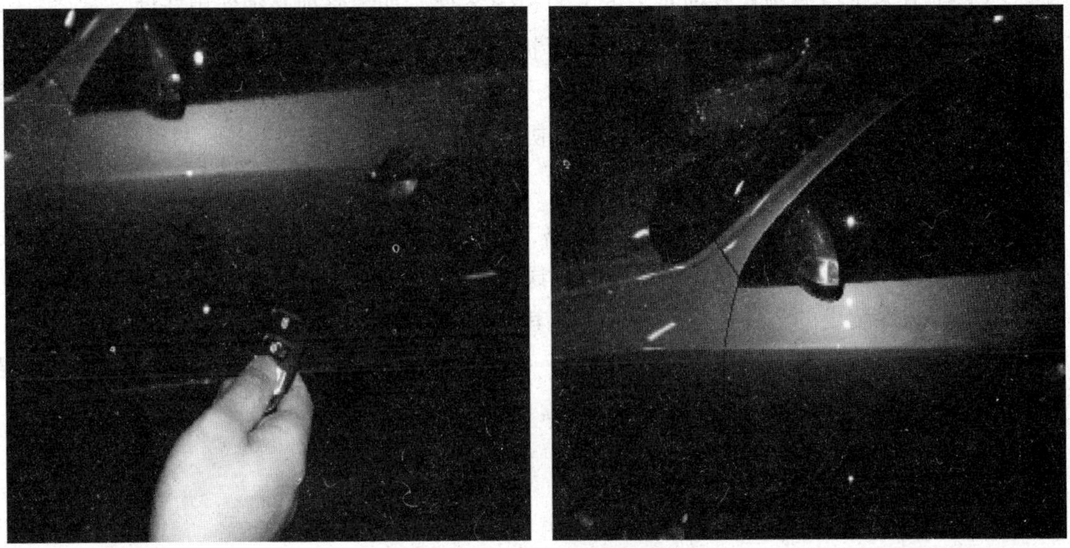

图 5-79　遥控器的检查

知识拓展

一、SRS 系统的保养与维护

（1）SRS 系统的气囊保存要严格按规定执行。SRS 气囊保存时，若存放位置不当，可能会引起气囊误触发，例如丰田皇冠轿车的 SRS 气囊不允许竖直放置。

（2）安全气囊组件的检查与拆装需要有专业人士承担。

（3）对安全气囊系统的任何作业均应先摘下蓄电池电缆，30 s 以后，待控制块中的电容完全放电后再进行，以免造成气囊误爆。

（4）不要使安全气囊系统的部件受到 85 ℃以上的高温。

（5）安全气囊组件和控制块要避免受到磕碰和振动。

（6）对安全气囊系统的电气测试要待系统安装好后才可进行，切不可用万用表测量气囊引发器的电阻，以免造成气囊误爆。

（7）不得擅自改动安全气囊系统的线路和元件。

（8）对安全气囊传感器不能进行人为冲击试验。在汽车修理作业中，如对传感器会有冲击，应将它拆下，待修理完毕后再按规定装复。

二、SRS 安全气囊系统检修注意事项

1. 一般性故障预防措施

（1）认真仔细检查 SRS 零件表面，如果其表面已显示出现凹坑、裂缝及变形，则应立即更换。

（2）不要使用万用表检查 SRS 引爆装置，否则可能会损坏安全气囊系统，甚至造成气囊自动引爆事故。

（3）千万不可以使用从其他车上拆下的 SRS 零件，如需修理必须使用新件。

（4）每当进行 SRS 线路检查时，一定要拆下蓄电池负极导线等待 15 min 后方可进行。

（5）拆下来的安全气囊组件应存放在水平坚固表面上，且远离火源及任何油料、润滑脂、清洁剂和水等，存放时，应使其衬垫面朝上，并最好用棉花之类的东西罩住。

2. 线路故障预防措施

不可以试图修改、并接或修理 SRS 线路，若存在断路或导线损坏情况，则应更换整个 SRS 线束总成（所有 SRS 线路包覆着黄色绝缘体）。

（1）要确保装设的电线不被挤压或干涉其他零件。

（2）要确保所有的 SRS 接地部分清洁，并使接地部分的金属处紧密牢固地接触车身。不当的接地会造成故障，且不容易被检测到。

项目六

汽车车身的维护

6.1 车身的检查与维护

学习目标

1. 熟悉车身外部结构和内部结构。
2. 掌握车身外观的检查内容及方法。

能力要求

能够正确地对汽车外观进行检查。

相关知识

车身主要由发动机舱、驾驶室和行李箱等部分组成。按结构可分为车架式和整体式两种，按照车厢数可分为三厢式、两厢式和单厢式三种。按照里外位置不同，可分为外观结构和内部结构两部分，如图 6－1 和图 6－2 所示。车辆在使用一定时间后需要对车身部件的安装状况和外观进行检查，以保证汽车的安全性和美观，而熟悉车身的结构是做好车辆维护的前提。

一、车辆漆面

1. 漆面的作用

车身漆面有防止金属部件生锈、防止阳光直射、加强车身强度和美化车辆外观等作用。

2. 漆面的组成

车身漆面主要由底漆、中间涂层、色漆和清漆组成。

底漆：是车身漆面的最内层，用于提高油漆于车身的附着力，增加油漆表层的色彩表现力，并有抗碱性、防腐蚀等功能，可防止金属底板生锈，同时还可以保证色漆的均匀吸收，使油漆系统发挥最佳效果。

中间涂层：作为承上启下的过渡层，可使底漆光滑，同时提高色漆的丰满度、附着力和耐候性等性能。

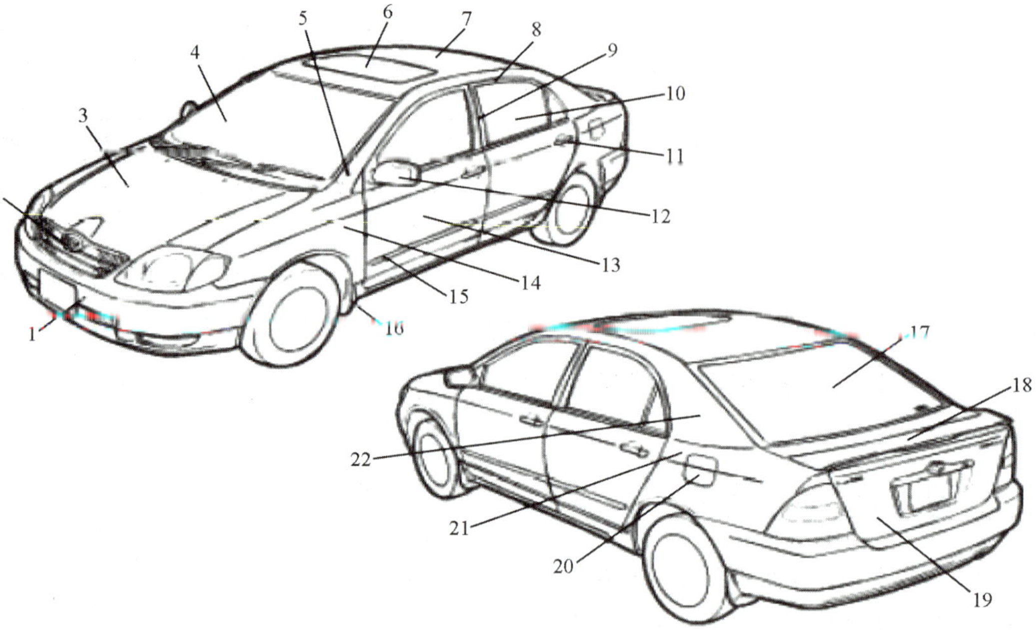

图 6-1　车身外观结构

1—保险杠；2—散热器护栅；3—发动机盖；4—挡风玻璃；5—前柱；6—天窗；7—车顶板；
6—门框；9—中柱；10—门窗玻璃；11—外侧门把手；12—后视镜；13—门板；
14—前翼子板；15—防擦条；16—挡泥板；17—后窗玻璃；16—后扰流器；
19—后备厢盖；20—加油口；21—后翼子板；22—后柱

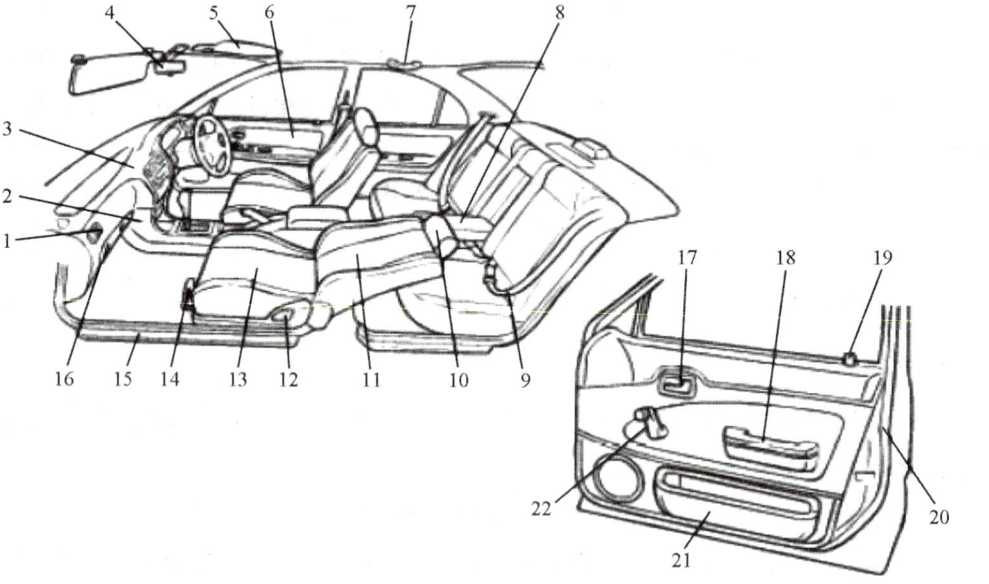

图 6-2　车身内部结构

1—出风口；2—中控台；3—仪表板；4—车内后视镜；5—遮阳板；6—车门饰件；7—辅助把手；8—后座中央扶手；
9—安全带；10—头枕；11—座椅靠背；12—座椅调节钮；13—座椅；14—座椅移动杆；15—皱褶板；
16—手套箱；17—车内把手；18—门扶手；19—车门锁止按钮；20—密封条；21—车门储物格；22—玻璃升降摇把

色漆：是最具色彩表现力的车漆涂层，是车辆外观颜色的直接反映，具有优良的耐腐蚀性、耐候性和耐崩裂性。

清漆：是不含着色物质的透明涂料，光泽好，涂于色漆表面之上，形成具有保护、装饰和特殊性能的涂膜，反光度较低的清漆有助于亚光漆的性能表现。

二、汽车玻璃

1. 汽车玻璃的作用

汽车玻璃除了具有透明的特性外，还具有碰到物体不易碎的特性，能够有效地保护乘员的安全。

2. 汽车玻璃的种类及功能

汽车玻璃有几种，常见的如图 6 – 3 所示。

钢化玻璃：强度是普通玻璃的 4 倍，在遭到强烈撞击时会碎成微小的颗粒，最大限度地减少对人体的伤害，一般用在侧窗玻璃上。

夹层玻璃：将一种透明的具有防紫外线的薄膜夹在两层普通玻璃中间，并压在一起，能有效地防止物体穿透玻璃，现在一般用作前挡风玻璃。

发生损坏破裂时，夹层玻璃不会完全裂开和扩散。即便发生严重撞击，依靠中间的胶装膜也可以在受损严重的情况下保证玻璃不会脱落和部分脱落，仍然保证相对整体性。

有色玻璃：一般是绿色或者青铜色，有遮光带的玻璃用作前挡风玻璃。

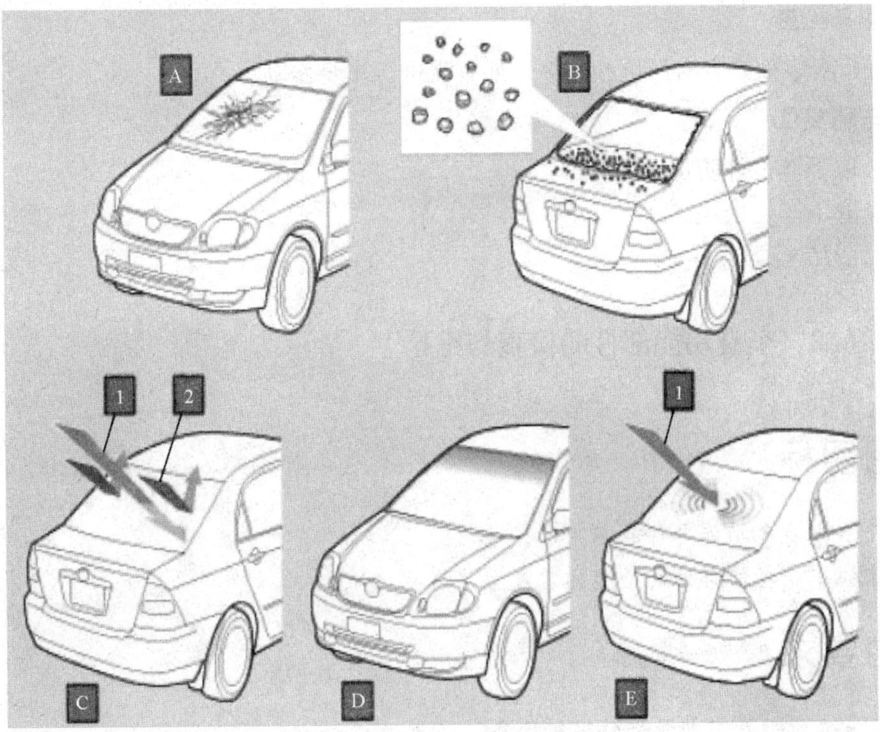

图 6 – 3　汽车玻璃的种类

A—夹层玻璃；B—钢化玻璃；C—防紫外线玻璃；D—有色玻璃；E—吸收太阳能玻璃

1—热量；2—紫外线

项目实施

一、项目实施环境

（1）实训汽车一台。
（2）车轮挡块、地板垫、座椅套、方向盘套、翼子板布、前格栅布、抹布若干。

二、项目实施步骤

1. 准备工作

（1）安装车轮挡块，安装车内防护。
（2）拉起驻车制动杆，降下驾驶员侧车窗玻璃，拉发动机舱盖释放杆。
（3）打开发动机舱盖，安装翼子板布和前格栅布。

2. 检查车身漆面

检查车身漆面是否有油污、划痕和损坏等，如有，需进行清洁，或者研磨抛光、补漆等作业。

3. 检查汽车玻璃

检查玻璃外观有无开裂或者破损，如有，需进行修整或者更换。

4. 车身检查

检查车身表面是否有凹坑和损坏，如有需进行车身修复。

5. 车辆复位

（1）取下车内外防护用品。
（2）取下车轮挡块。
（3）清洁车身。

6.2　车身功能部件的检查与维护

学习目标

1. 熟悉车身各功能部件的功用。
2. 掌握车身功能部件的检查内容及方法。

能力要求

能够正确地对汽车功能部件进行检查。

相关知识

1. 座椅的检查

主要检查座椅功能及各调节装置功能是否正常。

2. 安全带的检查

在安全带上施加较大的加速度，安全带应锁住；轻轻拉出安全带插入卡槽，应联结牢固。

3. 电动车窗的检查

主要检查各控制键功能是否正常。

4. 电动天窗的检查

主要检查天窗功能和外观是否正常。

5. 后视镜调节检查

主要检查后视镜上下左右转动是否正常。

6. 车灯检查

车灯外观主要检查前大灯总成及尾灯总成表面是否有污垢、划痕，安装状况是否良好，如图 6－4、图 6－5 所示。

图 6－4　前大灯总成

图 6－5　尾灯总成

7. 发动机舱盖检查

（1）通过驾驶室发动机舱盖开启开关打开发动机舱盖（图 6－6），在举高位置左右晃动，确认铰链完好（图 6－7）。

（2）将舱盖轻轻放下，确认锁扣能正确扣合。

（3）将舱盖锁好，再次打开，确认能正确锁紧和开启。

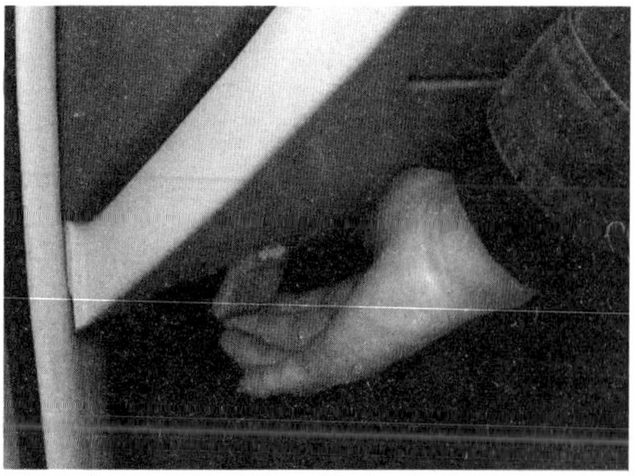

图 6－6　发动机舱盖开启开关

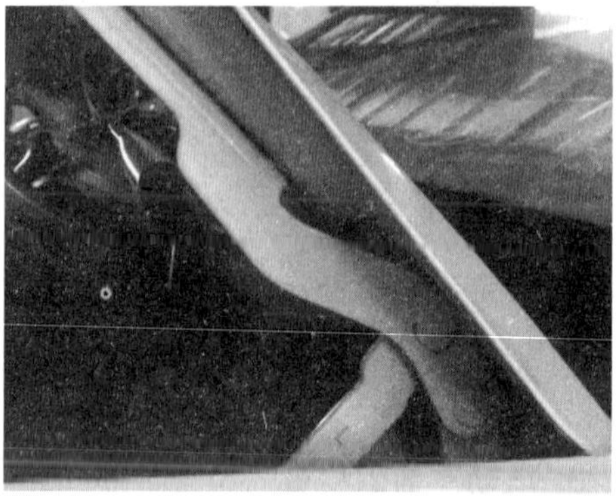

图 6－7　发动机舱盖铰链

8. 燃油箱盖及后备厢盖检查

打开后备厢盖及燃油箱盖，开启开关如图 6－8 所示。检查燃油箱盖表面是否有损坏，用手轻轻晃动连接部位，确认安装牢固可靠，如图 6－9 所示。在后备厢开启的状态下用手晃动连接杆，确认连接螺栓无松动现象，检查部位如图 6－10 所示。

图 6－8　后备厢盖及燃油箱盖开启开关

图 6－9　燃油箱盖检查

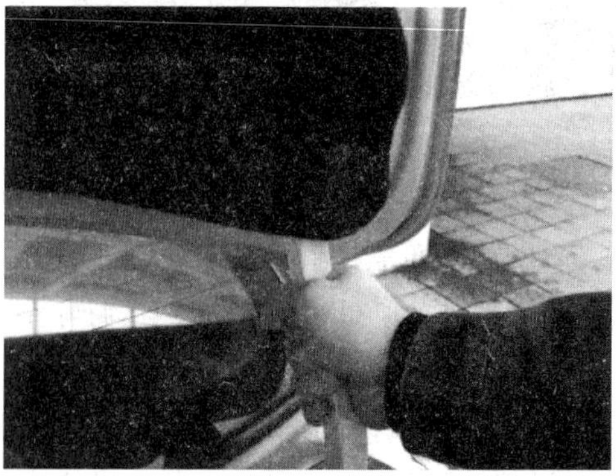

图 6－10　后备厢盖检查

9. 车门的检查

打开车门，上下晃动车门，检查所有车门安装状况是否良好，车门螺栓是否存在松动。车门连接螺栓如图 6－11 所示。

10. 儿童锁检查

儿童锁在车门的位置如图 6－12 所示。将儿童锁拨至锁止状态，关闭车门，在车内不能够将车门开启为正常。

图 6－11　车门连接螺栓

图 6－12　儿童锁

11. 车身漆面检查

主要检查车身漆面有无损坏、划痕。

注意：当发现发动机舱盖、后备厢盖或者车门的螺栓螺母出现松动时，必须查看维修手册，按规定扭矩（表 6－1）上紧。

表 6－1　发动机舱盖、后备厢盖、车门的螺栓螺母拧紧力矩

项目		拧紧力矩单位		
		N · m	kgf① · m	Ibf · ft②
前、后车门	车门合页到车身	37.3～41.2	3.8～4.2	27.5～30.4
	车门合页到车门	9.8～19.6	1.0～2.0	7.2～14.5
	锁栓	16.7～21.6	1.7～2.2	12.3～15.9
	车身检验器	16.7～21.6	1.7～2.2	12.3～15.9
	车门检验器	6.9～10.8	0.7～1.1	5.1～8.0
行李箱盖	行李箱盖碰锁	6.9～10.8	0.7～1.1	5.1～8.0
	安装行李箱盖碰锁到行李箱盖上	6.9～10.8	0.7～1.1	5.1～8.0

① 1lbf · ft（英尺磅力）＝1.356 N · m。

② 1kgf（千克力）＝9.807 N。

续表

项目		拧紧力矩单位		
		N·m	kgf·m	lbf·ft
发动机罩	发动机罩合页到车身	21.6~26.5	2.2~2.7	15.9~19.5
	发动机罩合页到发动机罩	21.6~26.5	2.2~2.7	15.9~19.5
	发动机罩碰锁到车身	6.9~8.8	0.7~0.9	5.1~6.5

项目实施

一、项目实施环境

（1）实训汽车一台。
（2）组合工具一套。

二、项目实施步骤

（1）准备工作。
①安装车轮挡块，安装车内防护。
②拉起驻车制动杆，降下驾驶员侧车窗玻璃，拉发动机舱盖释放杆。
③打开发动机舱盖，安装翼子板布和前格栅布。
④打开后行李箱舱盖。
（2）检查座椅功能。
（3）检查安全带功能。
（4）检查电动车窗功能。
（5）检查电动天窗功能。
（6）检查后视镜功能。
（7）检查车灯功能。
（8）检查发动机舱盖。
（9）检查燃油箱盖和后备厢盖。
（10）检查车门。
（11）检查儿童锁。

知识拓展

（1）依照后备厢锁—右前门锁铰链—右后门锁铰链—左后门锁铰链—左前门锁铰链—发动机舱盖挂钩顺序润滑或检查。

（2）在润滑后备厢锁后关闭后备厢。

任务工单

1.1　验证与恢复新车的工作状态任务工单

姓名		学生学号		日期	
实训场地				课时	

一、资讯

（一）车辆信息

车型		生产年份		制造商	
车牌号		车辆识别码		发动机号	
里程			燃油		
灯罩□	备胎□		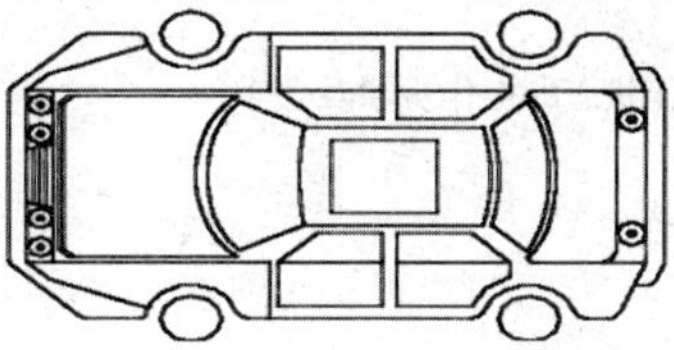		
轮盖□	天线□				
玻璃□	证件□				
工具□	CD 片□		√破损	╳划痕	△凹陷

（二）相关信息

1. 新车交车检验的意义：

2. 车辆铭牌的识别：

3. 新车车辆状态的验证：

二、计划与决策

请根据任务要求，确定所需要的技术资料、检测仪器、工具，并对小组成员进行合理分工，制订详细的维护和检查计划。

1. 需要的技术资料：

续表

2. 本次工作所需要的检测仪器及常用工具

检测仪器及工具名称	型号	使用注意事项

3. 完成本次任务的安全注意事项：

4. 小组成员分工：

5. 根据维护和检查的项目，写出检查的操作流程图：

三、实施

1. 车辆铭牌的核对：

2. 车辆状态的验证：

3. 恢复新车正常工作状态的操作步骤及要求：

四、检查

1. 对学生维护的项目和操作的流程规范进行检查。
2. 如何正确进行恢复新车工作状态？请提出方案______________________________
____
______________________________。
3. 有无新发现的知识点？______________________________
____
______________________________。

五、评估

1. 请根据组内任务完成的情况，对组内其他同学进行评估，并提出改进意见。
____
____
2. 教师对学生工作情况进行评估，并进行点评。
____
____
3. 学生本次任务成绩：______________________________

小组加分：______________ 学生本次综合成绩：______________

1.2　新车交付的功能检验任务工单

姓名		学生学号		日期	
实训场地				课时	

一、资讯

（一）车辆信息

车型		生产年份		制造商	
车牌号		车辆识别码		发动机号	
里程			燃油		
灯罩□　　备胎□			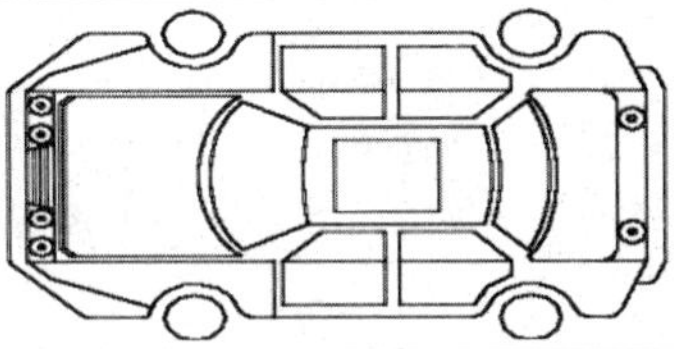		
轮盖□　　天线□					
玻璃□　　证件□					
工具□　　CD 片□			√破损　　╳划痕　　△凹陷		

（二）相关信息

1. 随车资料：

2. 通过查阅相关维修技术资料等方式获取车辆安全配置信息：

3. 新车交付功能检验的操作步骤及要求：

二、计划与决策

请根据任务要求，确定所需要的技术资料、检测仪器、工具，并对小组成员进行合理分工，制订详细检查计划。

1. 需要的技术资料

2. 本次工作所需要的检测仪器及常用工具：

检测仪器及工具名称	型号	使用注意事项

续表

3. 完成本次任务的安全注意事项：

4. 小组成员分工：

5. 根据维护和检查的项目，写出维护和检查的操作流程图：

三、实施

1. 准备工作：

2. 随车资料检查：

3. 车辆外部检查：

4. 车辆内部检查：

5. 发动机室检查：

6. 汽车底部检查：

7. 车辆路试检查：

8. 最终检查：

四、检查

1. 对学生维护的项目和操作的流程规范进行检查。

2. 如何正确进行新车检验？请提出方案：______________________________

____

____。

3. 有无新发现的知识点？______________________________________

____

____。

五、评估

1. 请根据组内任务完成的情况，对组内其他同学进行评估，并提出改进意见。

____

____

2. 教师对学生工作情况进行评估，并进行点评。

____

____

3. 学生本次任务成绩：______________________________________

小组加分：________________　　　学生本次综合成绩：________________

1.3　新车的日常维护与走合期的使用与维护任务工单

姓名		学生学号		日期	
实训场地				课时	

一、资讯

（一）车辆信息

车型		生产年份		制造商	
车牌号		车辆识别码		发动机号	
里程			燃油		
灯罩□	备胎□		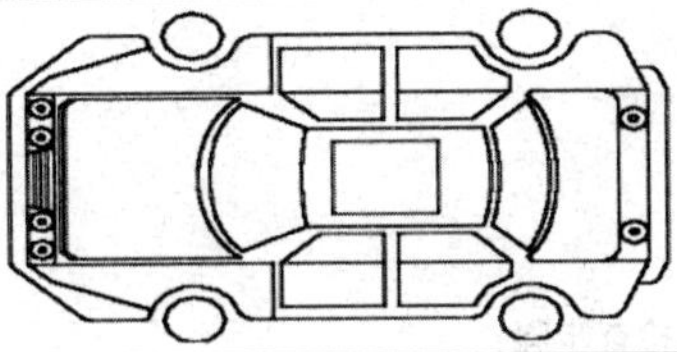		
轮盖□	天线□				
玻璃□	证件□				
工具□	CD 片□		√破损	╳划痕	△凹陷

（二）相关信息

1. 新车首次保养的时间：

2. 走合中维护是在汽车行驶约________ km 时进行。

3. 日常维护主要检查的项目：

二、计划与决策

请根据任务要求，确定所需要的技术资料、检测仪器、工具，并对小组成员进行合理分工，制订详细检查与维护计划。

1. 需要的技术资料：

2. 本次工作所需要的检测仪器及常用工具：

检测仪器及工具名称	型号	使用注意事项

续表

3. 完成本次任务的安全注意事项：

4. 小组成员分工：

5. 根据维护和检查的项目，写出维护和检查的操作流程图。

三、实施

1. 准备工作：

2. 日常维护与保养检查步骤：

3. 走合期维护检查步骤：

四、检查

1. 对学生维护的项目和操作的流程规范进行检查。

2. 车主如何正确进行日常维护？请提出方案：____
____
____。

3. 有无新发现的知识点？____
____
____。

五、评估

1. 请根据组内任务完成的情况，对组内其他同学进行评估，并提出改进意见。
____
____

2. 教师对学生工作情况进行评估，并进行点评。
____
____

3. 学生本次任务成绩：____

小组加分：________________　　学生本次综合成绩：________________

2.1 常用工具的使用任务工单

姓名		学生学号		日期	
实训场地				课时	

一、资讯

（一）车辆信息

车型		生产年份		制造商	
车牌号		车辆识别码		发动机号	
里程			燃油		
灯罩□	备胎□	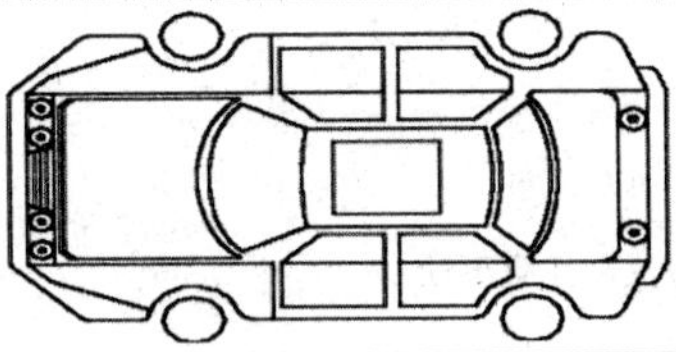			
轮盖□	天线□				
玻璃□	证件□				
工具□	CD 片□	√破损	╳划痕	△凹陷	

（二）相关信息

1. 各种常用工具的名称和用途：

2. 识别和选择各种类别、型号的工具，并能够正确地运用、掌握安全操作方法。

二、计划与决策

请根据任务要求，确定所需要的技术资料、检测仪器、工具，并对小组成员进行合理分工，制订详细操作和实施计划。

1. 需要的技术资料：

2. 本次工作所需要的检测仪器及常用工具：

检测仪器及工具名称	型号	使用注意事项

续表

3. 完成本次任务的安全注意事项：

4. 小组成员分工：

5. 根据维护和检查的项目，写出维护和检查的操作流程图：

三、实施

1. 各种工具的使用方法与注意事项：

2. 轿车维修专用工具的认识：

四、检查

1. 对学生维护的项目和操作的流程规范进行检查。

2. 对如何正确进行工具使用提出方案。____
____
____。

3. 有无新发现的知识点？____
____
____。

五、评估

1. 请根据组内任务完成的情况，对组内其他同学进行评估，并提出改进意见。
____
____

2. 教师对学生工作情况进行评估，并进行点评。
____
____

3. 学生本次任务成绩：____

小组加分：______________　　　　学生本次综合成绩：______________

2.2 常用量具的使用任务工单

姓名		学生学号		日期	
实训场地				课时	

一、资讯

（一）车辆信息

车型		生产年份		制造商	
车牌号		车辆识别码		发动机号	
里程			燃油		
灯罩□	备胎□		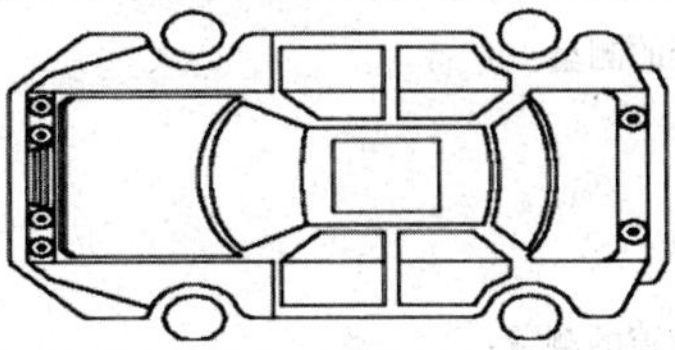		
轮盖□	天线□				
玻璃□	证件□				
工具□	CD 片□		√破损	╳划痕	△凹陷

（二）相关信息

1. 各种常用量具的名称和用途：

2. 识别和选择各种类别、型号的量具，并能够正确地运用、掌握安全操作方法。

二、计划与决策

根据任务要求，确定所需要的技术资料、检测仪器、工具，并对小组成员进行合理分工，制订详细操作和实施计划。

1. 需要的技术资料：

2. 本次工作所需要的检测仪器及常用工具：

检测仪器及工具名称	型号	使用注意事项

续表

3. 完成本次任务的安全注意事项：

4. 小组成员分工：

5. 根据维护和检查的项目，写出维护和检查的操作流程图：

三、实施

1. 发动机汽缸直径的测量：

2. 发动机进气门间隙的测量：

3. 发动机连杆直径的测量：

四、检查

1. 对学生维护的项目和操作的流程规范进行检查。
2. 对如何正确进行量具使用提出方案。____
____
____。
3. 有无新发现的知识点？____
____
____。

五、评估

1. 请根据组内任务完成的情况，对组内其他同学进行评估，并提出改进意见。
____
____
2. 教师对学生工作情况进行评估，并进行点评。
____
____
3. 学生本次任务成绩：____

小组加分：______________ 学生本次综合成绩：______________

2.3 常用举升设备及操作任务工单

姓名		学生学号		日期	
实训场地				课时	

一、资讯

（一）车辆信息

车型		生产年份		制造商	
车牌号		车辆识别码		发动机号	
里程			燃油		
灯罩□	备胎□		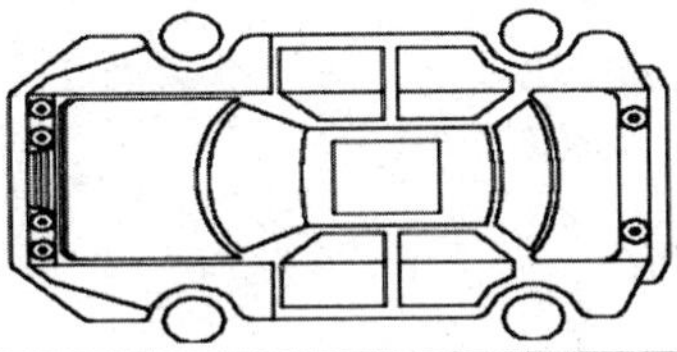		
轮盖□	天线□				
玻璃□	证件□				
工具□	CD 片□		√破损 ╳划痕 △凹陷		

（二）相关信息

1. 各种常用举升设备的名称和用途：

2. 识别和选择各种类别、型号的举升设备，并能够正确地运用、掌握安全操作方法。

二、计划与决策

根据任务要求，确定所需要的技术资料、检测仪器、工具，并对小组成员进行合理分工，制订详细操作和实施计划。

1. 需要的技术资料：

2. 本次工作所需要的检测仪器及常用工具：

检测仪器及工具名称	型号	使用注意事项

续表

3. 完成本次任务的安全注意事项：

4. 小组成员分工：

5. 根据维护和检查的项目，写出维护和检查的操作流程图：

三、实施

1. 千斤顶的安全使用：

2. 举升机整车举升作业：

四、检查

1. 对学生维护的项目和操作的流程规范进行检查。
2. 对如何正确进行举升设备的使用提出方案。____
____
____。
3. 有无新发现的知识点？____
____
____。

五、评估

1. 请根据组内任务完成的情况，对组内其他同学进行评估，并提出改进意见。
____
____
2. 教师对学生工作情况进行评估，并进行点评。
____
____
3. 学生本次任务成绩：____

小组加分：______________　　　　学生本次综合成绩：______________

3.1　进排气系统的使用与维护任务工单

姓名		学生学号		日期	
实训场地				课时	

一、资讯

（一）车辆信息

车型		生产年份		制造商	
车牌号		车辆识别码		发动机号	
里程			燃油		
灯罩□	备胎□		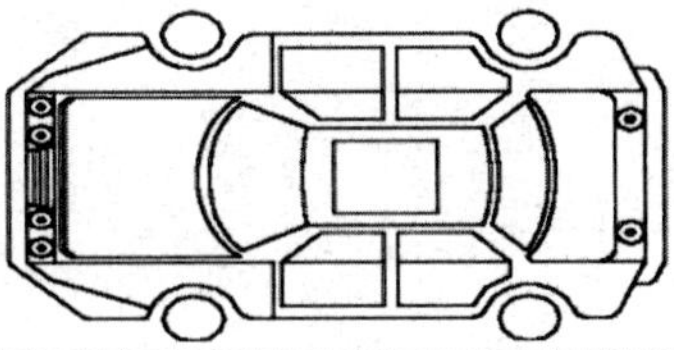		
轮盖□	天线□				
玻璃□	证件□				
工具□	CD 片□		√破损　╳划痕　△凹陷		

（二）相关信息

1. 如何更换空气滤清器？更换时要注意什么？

2. 简述节气门体的清洗与拆装要点。

3. 空气滤清器滤芯应每行驶________ km 后进行清洁。

4. 对整车进行首次维护，一般是在新车行驶________ km 后。

二、计划与决策

请根据故障现象和任务要求，确定所需要的技术资料、检测仪器、工具，并对小组成员进行合理分工，制订详细的诊断和修复计划。

1. 需要的技术资料：

2. 本次工作所需要的检测仪器及常用工具：

检测仪器及工具名称	型号	使用注意事项

续表

3. 完成本次任务的安全注意事项：

4. 小组成员分工：

5. 根据维护和检查的项目，写出维护和检查的操作流程图：

三、实施

1. 空气滤清器的检查：

2. 进气管的检查：

3. 节气门的检查：

4. 三元催化器的检查：

5. 排气管的检查：

四、检查

1. 对学生维护的项目和操作的流程规范进行检查。

2. 车主如何正确进行日常维护？请提出方案。____
____
____。

3. 有无新发现的知识点？____
____
____。

五、评估

1. 请根据组内任务完成的情况，对组内其他同学进行评估，并提出改进意见。
____
____

2. 教师对学生工作情况进行评估，并进行点评。
____
____

3. 学生本次任务成绩：____

小组加分：______________　　学生本次综合成绩：______________

3.2　燃油供给系统的使用与维护任务工单

姓名		学生学号		日期	
实训场地				课时	

一、资讯

（一）车辆信息

车型		生产年份		制造商	
车牌号		车辆识别码		发动机号	
里程			燃油		
灯罩□　备胎□			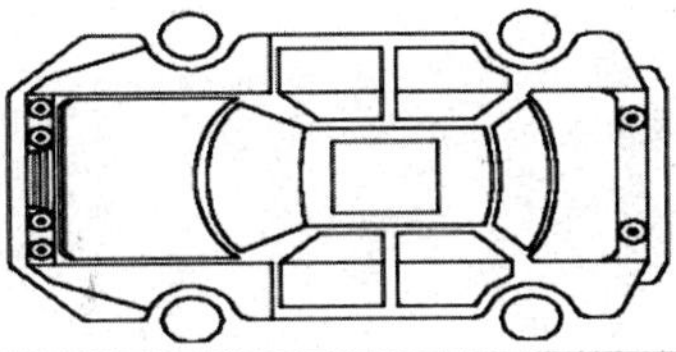		
轮盖□　天线□					
玻璃□　证件□					
工具□　CD 片□			√破损　×划痕　△凹陷		

（二）相关信息

1. 如何更换燃油滤清器？更换时要注意什么？

2. 燃油滤清器滤芯应每行驶________ km 后进行更换。

二、计划与决策

请根据故障现象和任务要求，确定所需要的技术资料、检测仪器、工具，并对小组成员进行合理分工，制订详细的诊断和修复计划。

1. 需要的技术资料：

2. 本次工作所需要的检测仪器及常用工具：

检测仪器及工具名称	型号	使用注意事项

续表

3. 完成本次任务的安全注意事项：

4. 小组成员分工：

5. 根据维护和检查的项目，写出维护和检查的操作流程图：

三、实施

1. 燃油滤清器的检查：

2. 燃油滤清器的更换：

3. 电子控制系统的检查：

4. 燃油系统免拆清洗的操作方法：

四、检查

1. 对学生维护的项目和操作的流程规范进行检查。

2. 车主如何正确进行日常维护？请提出方案。____。

3. 有无新发现的知识点？____。

五、评估

1. 请根据组内任务完成的情况，对组内其他同学进行评估，并提出改进意见。

____

2. 教师对学生工作情况进行评估，并进行点评。

____

3. 学生本次任务成绩：____

小组加分：______________ 学生本次综合成绩：______________

3.3　点火系统的使用与维护任务工单

<table>
<tr><td>姓名</td><td></td><td>学生学号</td><td></td><td>日期</td><td></td></tr>
<tr><td>实训场地</td><td colspan="3"></td><td>课时</td><td></td></tr>
</table>

一、资讯

（一）车辆信息

<table>
<tr><td>车型</td><td></td><td>生产年份</td><td></td><td>制造商</td><td></td></tr>
<tr><td>车牌号</td><td></td><td>车辆识别码</td><td></td><td>发动机号</td><td></td></tr>
<tr><td>里程</td><td colspan="2"></td><td>燃油</td><td colspan="2"></td></tr>
<tr><td colspan="3">灯罩□　　备胎□</td><td colspan="3" rowspan="3">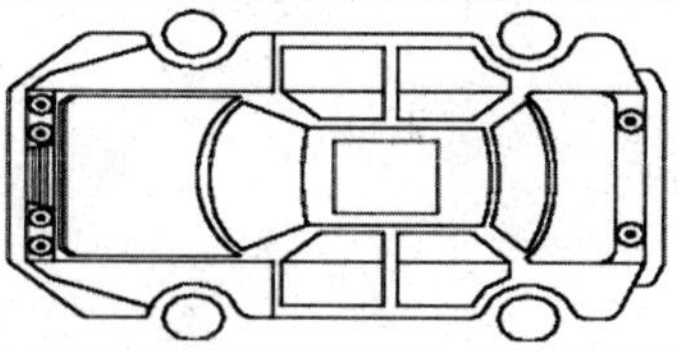</td></tr>
<tr><td colspan="3">轮盖□　　天线□</td></tr>
<tr><td colspan="3">玻璃□　　证件□</td></tr>
<tr><td colspan="3">工具□　　CD 片□</td><td colspan="3">√破损　　╳划痕　　△凹陷</td></tr>
</table>

（二）相关信息

1. 如何进行火花塞的检查与更换？更换时要注意什么？

2. 火花塞每行驶________km 后应进行检查更换。

二、计划与决策

请根据故障现象和任务要求，确定所需要的技术资料、检测仪器、工具，并对小组成员进行合理分工，制订详细的诊断和修复计划。

1. 需要的技术资料：

2. 本次工作所需要的检测仪器及常用工具：

检测仪器及工具名称	型号	使用注意事项

任务工单

续表

3. 完成本次任务的安全注意事项：

4. 小组成员分工：

5. 根据维护和检查的项目，写出维护和检查的操作流程图：

三、实施

1. 火花塞的检查：

2. 高压线的检查：

3. 点火线圈的检查：

四、检查

1. 对学生维护的项目和操作的流程规范进行检查。
2. 车主如何正确进行日常维护？请你提出方案。____。
3. 有无新发现的知识点？____。

五、评估

1. 请根据组内任务完成的情况，对组内其他同学进行评估，并提出改进意见。
____
2. 教师对学生工作情况进行评估，并进行点评。
____
3. 学生本次任务成绩：________________

小组加分：________________　　学生本次综合成绩：________________

3.4 润滑系统的使用与维护任务工单

姓名		学生学号		日期	
实训场地				课时	

一、资讯

（一）车辆信息

<table>
<tr><td>车型</td><td></td><td>生产年份</td><td></td><td>制造商</td><td></td></tr>
<tr><td>车牌号</td><td></td><td>车辆识别码</td><td></td><td>发动机号</td><td></td></tr>
<tr><td>里程</td><td colspan="2"></td><td>燃油</td><td colspan="2"></td></tr>
<tr><td colspan="3">灯罩□　　备胎□</td><td colspan="3" rowspan="3">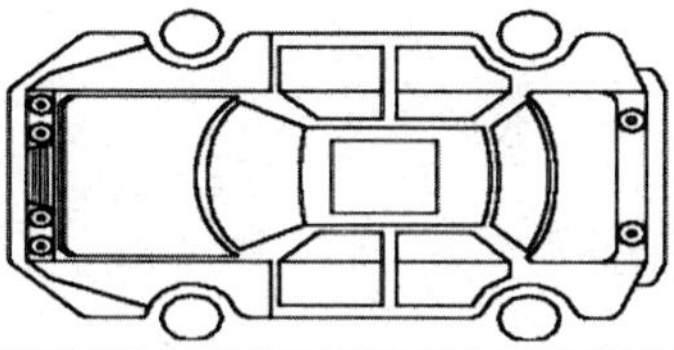</td></tr>
<tr><td colspan="3">轮盖□　　天线□</td></tr>
<tr><td colspan="3">玻璃□　　证件□</td></tr>
<tr><td colspan="3">工具□　　CD 片□</td><td colspan="3">√破损　　╳划痕　　△凹陷</td></tr>
</table>

（二）相关信息

1. 机油和机油滤清器更换周期：

2. 如何更换机油和机油滤清器？更换时要注意什么？

3. 用举升机将车辆举升，使轮胎离地大约________ mm，轻压前、后保险杠，检查汽车是否平稳。

二、计划与决策

请根据故障现象和任务要求，确定所需要的技术资料、检测仪器、工具，并对小组成员进行合理分工，制订详细的诊断和修复计划。

1. 需要的技术资料：

2. 本次工作所需要的检测仪器及常用工具：

检测仪器及工具名称	型号	使用注意事项

任务工单

续表

3. 完成本次任务的安全注意事项：

4. 小组成员分工：

5. 根据维护和检查的项目，写出维护和检查的操作流程图：

三、实施

1. 根据车型选择合适的机油类型：

2. 更换机油：

3. 更换机油滤清器：

4. 机油的加注与发动机油量的检查：

5. 发动机泄漏检查：

四、检查

1. 对学生维护的项目和操作的流程规范进行检查。
2. 车主如何正确进行日常维护？请提出方案。____

____

____。

3. 有无新发现的知识点？____

____

____。

五、评估

1. 请根据组内任务完成的情况，对组内其他同学进行评估，并提出改进意见。

____

____

2. 教师对学生工作情况进行评估，并进行点评。

____

____

3. 学生本次任务成绩：____

小组加分：______________　　　　学生本次综合成绩：______________

3.5　冷却系统的使用与维护任务工单

姓名		学生学号		日期	
实训场地				课时	

一、资讯

（一）车辆信息

车型		生产年份		制造商	
车牌号		车辆识别码		发动机号	
里程			燃油		
灯罩□	备胎□		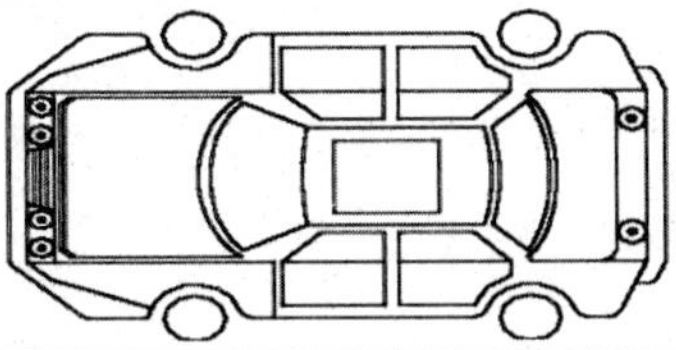		
轮盖□	天线□				
玻璃□	证件□				
工具□	CD 片□		√破损	×划痕	△凹陷

（二）相关信息

1. 冷却液的更换周期：

2. 冷却液的种类：

3. 冷却液的选用：

二、计划与决策

请根据故障现象和任务要求，确定所需要的技术资料、检测仪器、工具，并对小组成员进行合理分工，制订详细的检查和维护计划。

1. 需要的技术资料：

2. 本次工作所需要的检测仪器及常用工具：

检测仪器及工具名称	型号	使用注意事项

任务工单

续表

3. 完成本次任务有哪些安全注意事项：

4. 小组成员分工.

5. 根据维护和检查的项目，写出维护和检查的操作流程图：

三、实施

1. 根据车型和环境选择合适的冷却液：

2. 冷却液的检查与更换：

3. 散热器盖的检查：

4. 管路的检查：

四、检查

1. 对学生维护的项目和操作的流程规范进行检查。

2. 车主如何正确进行日常维护？请提出方案。____

____

____。

3. 有无新发现的知识点？____

____

____。

五、评估

1. 请根据组内任务完成的情况，对组内其他同学进行评估，并提出改进意见。

____

____

2. 教师对学生工作情况进行评估，并进行点评。

____

____

3. 学生本次任务成绩：____

小组加分：________________　　　　学生本次综合成绩：________________

4.1 离合器自由行程的测量与调整任务工单

<table>
<tr><td>姓名</td><td></td><td>学生学号</td><td></td><td>日期</td><td></td></tr>
<tr><td>实训场地</td><td colspan="3"></td><td>课时</td><td></td></tr>
</table>

一、资讯

（一）车辆信息

<table>
<tr><td>车型</td><td></td><td>生产年份</td><td></td><td>制造商</td><td></td></tr>
<tr><td>车牌号</td><td></td><td>车辆识别码</td><td></td><td>发动机号</td><td></td></tr>
<tr><td>里程</td><td colspan="2"></td><td>燃油</td><td colspan="2"></td></tr>
<tr><td colspan="3">灯罩□ 备胎□</td><td colspan="3" rowspan="3">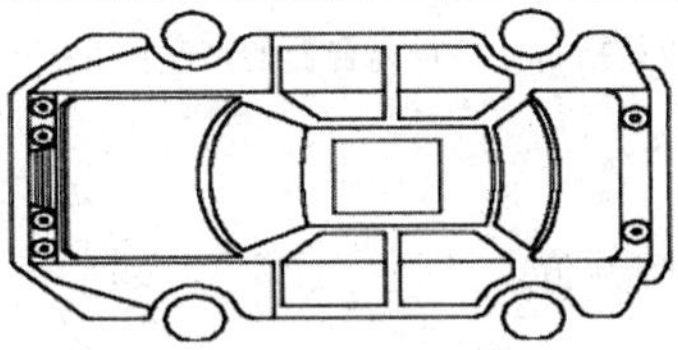</td></tr>
<tr><td colspan="3">轮盖□ 天线□</td></tr>
<tr><td colspan="3">玻璃□ 证件□</td></tr>
<tr><td colspan="3">工具□ CD 片□</td><td colspan="3">√破损 ╳划痕 △凹陷</td></tr>
</table>

（二）相关信息

1. 离合器踏板性能检查：

2. 离合器踏板高度调整：

3. 如何检查和调整离合器踏板自由行程？

二、计划与决策

请根据故障现象和任务要求，确定所需要的技术资料、检测仪器、工具，并对小组成员进行合理分工，制订详细的诊断和修复计划。

1. 需要的技术资料：

2. 本次工作所需要的检测仪器及常用工具：

检测仪器及工具名称	型号	使用注意事项

续表

3. 完成本次任务的安全注意事项：

4. 小组成员分工：

5. 根据维护和检查的项目，写出维护和检查的操作流程图：

三、实施

1. 检查离合器性能好坏：

2. 根据车型和技术资料指示，检查离合器的高度：

3. 调整离合器高度到规定值：

4. 检查离合器自由行程：

5. 调整离合器自由行程：

四、检查

1. 对学生维护的项目和操作的流程规范进行检查。

2. 车主应如何正确对离合器进行检查和调整维护？请提出方案。____

____。

3. 有无新发现的知识点？____

____。

五、评估

1. 请根据组内任务完成的情况，对组内其他同学进行评估，并提出改进意见。

____

____

2. 教师对学生工作情况进行评估，并进行点评。

____

____

3. 学生本次任务成绩：____

小组加分：______________　　　学生本次综合成绩：______________

4.2　手动变速器齿轮油的保养与更换任务工单

姓名		学生学号		日期	
实训场地				课时	

一、资讯

（一）车辆信息

车型		生产年份		制造商	
车牌号		车辆识别码		发动机号	
里程			燃油		
灯罩□	备胎□		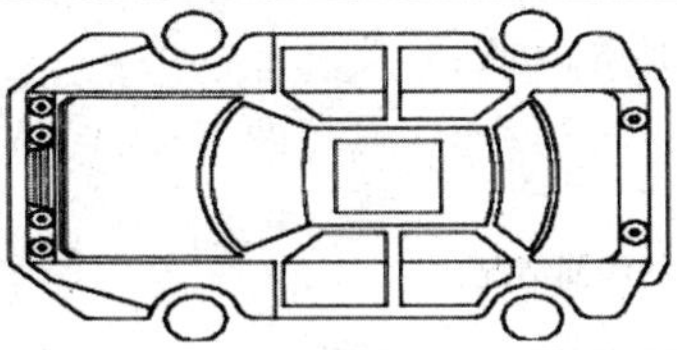		
轮盖□	天线□				
玻璃□	证件□				
工具□	CD 片□		√破损	╳划痕	△凹陷

（二）相关信息

1. 手动变速器齿轮油的分类：

2. 变速器齿轮油的选用和注意事项：

3. 变速器齿轮油的数量检查和质量检查：

4. 变速器齿轮油渗漏检查：

5. 变速器齿轮油的更换：

二、计划与决策

请根据故障现象和任务要求，确定所需要的技术资料、检测仪器、工具，并对小组成员进行合理分工，制订详细的诊断和修复计划。

1. 需要的技术资料：

2. 本次工作所需要的检测仪器及常用工具：

检测仪器及工具名称	型号	使用注意事项

任务工单

续表

3. 完成本次任务的安全注意事项：

4. 小组成员分工：

5. 根据维护和检查的项目，写出维护和检查的操作流程图：

三、实施

1. 检查手动变速器齿轮油的数量状况：

2. 检查手动变速器的质量状况：

3. 检查手动变速器的渗漏情况：

4. 根据所学知识和变速器具体情况选用合适的齿轮油：

5. 对自动变速器齿轮油进行更换：

四、检查

1. 对学生维护的项目和操作的流程规范进行检查。
2. 车主应如何正确检查手动变速器齿轮油和正确更换手动变速器齿轮油？请提出方案。____。
3. 有无新发现的知识点？____。

五、评估

1. 请根据组内任务完成的情况，对组内其他同学进行评估，并提出改进意见。
____
____
2. 教师对学生工作情况进行评估，并进行点评。
____
____
3. 学生本次任务成绩：________________________________

小组加分：________________　　学生本次综合成绩：________________

4.3 自动变速器的免解体维护任务工单

姓名		学生学号		日期	
实训场地				课时	

一、资讯

（一）车辆信息

车型		生产年份		制造商	
车牌号		车辆识别码		发动机号	
里程			燃油		
灯罩□ 备胎□			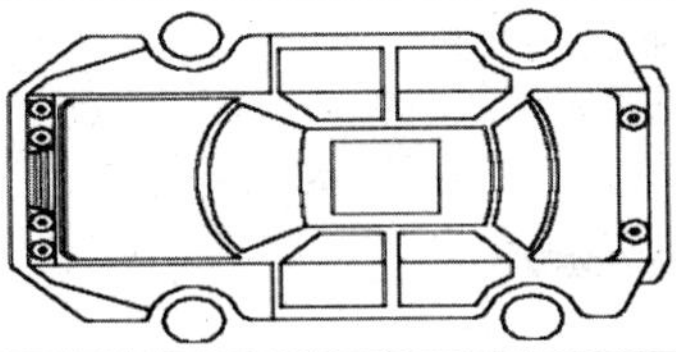		
轮盖□ 天线□					
玻璃□ 证件□					
工具□ CD 片□			√破损 ╳划痕 △凹陷		

（二）相关信息

1. 自动变速器油的分类：

2. 自动变速器油的选择使用和注意事项：

3. 自动变速器油数量、质量和泄漏的检查：

4. 自动变速器油的更换：

二、计划与决策

请根据故障现象和任务要求，确定所需要的技术资料、检测仪器、工具，并对小组成员进行合理分工，制订详细的诊断和修复计划。

1. 需要的技术资料：

2. 本次工作所需要的检测仪器及常用工具：

检测仪器及工具名称	型号	使用注意事项

续表

3. 完成本次任务的安全注意事项：

4. 小组成员分工：

5. 根据维护和检查的项目，写出维护和检查的操作流程图：

三、实施

1. 检查自动变速器油的数量状况：

2. 检查自动变速器油的质量状况：

3. 检查自动变速器油的泄漏状况：

4. 根据所学知识和自动变速器具体情况选择合适的自动变速器油：

5. 使用自动变速器油更换机对自动变速器油进行正确更换：

四、检查

1. 对学生维护的项目和操作的流程规范进行检查。
2. 车主应如何正确检查自动变速器油和正确更换自动变速器油？请提出方案。____。
3. 有无新发现的知识点？____。

五、评估

1. 请根据组内任务完成的情况，对组内其他同学进行评估，并提出改进意见。
____
2. 教师对学生工作情况进行评估，并进行点评。
____
3. 学生本次任务成绩：________________________

小组加分：____________ 学生本次综合成绩：____________

4.4　行驶系统的使用与维护任务工单

姓名		学生学号		日期	
实训场地				课时	

一、资讯

（一）车辆信息

车型		生产年份		制造商	
车牌号		车辆识别码		发动机号	
里程			燃油		
灯罩□　备胎□			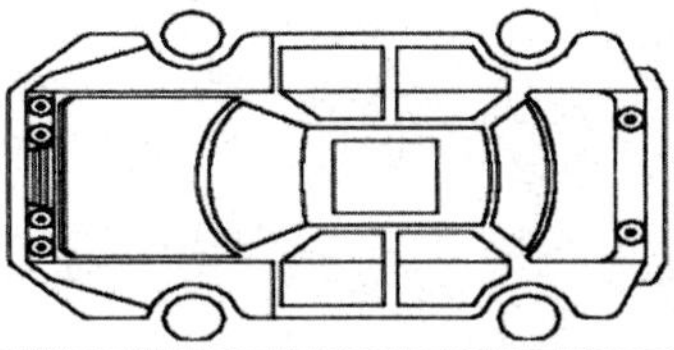		
轮盖□　天线□					
玻璃□　证件□					
工具□　CD 片□			√破损　╳划痕　△凹陷		

（二）相关信息

1. 悬架的作用：

2. 悬架的结构组成：

3. 如何检查汽车悬架？

二、计划与决策

请根据故障现象和任务要求，确定所需要的技术资料、检测仪器、工具，并对小组成员进行合理分工，制订详细的诊断和修复计划。

1. 需要的技术资料：

2. 本次工作所需要的检测仪器及常用工具：

检测仪器及工具名称	型号	使用注意事项

续表

3. 完成本次任务有哪些安全注意事项：

4. 小组成员分工：

5. 根据维护和检查的项目，写出维护和检查的操作流程图：

三、实施

1. 检查减震器减振力：

2. 检查车辆倾斜情况：

3. 检查悬架组件：

4. 检查减震器：

5. 检查底盘连接螺栓、螺母：

四、检查

1. 对学生维护的项目和操作的流程规范进行检查。
2. 车主应如何正确对行驶系统进行检查和调整维护？请提出方案。____。
3. 有无新发现的知识点？____。

五、评估

1. 请根据组内任务完成的情况，对组内其他同学进行评估，并提出改进意见。____
2. 教师对学生工作情况进行评估，并进行点评。____
3. 学生本次任务成绩：______________________________

小组加分：______________ 学生本次综合成绩：______________

4.5 转向系统的使用与维护任务工单

姓名		学生学号		日期	
实训场地				课时	

一、资讯

（一）车辆信息

车型		生产年份		制造商	
车牌号		车辆识别码		发动机号	
里程			燃油		
灯罩□	备胎□		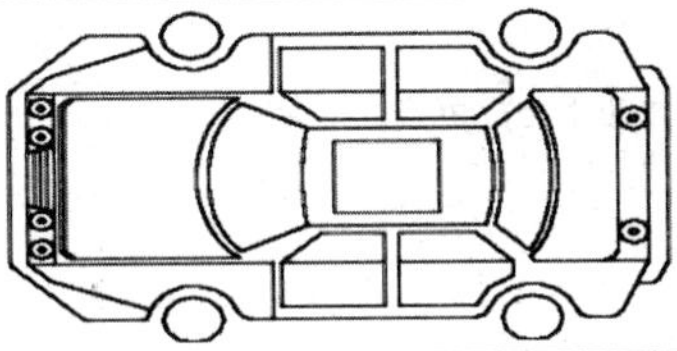		
轮盖□	天线□				
玻璃□	证件□				
工具□	CD 片□		√破损	╳划痕	△凹陷

（二）相关信息

1. 转向系统的组成：

2. 转向系统检查的必要性：

3. 如何对转向系统进行检查？

二、计划与决策

请根据故障现象和任务要求，确定所需要的技术资料、检测仪器、工具，并对小组成员进行合理分工，制订详细的诊断和修复计划。

1. 需要的技术资料：

2. 本次工作所需要的检测仪器及常用工具：

检测仪器及工具名称	型号	使用注意事项

续表

3. 完成本次任务的安全注意事项：

4. 小组成员分工：

5. 根据维护和检查的项目，写出维护和检查的操作流程图：

三、实施

1. 方向盘的检查：

2. 动力转向油的检查和添加或更换：

3. 液压助力转向系统的检查维护：

4. 转向系统的检查维护：

四、检查

1. 对学生维护的项目和操作的流程规范进行检查。

2. 车主应如何正确地对转向系统进行检查和调整维护？请提出方案。____。

3. 有无新发现的知识点？____。

五、评估

1. 请根据组内任务完成的情况，对组内其他同学进行评估，并提出改进意见。

____

2. 教师对学生工作情况进行评估，并进行点评。

____

3. 学生本次任务成绩：____________________

小组加分：____________　　学生本次综合成绩：____________

4.6 制动系统的使用与维护任务工单

姓名		学生学号		日期	
实训场地				课时	

一、资讯

（一）车辆信息

车型		生产年份		制造商	
车牌号		车辆识别码		发动机号	
里程			燃油		
灯罩□	备胎□		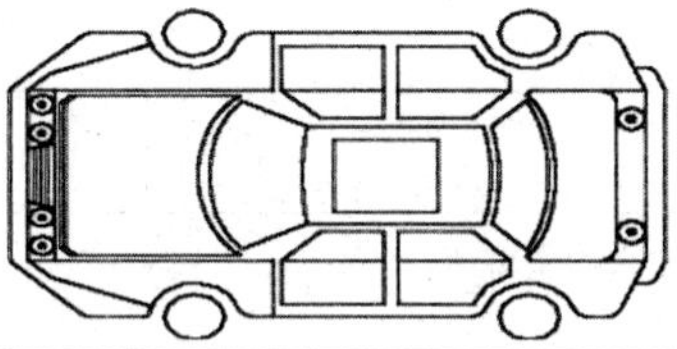		
轮盖□	天线□				
玻璃□	证件□				
工具□	CD 片□		√破损	╳划痕	△凹陷

（二）相关信息

1. 制动系统的功用和组成：

2. 制动器的分类和基本结构：

3. 气压制动系统和液压制动系统的基本组成：

4. 驻车制动系统的基本知识：

5. 制动系统的检查：

6. 制动液的更换：

7. 制动盘和制动块的检查：

续表

二、计划与决策

请根据故障现象和任务要求，确定所需要的技术资料、检测仪器、工具，并对小组成员进行合理分工，制订详细的诊断和修复计划。

1. 需要的技术资料：

2. 本次工作所需要的检测仪器及常用工具：

检测仪器及工具名称	型号	使用注意事项

3. 完成本次任务的安全注意事项：

4. 小组成员分工：

5. 根据维护和检查的项目，写出维护和检查的操作流程图：

三、实施

1. 制动液液面的检查：

2. 行车制动踏板的检查和调整：

3. 真空助力器的检查：

4. 驻车制动器的检查：

5. 制动管路的检查：

6. 制动液的检查和更换与添加：

7. 制动盘和制动块的拆装检查：

四、检查

1. 对学生维护的项目和操作的流程规范进行检查。
2. 车主应如何正确地对制动系统进行检查和调整维护？请提出方案。____。
3. 有无新发现的知识点？____。

五、评估

1. 请根据组内任务完成的情况，对组内其他同学进行评估，并提出改进意见。____
2. 教师对学生工作情况进行评估，并进行点评。____
3. 学生本次任务成绩：________________________

小组加分：________________　　学生本次综合成绩：________________

5.1 蓄电池的使用与维护任务工单

姓名		学生学号		日期	
实训场地				课时	6

一、资讯

（一）车辆信息

车型		生产年份		制造商	
车牌号		车辆识别码		发动机号	
里程			燃油		
灯罩□	备胎□		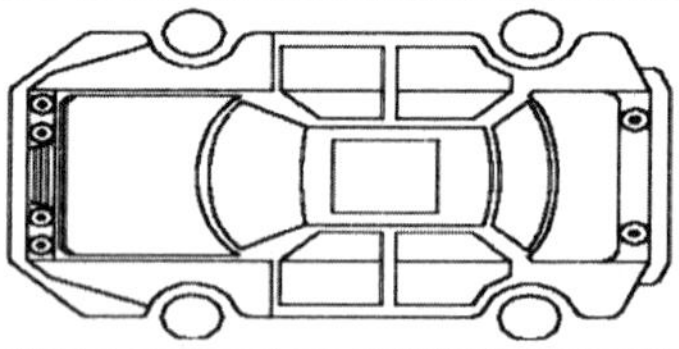		
轮盖□	天线□				
玻璃□	证件□				
工具□	CD 片□		√破损	×划痕	△凹陷

（二）相关信息

1. 蓄电池的作用：

2. 蓄电池的额定容量：

3. 蓄电池电解液的相对密度一般为（　　）。

A. 1.24 ~ 1.28　　B. 1.15 ~ 1.20　　C. 1.35 ~ 1.40

4. 铅酸蓄电池正极板上的活性物质是________，呈________颜色；负极板上的活性物质是________，呈________颜色。

5. 蓄电池在放电过程中，其电解液的密度是（　　）。

A. 不断上升的　　B. 不断下降的　　C. 保持不变的

6. 蓄电池电解液的温度下降，会使其容量（　　）。

A. 增加　　B. 下降　　C. 不变

7. 蓄电池在使用过程中，如发现电解液的液面下降，应及时补充（　　）。

A. 电解液　　B. 稀硫酸　　C. 蒸馏水

8. 蓄电池极板上的活性物质在放电过程中都转变为（　　）。

A. 硫酸铅　　B. 二氧化铅　　C. 铅

9. 下列原因哪一个可造成蓄电池硫化？（　　）

A. 大电流过充电　　B. 电解液液面过高　　C. 长期充电不足

10. 随着蓄电池放电电流的增大，其容量将（　　）。

A. 增大　　B. 不变　　C. 减小

11. 铅蓄电池放电时，端电压逐渐（　　）。

A. 上升　　B. 平衡状态　　C. 下降　　D. 不变

12. 型号为 6 - QW - 54 的蓄电池代表的技术参数：________________。

13. 蓄电池充电方法分为________、________、________。

14. 蓄电池在补充充电过程中，第一阶段的充电电流应选取其额定容量的（　　）。

A. 1/10　　B. 1/15　　C. 1/20

15. 在讨论蓄电池电极桩的连接时，甲说，脱开蓄电池电缆时，始终要先拆下负极电缆；乙说，连接蓄电池电缆时，始终要先连接负极电缆。你认为________________________。

16. 免维护蓄电池电量指示器观察窗呈绿色表明____________，呈黑色表明____________，呈透明色表明____________。

A. 可正常使用　　B. 存电不足需充电　　C. 需换新

17. 蓄电池端电压反映了蓄电池的存电状态，当测量电压为 12.7 V 时，蓄电池的存电状态为____________；当测量电压低于 12.1 V 时，蓄电池的存电状态为____________。

18. 起动发动机时，每次起动时间不能大于____________秒；两次连续启动，间隔时间不能小于____________秒。

二、计划与决策

请根据故障现象和任务要求，确定所需要的技术资料、检测仪器、工具，并对小组成员进行合理分工，制订详细的诊断和修复计划。

1. 需要的技术资料：

2. 本次工作所需要的检测仪器及常用工具：

检测仪器及工具名称	型号	使用注意事项

3. 完成本次任务的安全注意事项：

4. 小组分工：

5. 根据维护和检查的项目，写出维护和检查的操作流程图：

续表

三、实施

1. 分别测量发动机起动前蓄电池电压和发动机起动后蓄电池电压。

2. 蓄电池的充电。

记录蓄电池充电方法与操作步骤：______

______

选择充电电流：______

______

3. 蓄电池的更换。

记录蓄电池的更换方法与操作步骤：______

______

______

4. 对蓄电池进行检测的方法和步骤：

四、检查

1. 发动机起动前蓄电池电压______、发动机起动后蓄电池电压______。

2. 车主应如何正确使用蓄电池？请提出方案。______

______

______。

3. 如果车主想要更换蓄电池，请帮其制定更换方案。______

______

______。

4. 有无新发现的知识点？______

______

______。

五、评估

1. 请根据组内任务完成的情况，对组内其他同学进行评估，并提出改进意见。

______

______

2. 教师对学生工作情况进行评估，并进行点评。

______

______

3. 学生本次任务成绩：______

小组加分：______　　学生本次综合成绩：______

5.2　灯光信号装置的使用与维护任务工单

姓名		学生学号		日期	
实训场地				课时	

一、资讯

（一）车辆信息

车型		生产年份		制造商	
车牌号		车辆识别码		发动机号	
里程			燃油		
灯罩□　备胎□			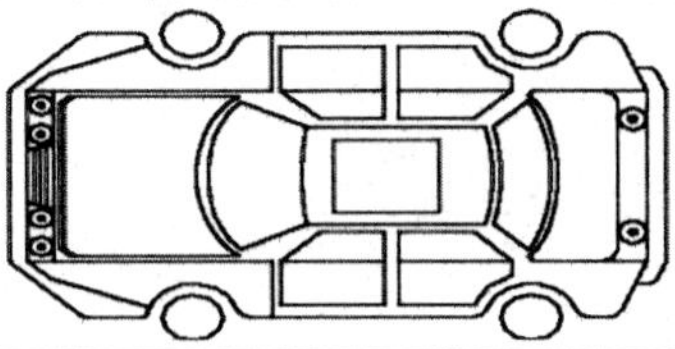		
轮盖□　天线□					
玻璃□　证件□					
工具□　CD 片□			√破损　×划痕　△凹陷		

（二）相关信息

1. 照明系统的作用及检查的重要性：

2. 照明系统检查的基本内容：

二、计划与决策

请根据故障现象和任务要求，确定所需要的技术资料、检测仪器、工具，并对小组成员进行合理分工，制订详细的检查与维护计划。

1. 需要的技术资料：

2. 本次工作所需要的检测仪器及常用工具：

检测仪器及工具名称	型号	使用注意事项

续表

3. 完成本次任务的安全注意事项：

4. 小组成员分工：

5. 根据维护和检查的项目，写出维护和检查的操作流程图：

三、实施

1. 车内照明检查：

2. 车外灯的检查：

3. 前照灯灯泡的更换：

4. 制动灯灯泡的更换：

四、检查

1. 对学生维护的项目和操作的流程规范进行检查。
2. 车主应如何正确进行日常维护？请提出方案。______________________________
____
____。
3. 有无新发现的知识点？______________________________
____
____。

五、评估

1. 请根据组内任务完成的情况，对组内其他同学进行评估，并提出改进意见。
____
____
2. 教师对学生工作情况进行评估，并进行点评。
____
____
3. 学生本次任务成绩：______________________________

小组加分：______________　　学生本次综合成绩：______________

5.3　组合仪表的使用与维护任务工单

姓名		学生学号		日期	
实训场地				课时	

一、资讯

（一）车辆信息

<table>
<tr><td>车型</td><td></td><td>生产年份</td><td></td><td>制造商</td><td></td></tr>
<tr><td>车牌号</td><td></td><td>车辆识别码</td><td></td><td>发动机号</td><td></td></tr>
<tr><td>里程</td><td colspan="2"></td><td>燃油</td><td colspan="2"></td></tr>
<tr><td colspan="3">灯罩□　　备胎□</td><td colspan="3" rowspan="3">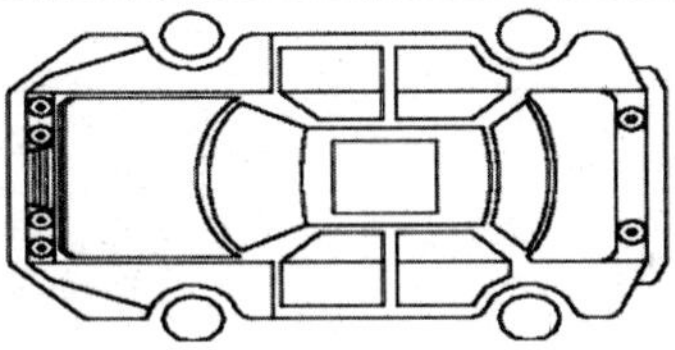</td></tr>
<tr><td colspan="3">轮盖□　　天线□</td></tr>
<tr><td colspan="3">玻璃□　　证件□</td></tr>
<tr><td colspan="3">工具□　　CD 片□</td><td colspan="3">√破损　　╳划痕　　△凹陷</td></tr>
</table>

（二）相关信息

1. 仪表及各指示灯的作用：

2. 组合仪表检查的项目：

二、计划与决策

请根据故障现象和任务要求，确定所需要的技术资料、检测仪器、工具，并对小组成员进行合理分工，制订详细的检查与维护计划。

1. 需要的技术资料：

2. 本次工作所需要的检测仪器及常用工具：

检测仪器及工具名称	型号	使用注意事项

续表

3. 完成本次任务的安全注意事项：

4. 小组成员分工：

5. 根据维护和检查的项目，写出维护和检查的操作流程图：

三、实施

1. 各种报警灯的检查：

2. 各种指示灯的检查：

四、检查

1. 对学生维护的项目和操作的流程规范进行检查。
2. 车主应如何正确进行日常维护？请提出方案。____。
3. 有无新发现的知识点？____。

五、评估

1. 请根据组内任务完成的情况，对组内其他同学进行评估，并提出改进意见。
____
2. 教师对学生工作情况进行评估，并进行点评。
____
3. 学生本次任务成绩：________________________
小组加分：________________　　学生本次综合成绩：________________

5.4 空调系统的使用与维护任务工单

姓名		学生学号		日期	
实训场地				课时	

一、资讯

（一）车辆信息

车型		生产年份		制造商	
车牌号		车辆识别码		发动机号	
里程			燃油		

灯罩□ 备胎□	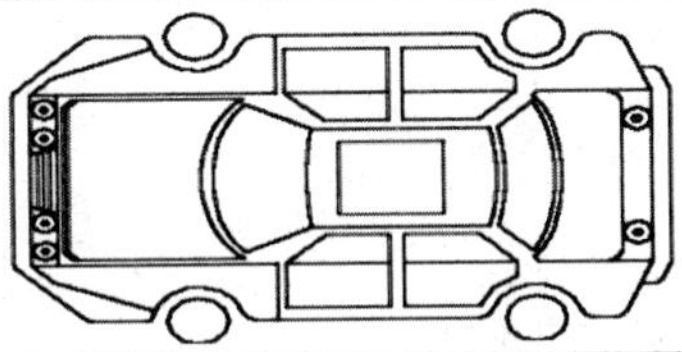
轮盖□ 天线□	
玻璃□ 证件□	
工具□ CD 片□	√破损 ╳划痕 △凹陷

（二）相关信息

1. 汽车空调系统维护时的注意事项：

2. 空调压缩机传动带松紧度的标准：

二、计划与决策

请根据故障现象和任务要求，确定所需要的技术资料、检测仪器、工具，并对小组成员进行合理分工，制订详细的检查与维护计划。

1. 需要的技术资料：

2. 本次工作所需要的检测仪器及常用工具：

检测仪器及工具名称	型号	使用注意事项

续表

3. 完成本次任务的安全注意事项：

4. 小组成员分工：

5. 根据维护和检查的项目，写出维护和检查的操作流程图：

三、实施

1. 各种控制按钮的检查：

2. 使用季节结束时的检查和维护：

3. 制冷剂的排放与加注：

四、检查

1. 对学生维护的项目和操作的流程规范进行检查。
2. 车主应如何正确进行日常维护？请提出方案。________________________________
____
____。
3. 有无新发现的知识点？____
____
____。

五、评估

1. 请根据组内任务完成的情况，对组内其他同学进行评估，并提出改进意见。
____
____
2. 教师对学生工作情况进行评估，并进行点评。
____
____
3. 学生本次任务成绩：____
小组加分：________________　　学生本次综合成绩：________________

5.5 其他电器设备的使用与维护任务工单

姓名		学生学号		日期	
实训场地				课时	

一、资讯

（一）车辆信息

车型		生产年份		制造商	
车牌号		车辆识别码		发动机号	
里程			燃油		
灯罩□	备胎□	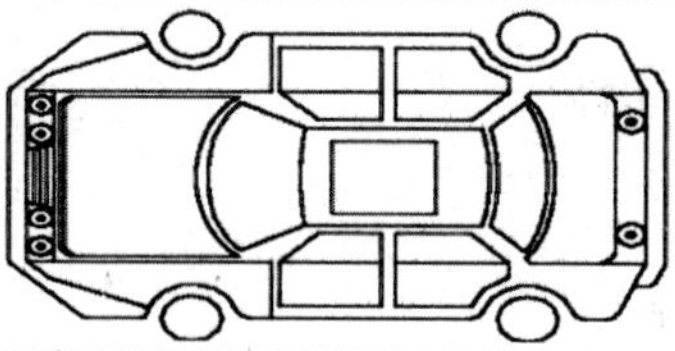			
轮盖□	天线□				
玻璃□	证件□				
工具□	CD 片□	√破损	╳划痕	△凹陷	

（二）相关信息

1. 雨刷器和喷水器的作用：

2. 雨刷器和喷水器的检查项目：

3. 电动天窗的检查项目：

二、计划与决策

请根据故障现象和任务要求，确定所需要的技术资料、检测仪器、工具，并对小组成员进行合理分工，制订详细的检查与维护计划。

1. 需要的技术资料：

2. 本次工作所需要的检测仪器及常用工具：

检测仪器及工具名称	型号	使用注意事项

续表

3. 完成本次任务的安全注意事项：

4. 小组成员分工：

5. 根据维护和检查的项目，写出维护和检查的操作流程图：

三、实施

1. 雨刷器和喷水器的检查与维护：

2. 扬声器的检查与维护：

3. 电动天窗的检查与维护：

4. 电动后视镜的检查：

5. 电动车窗的检查：

6. 遥控器的检查：

四、检查

1. 对学生维护的项目和操作的流程规范进行检查。
2. 车主应如何正确进行日常维护？请提出方案。________________________________
____
____。
3. 有无新发现的知识点？________________________________
____
____。

五、评估

1. 请根据组内任务完成的情况，对组内其他同学进行评估，并提出改进意见。
____
____
2. 教师对学生工作情况进行评估，并进行点评。
____
____
3. 学生本次任务成绩：________________________________
小组加分：______________　　　学生本次综合成绩：______________

6.1　车身的检查与维护任务工单

姓名		学生学号		日期	
实训场地				课时	

一、资讯

（一）车辆信息

车型		生产年份		制造商	
车牌号		车辆识别码		发动机号	
里程			燃油		
灯罩□	备胎□	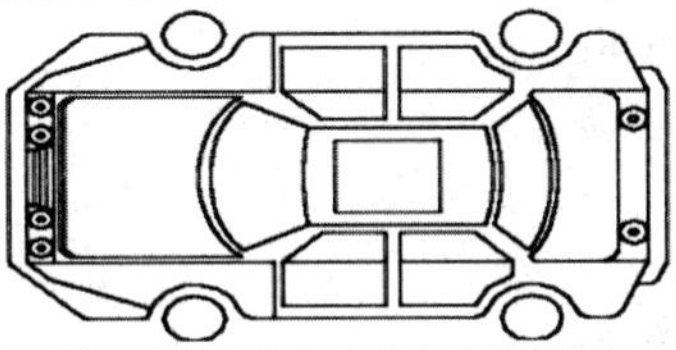			
轮盖□	天线□				
玻璃□	证件□				
工具□	CD 片□	√破损　╳划痕　△凹陷			

（二）相关信息

1. 车身漆面的检查：

2. 汽车玻璃的检查：

二、计划与决策

请根据故障现象和任务要求，确定所需要的技术资料、检测仪器、工具，并对小组成员进行合理分工，制订详细的诊断和修复计划。

1. 需要的技术资料：

2. 本次工作所需要的检测仪器及常用工具：

检测仪器及工具名称	型号	使用注意事项

续表

3. 完成本次任务的安全注意事项：

4. 小组成员分工：

5. 根据维护和检查的项目，写出维护和检查的操作流程图：

三、实施

1. 检查车身漆面的好坏：

2. 检查汽车玻璃的好坏：

3. 调整离合器高度到规定值：

四、检查

1. 对学生维护的项目和操作的流程规范进行检查。

2. 车主应如何正确检查车身漆面和汽车玻璃？请提出方案。____________________

3. 有无新发现的知识点？____________________

五、评估

1. 请根据组内任务完成的情况，对组内其他同学进行评估，并提出改进意见。

2. 教师对学生工作情况进行评估，并进行点评。

3. 学生本次任务成绩：____________________

小组加分：__________ 学生本次综合成绩：__________

6.2 车身功能部件的检查与维护任务工单

姓名		学生学号		日期	
实训场地				课时	

一、资讯

（一）车辆信息

车型		生产年份		制造商	
车牌号		车辆识别码		发动机号	
里程			燃油		
灯罩☐	备胎☐		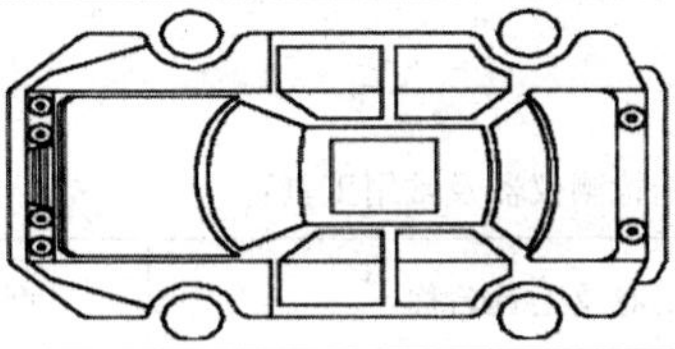		
轮盖☐	天线☐				
玻璃☐	证件☐				
工具☐	CD 片☐		√破损	╳划痕	△凹陷

（二）相关信息

1. 座椅的检查：

2. 安全带的检查：

3. 电动车窗的检查：

4. 电动天窗的检查：

5. 后视镜调节的检查：

6. 车灯的检查：

7. 发动机舱盖的检查：

续表

8. 燃油箱盖和后备厢盖的检查：

9. 车门的检查.

10. 儿童锁的检查：

二、计划与决策

请根据故障现象和任务要求，确定所需要的技术资料、检测仪器、工具，并对小组成员进行合理分工，制订详细的诊断和修复计划。

1. 需要的技术资料：

2. 本次工作所需要的检测仪器及常用工具：

检测仪器及工具名称	型号	使用注意事项

3. 完成本次任务的安全注意事项：

4. 小组成员分工：

5. 根据维护和检查的项目，写出维护和检查的操作流程图：

三、实施

1. 检查座椅的功能：

2. 检查安全带的功能：

3. 检查电动车窗的功能：

4. 检查电动天窗的功能：

5. 检查后视镜调节的功能：

6. 检查车灯的功能：

7. 检查发动机舱盖：

8. 检查燃油箱盖和后备厢盖：

9. 检查车门：

10. 检查儿童锁功能：

四、检查

1. 对学生维护的项目和操作的流程规范进行检查。

2. 车主应如何正确检查车身功能部件？请提出方案。____

____

____

3. 有无新发现的知识点？____

____

____

五、评估

1. 请根据组内任务完成的情况，对组内其他同学进行评估，并提出改进意见。

____

____

2. 教师对学生工作情况进行评估，并进行点评。

____

____

3. 学生本次任务成绩：____

小组加分：________________ 学生本次综合成绩：________________

参考文献

[1] 王尚军. 汽车维护与保养[M]. 北京：人民邮电出版社，2012.

[2] 姜龙青. 汽车维护与保养一体化教程[M]. 北京：机械工业出版社，2012.

[3] 金喜庆. 汽车维护与保养[M]. 武汉：华中科技大学出版社，2012.

[4] 田国辉. 汽车维护与保养[M]. 北京：科学技术文献出版社，2015.

[5] 徐惠明. 汽车使用与维护[M]. 北京：北京出版社，2015.

[6] 蒋浩丰. 汽车使用与维护[M]. 北京：国防工业出版社，2011.

[7] 魏玲军. 汽车维护与保养[M]. 上海：上海交通大学出版社，2012.

[8] 吉武俊. 汽车维护与保养[M]. 北京：机械工业出版社，2011.

项目编辑：赵　岩
策划编辑：邢　琛
执行编辑：张旭莉

免费电子教案下载地址
www.bitpress.com.cn

北京理工大学出版社
BEIJING INSTITUTE OF TECHNOLOGY PRESS
通信地址：北京市海淀区中关村南大街5号
邮政编码：100081
咨询电话：(010)68948351　82562903
网　　址：www.bitpress.com.cn

ISBN 978-7-5682-3622-5
9 787568 236225 >
定价：49.00 元